本书撰写人员名单

主　　编：符　平

撰写人员：符　平　李　敏　熊凤水　刘　飞

　　　　　韩继翔　田玲玲　王　欧　卢　飞

新时代中国县域脱贫攻坚案例 研究丛书

仪陇

问题导向型贫困治理样本

全国扶贫宣传教育中心／组织编写

人民出版社

目　录
CONTENTS

第一章

红土地上的贫困县：仪陇县情与贫困成因

仪陇县现隶属四川省南充市，位于四川盆地东北部，介于北纬 30°11′至 31°39′，东经 106°13′至 106°52′之间。东邻平昌、营山，南衔蓬安，西同阆中、南部接壤，北与巴州、阆中毗邻。东西延绵 61.35 公里，南北宽 56.7 公里，面积 1788 平方公里，县城距省城成都市十陵镇 276 公里，距南充市 71 公里。仪陇地势由东北向西南倾斜，地形以低山为主，丘陵次之，海拔一般 500—700 米；属中亚热带湿润季风气候，夏热冬温，无霜期长，阴雾天多，年平均气温 16℃左右。境内大部分乡镇属渠江水系流域，嘉陵江穿县城而过，有地表水约 6 亿立方米，建有思德水库、新政电站等。仪陇共有植物 1000 多种，其中药用类 600 余种，植被资源较为丰富；全县畜禽业以猪、牛、羊、兔、鸡、鸭、鹅、鸽为主，种植业以小麦、玉米、水稻、红薯等传统粮食作物为主，农业生产结构较为单一。此外，仪陇还拥有朱德故里琳琅风景区、龙神垭乡村旅游景区等风景名胜，以传承朱德、张思德"两德精神"为核心的红色文化已成为当地旅游业的一大特色。

2018 年，仪陇县辖 57 个乡镇①、933 个村（居），总人口 113 万，其中农业人口 94 万，是一个以种养业为主的传统农业大县。仪陇曾是一方贫瘠的土地，1986 年、2001 年、2011 年，先后被国务院确定为对中国革命作出特殊贡献的革命老根据地贫困县、国家扶贫开发工作重点县和国家新一轮集中连片（秦巴山片区）扶贫开发工作重

---

① 2019 年 8 月，仪陇通过撤乡并村，将全县 57 个乡镇合并为 37 个乡镇。

点县。自然条件恶劣、地理环境复杂、发展资源匮乏，成为仪陇难摘"穷帽"的重要原因。2014 年，全县有贫困村 285 个、贫困户 3.15 万户、贫困人口 10.03 万人，贫困发生率 10.6%，呈现出贫困面宽、量大、程度深的特点。

第一节　老、边、穷的川东北大县

一、深度贫困的革命老区

　　仪陇是一方红色的土地，是开国元勋朱德总司令和为人民服务的光辉典范张思德同志的故乡，也是川陕革命根据地的重要组成部分，李先念、徐向前、许世友等老一辈无产阶级革命家曾在这里浴血奋战。1932 年，中国工农红军第四方面军从鄂豫皖边区根据地转入川东北地区，并在 1933—1934 年间两次解放仪陇县，建立了仪陇县苏维埃政府和长胜县苏维埃政府。1935 年 3 月 28 日红军北上抗日撤离后，两县苏维埃政府随之结束。为巩固红色政权，支援红军，4 万多名仪陇人参加了独立团、赤卫队、儿童团，掀起了参军参战的热潮。1935 年 3 月，红四方面军撤离仪陇北上，仪陇把 7000 多名优秀儿女送入红军队伍，其中有 5000 多人为革命献出了宝贵的生命，涌现出众多可歌可泣的英雄事迹。[1] 为了肯定仪陇人民的战斗精神、奉献精神，1986 年国家将仪陇县确定为对中国革命作出特殊贡献的革命老根据地贫困县。

　　新中国成立后，尽管仪陇人民摆脱了水深火热的战乱生活，但由于地处四川盆地东北部低山与中部丘陵过渡地带的特殊地理位

---

① 西南区域县村脱贫攻坚调研组：《仪陇县工作汇报》，2019 年 8 月 26 日。

置，面临交通滞后、资源极度匮乏、环境十分恶劣等严峻挑战，部分百姓依然过着吃不饱、穿不暖的生活。1985 年全县人均收入仅235.79 元，远远落后于南充地区、四川省和全国平均水平。仪陇的贫困受到国家的高度重视。早在 1984 年，仪陇就被四川省政府列入全省首批贫困县。1986 年，在国家确定的首批 331 个国家级贫困县中，仪陇是四川省入选的 36 个国家级贫困县之一。2001 年，国家重新确定 592 个国家扶贫开发工作重点县时，仪陇依然在列。2011 年，在国务院发布的《中国农村扶贫开发纲要 2011—2020年》中，秦巴山区成为 14 个集中连片贫困地区的扶贫攻坚主战场，仪陇再次被纳入秦巴山区扶贫开发工作重点县。三十多年的脱贫之战，不仅彰显了仪陇人民在减贫道路上踽踽探索、当地干部在扶贫道路上攻城拔寨、一代代贫困群众在致富道路上苦苦追寻的毅力和勇气，也深刻地反映出仪陇的贫困程度之深、发展难度之大、脱贫任务之艰巨。

二、环境恶劣的蜀道边区

仪陇县处于米仓山南缘低山与川中丘陵过渡地带。从地形地貌看，县境地貌有低山、丘陵、平坝三种类型，以低山为主，丘陵次之。其中，低山约占县域面积的 65.46%，海拔 308—700 米，相对高度 200—400 米，全县最高海拔点为立山寨（793 米），山体由砂石组成。丘陵约占县域面积的 32.58%，相对高度 50—200 米，经过长期风化侵蚀，山顶浑圆，大多辟为耕地。丘陵之间还分布着很多狭长的坝子，较大的有新政坝、新寺坝、芝兰坝、岐山坝等，总面积42865.16 亩，平均海拔 350 米，坝宽 200 米以上，地势平坦、土质肥沃，光、热、水条件好，是县域内主要的水田区，还是种植蔬菜、水果、棉花等作物的佳地。但是，全县坝区所占面积比重小，大部分都是砾石满地的贫瘠土地。境内山峦起伏、沟壑纵横、地势复杂，生产、生活条件极为恶劣。

从气候条件看，属于亚热带湿润季风气候的仪陇，夏热冬温，无霜期长，阴雾天多，年平均气温 16℃ 左右。仪陇春季多寒潮、低温，夏季常有强对流天气、暴雨天气等，气象灾害较为严重。1986—1993 年间，旱、涝交替出现，共发生各类旱灾 31 次，寒潮天气 64 次、低温天气 21 次。特别是 1990 年 12 月至 1991 年 5 月出现的冬、春、夏连旱，全县有 2743 个农业社严重缺水，42.4 万人缺水，占全县总人数的 47.7%。当年水稻严重减产，小麦 7000 亩、油菜 8000 亩无收。1996 年 3—4 月的寒潮和持续低温使全县小麦、油菜等受灾面积达 14.2 万亩，玉米、棉花等秧苗成活率极度降低，直接经济损失 2000 万元以上。此外，在 1986—1993 年的 8 年间，仪陇发生暴雨 65 次，平均每年 3—4 次，冰雹年均 1—2 次，其中 1991 年 6 月的暴雨导致 23.4 万农户受灾，直接经济损失 5000 多万元；2000 年 6 月的大风造成 42826 户农户受灾。①

恶劣的地理环境，贫瘠稀少的耕地，频发的气象灾害，是仪陇难以摆脱贫困的先天性原因，导致仪陇人民长期生活在贫困落后之中。

三、资源困乏的秦巴山区穷县

（一）耕地资源短缺

仪陇县辖区面积 1788 平方千米，其中耕地面积 4.3 万公顷，占总辖区面积的 24%。当地的土地资源具有如下三个特点。一是人均土地占有量少，人多地少矛盾突出。全县农业人口人均耕地仅 0.68 亩，人均耕地占有量为全国平均的 48.6%。二是非耕地开垦难度大。全县非耕地面积 200 余万亩，其中林地、草地、草坡约 135 万亩，水域约 5.3 万亩，其他约 60 万亩。虽然可利用资源前景广阔，但 80% 的非耕地都

---

① 仪陇县志编纂委员会：《仪陇县志》，四川科学技术出版社 2006 年版，第 106 页。

集中在丘陵山区，包括可垦荒地、闲散地、河滩地、部分荒地等，可利用的非耕地面积约 37 万亩，占比 18.5%。三是土地总体贫瘠。在特定的气候条件下，全县形成了紫色土（石灰紫色土，占全县耕地面积的 50%）、水稻土（占 49.24%）、潮土（占 0.2%）、黄壤（占 0.56%）四种类型。其中紫色土壤结构良好，宜种性广。由于地形地貌限制，耕地大多零散分布于山丘坡面和沟谷槽底，旱地陡、瘦、薄，水田冷、毒、烂，排灌十分不便，农作物常遭遇干旱和渍涝等灾害威胁。

（二）水资源匮乏

一是地理性缺水。仪陇地处秦巴干旱走廊和嘉陵江、渠江分水岭，降雨时空分布不均，季节性缺水较为突出。全县平均降水总量为 20 亿立方米左右，地表径流深 373 毫米，地表水约 6 亿立方米。境内主要河流走向均自北向南，除新政镇外，其余乡镇绝大部分面积属渠江水系流域，约占全县总面积的 90%，另 10% 属嘉陵江水系流域。2005 年，县城从金城镇迁往新政镇，就是为了解决县城缺水的根本性难题。就地下水来看，县域内地层多为砂岩、泥岩石层，深部岩层裂狭小，雨水难以渗入。因此，当地的地下水含量少，即使在正常降雨年景，全县地下水总量也只有 6400 万立方米左右。山坡地带基本上是天上下雨、地表层有水，天不下雨、地表层干。

二是工程性缺水。仪陇境内主河道长 83 千米，大小支流 165 条，总长 420 千米，县内总落差 74 米。其中，观音河境内主河道长 62 千米，大小支流 93 条，县内总落差 163.5 米，水能资源较为丰富，思德水库、板桥电站均建在此河道上。尽管水能资源开发潜力较大，但在降雨总量少、开发成本高等因素的限制下，骨干水利工程较少，蓄水能力差，导致全县人均水资源占有量只有 487 立方米，仅为全国人均占有量的 23.1%。从灌溉水利用来看，尽管可用于灌溉的地表水资源达 1.6 亿立方米，但因县域大多处于河流发源地和分水岭，且溪河切割沟深，无自流灌溉之便，只能全部依靠机械提灌，按照沿河两岸 100

米以下控制面积计算，最大提水量只有 0.37 亿立方米。从地表水利用看，在县内径流总量较少的地理条件下，季节性缺水十分严重，直接制约了地处半山腰和山顶的乡镇、村庄的正常生产生活。一家人出一个劳动力专门到几公里外的沟坝里找水成为常态。截至 2003 年年底，仪陇尚有 23 个高山乡镇、156 个村的 26 万人、25 万头牲畜饮水困难。① 当年，一份《仪陇老区 26 万农民饮水困难》的报告受到时任中共中央总书记、国家主席胡锦涛的高度重视。随后在国务院、国家水利部以及四川省委、省政府的大力支持下，仪陇在缺水最严重的地区大力开展人饮工程。2004 年 8 月，胡锦涛前往仪陇视察。正是在各级领导的牵挂和关怀下，仪陇用 3 年时间解决了 26.8 万缺水群众的饮水难问题，开创的人饮工程建设"参与式"建管经验还作为典型在全国推广。

（三）可开发资源少

一是矿产资源种类少、储量少。仪陇主要矿藏资源是天然气，虽然初步探明有以仪陇为中心向周边县辐射开来的龙岗气田，但具体储藏量未知。当地还有砂石、页岩等泥石资源。截至 2017 年年底，全县有页岩砖厂 90 家，年产砖块 6 亿块。② 由于矿藏开采、岩石开采对山体破坏性大，矿产资源的发展受到限制。

二是森林资源持续开发的优势弱。虽然仪陇地处川北深丘植被小区与川中方山植被小区交汇处，但较为丰富的自然植被资源在"大跃进"和"人民公社化"时期因盲目开垦耕地而遭受严重破坏。20世纪 80 年代后，在当地政府对森林绿化的高度重视和不懈努力下，2017 年森林覆盖率达 37.5%，比 1987 年上升 23%。③ 仪陇本就处于

---

① 仪陇试点课题组：《扶贫开发构建和谐社会仪陇试点实践与探索》，2006 年，第 121 页。
② 仪陇县县志编纂委员会办公室：《仪陇年鉴（2018）》，吉林文史出版社 2019 年版，第112 页。
③ 仪陇县县志编纂委员会办公室：《仪陇年鉴（2018）》，吉林文史出版社 2019 年版，第111 页。

严重缺水地带，为改善整体的生态环境，必须在较长时间内践行退耕还林和天然林保护工程，不过这又在一定程度上增加了当地人民"靠山吃山"的难度。

此外，当地的农业产业特色不明显。作为传统的农业大县，仪陇的种植业结构长期以玉米、小麦、油菜、红薯等粮食作物为主，畜禽业则以生猪养殖为主，且产品种类多为大宗产品，缺乏经济效益突出、可规模化发展的地方特色产业。

第二节　脱贫攻坚前仪陇县贫困状况

集革命老区、蜀道边区和国家级贫困县于一身的仪陇，自1986年被列入首批国家级贫困县以来，当地党委、政府认真贯彻落实党和国家的扶贫开发方针、政策，因地制宜地带领全县广大干部群众有计划、有组织、大规模地开展了扶贫开发工作，取得了令人瞩目的成绩。1986—2002年全民参与扶贫攻坚，成功解决了64.32万农村贫困人口的温饱问题，贫困人口从1986年的71.6万降低到2002年的7.28万人，贫困人口发生率由76.8%下降到8.3%（按照当时的贫困线标准）。[1] 然而，多年累积的历史性贫困和发展型贫困仍然构成了仪陇贫困群众的脱贫之殇。

一、总体性贫困特征

综合区位、资源、人口、经济基础等多重因素分析，仪陇的贫困呈现出贫困面宽、贫困量大、贫困程度深的总体性特征。

---

[1]　仪陇县扶贫开发办公室编纂：《仪陇县扶贫开发志（1985—2002）》，2004年，第1页。

一是贫困面宽。仪陇下辖 933 个村（居），有贫困户的行政村达 883 个，其中贫困村 285 个，而有贫困户的非贫困村则几乎遍布全县 57 个乡镇，因此贫困人口分布面广。具体来看，贫困村的贫困人口 1.26 万户、4.02 万人，占比 40%；而非贫困村的贫困人口 1.89 万户、6.01 万人，占比 60%。① 相较之下，"插花"的非贫困村贫困人口更多，扶贫任务更重，需要大量人力、物力、财力进行配套。

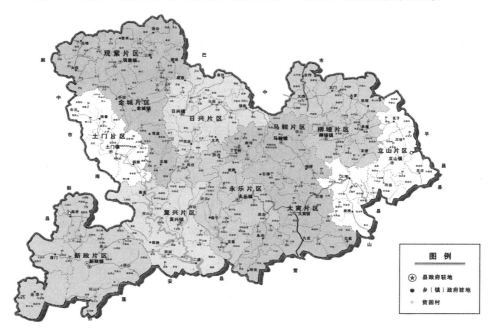

图 1-1　仪陇县贫困村分布示意图②

二是贫困量大。2014 年，仪陇全县建档立卡贫困村达 285 个，占全县村（居）总数的三成，贫困人口总计 3.15 万户、10.03 万人，根据当年的脱贫标准，贫困发生率高达 10.6%。③ 因此，仪陇要在较短时间里达到国家"三率一度"的脱贫标准，面临的任务和压力是巨大的。

---

① 陈科：《仪陇县脱贫攻坚情况汇报》（在浦东干部学院贫困县党政正职第 6 期培训班上的发言），2018 年 11 月。

② 此图由仪陇县脱贫攻坚指挥部提供，2019 年 8 月。

③ 陈科：《仪陇县脱贫攻坚情况汇报》（在浦东干部学院贫困县党政正职第 6 期培训班上的发言），2018 年 11 月。

表1-1 仪陇县贫困村分布情况

序号	片区	乡镇	行政村（个）	贫困村（个）	序号	片区	乡镇	行政村（个）	贫困村（个）
1	新政片区	新政镇	56	18	28	大寅片区	大寅镇	19	3
2		柴井乡	18	5	29		永光乡	11	5
3		度门镇	17	4	30		炬光乡	9	3
4		光华乡	11	4	31		九龙乡	15	5
5	金城片区	金城镇	34	7	32		芭蕉乡	11	4
6		中坝乡	9	3	33		灯塔乡	15	5
7		双盘乡	10	4	34	日兴片区	日兴镇	26	7
8		五福镇	15	5	35		福临乡	11	4
9		凤仪乡	15	6	36		碧泉乡	11	4
10	土门片区	土门镇	26	7	37		大风乡	10	4
11		回春镇	26	8	38		双庆乡	10	4
12		铜鼓乡	16	5	39		来仪乡	11	2
13	观紫片区	观紫镇	13	4	40	马鞍片区	马鞍镇	27	4
14		先锋镇	12	4	41		石佛乡	13	4
15		老木乡	9	3	42		杨桥镇	17	5
16		大仪镇	16	6	43		乐兴乡	10	4
17		三蛟镇	13	4	44		丁字桥镇	8	4
18		张公镇	14	5	45		周河镇	13	4
19		檬垭乡	11	4	46	柳垭片区	柳垭镇	16	5
20	复兴片区	复兴镇	31	7	47		合作乡	8	2
21		二道镇	23	9	48		大罗乡	9	3
22		双胜镇	25	4	49		秋垭乡	8	4
23		赛金镇	20	4	50		思德乡	10	3
24	永乐片区	永乐镇	27	7	51		义路镇	12	4
25		武棚乡	14	4	52		义门乡	11	4
26		保平镇	20	5	53	立山片区	立山镇	40	13
27		文星镇	17	6	54		三河镇	21	7
					55		瓦子镇	12	4
					56		龙桥乡	12	4
					57		板桥乡	13	5

资料来源：仪陇县脱贫攻坚指挥部提供数据，2019年8月。

三是贫困程度深。仪陇属于我国 14 个集中连片特困地区的秦巴山区，历来是扶贫开发工作重点县。1986 年，全县农村尚未解决温饱问题的贫困人口有 71.6 万，贫困人口发生率高达 76.8%。到 21 世纪初，仍有 7 万余贫困人口尚未解决温饱问题。这些贫困人口主要分布在自然条件恶劣的偏远山区、水库淹没区，可见当地贫困之深、脱贫之艰。① 此外，还有少部分贫困人口属于社会保障对象和残疾人，由于自身的客观原因而长期无法脱贫，成为仪陇脱贫攻坚的"硬骨头"。

二、主要致贫原因②

（一）结构性贫困突出

从仪陇贫困人口的属性来看，低保脱贫户和低保贫困户 14466 户、43000 人，占全县贫困人口的 44.18%；特困供养脱贫户和特困供养贫困户 337 户、514 人，占全县贫困人口的 0.53%；一般脱贫户和一般贫困户 16227 户、53810 人，占全县贫困人口的 55.29%（见图 1-2）。③ 低保贫困户大部分都是无劳力、无技术、无资金的老弱病残家庭户，自身发展能力不足，只能全部依靠政府兜底，是脱贫攻坚要攻克的首要难题。

（二）因病因残致贫

从全国扶贫开发信息系统业务管理子系统（2019 库）的数据来看，除 3357 户贫困户因缺技术致贫外（占全县贫困户的 10.84%），因病致贫是最主要的致贫原因，高达 21863 户，占全县贫困户的

---

① 仪陇县扶贫开发办公室编纂：《仪陇县扶贫开发志（1985—2002）》，2004 年，第 1 页。
② 本小节的贫困基础数据从全国扶贫开发信息系统业务管理子系统导出。由于系统原因，数据是 2014 年建档立卡以来经过人口自然变更、脱贫返贫、新增等动态调整后的 2019 年的数据。
③ 数据来自全国扶贫开发信息系统业务管理子系统（2019 库）。

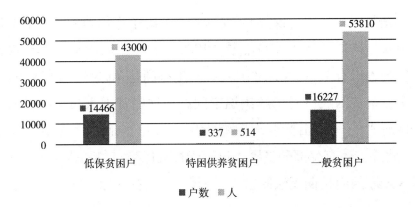

图 1-2　仪陇县贫困人口属性分布（截至 2019 年 12 月）

70.64%。因残致贫的贫困户有 3925 户，占比 12.68%。总的来看，因病因残致贫共占全县贫困户总数的 83%（见图 1-3）。另一方面，从建档立卡贫困户的健康状况看，患有长期慢性病的 25630 人，占全县贫困人口的 26.44%；患有大病的 3385 人，占全县贫困人口的 3.5%。在脱贫攻坚战正式打响之前，庞大的医疗费用无疑成为老、弱、病、残贫困户的沉重负担。

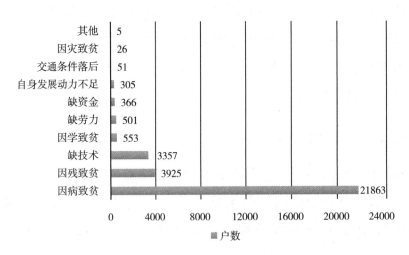

图 1-3　仪陇县建档立卡贫困人口致贫原因（截至 2019 年 12 月）

（三）贫困人口劳动力缺乏

从全县贫困人口的劳动力状况来看，普通劳动力 44701 人，占全县贫困人口的 46.13%；技能劳动力 78 人，仅占全县贫困人口的 0.08%；弱劳动力或半劳动力 12078 人，占全县贫困人口的 12.46%；丧失劳动力 3289 人，占全县贫困人口的 3.4%；无劳动力 36759 人，占全县贫困人口的 37.93%。① 由图 1-4 可知，无劳动力和弱劳动力的人数超过半数。此外，由于普通劳动力大多缺乏除传统农业生产之外的其他劳动技能，因此无论是发展产业脱贫，还是就业务工脱贫，都面临着极大的挑战。

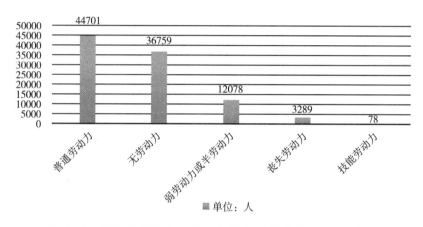

图 1-4　仪陇县贫困人口劳动力状况（截至 2019 年 12 月）

（四）贫困人口受教育程度不高

较低的受教育程度也是导致贫困的重要原因。从贫困人口的受教育程度来看，低文盲或半文盲 11638 人，占全县贫困人口的 12%；小学 34584 人，占全县贫困人口的 35.69%；初中 25420 人，占全县贫困人口的 26.23%；高中 4167 人，占全县贫困人口的 4.3%；大专 1495 人，占全县贫困人口的 1.54%；本科及以上 724 人，仅占全县贫困人口的 0.75%（见图 1-5）。② 普遍较低的受教育程度加大了贫困代际传递的风险。大部分受教育程度较低的贫困户一方面观念陈

---

① 数据来自全国扶贫开发信息系统业务管理子系统（2019 库）。
② 数据来自全国扶贫开发信息系统业务管理子系统（2019 库）。

旧、思想保守，缺乏致富能力和发展门路，因缺技术致贫的贫困户约占全县贫困户的 10.84%（3357 户）；另一方面，他们的主体意识不强，自主脱贫致富的积极性和主动性不高，"等、靠、要"思想严重，自身"造血"能力不足，因而即使脱贫，一旦遇到病情、灾情等困境后便又存在较大的返贫风险。

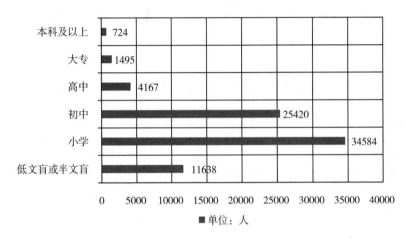

图 1-5　仪陇县贫困人口受教育程度情况（截至 2019 年 12 月）

第三节　一个革命老区的脱贫之困

在仪陇正式开展脱贫攻坚行动之前，既要厘清县域的总体贫困状况，也要结合分析区位、历史、经济、社会等多方面因素，深入剖析仪陇千年来难摘"穷帽"的根源。在此基础上科学合理地制定脱贫攻坚的总体布局、战略规划、具体措施，才能精准、高效地打赢脱贫攻坚战。作为老、边、穷的川东北大县，仪陇存在着地理区位条件差、交通闭塞、经济底子薄、资源禀赋差、受教育程度低、人口基数大等诸多先天性劣势。

一、区位劣势导致先天不足

从地理空间来看，仪陇首先困在区位、穷在交通。作为老、边、穷的国家级深度贫困县，区位劣势是导致人们先天性贫困的首要原因。

一是历来经济基础薄弱。尽管国家早在 20 世纪 80 年代初就将仪陇列入对中国革命作出特殊贡献的全国 18 个革命老根据地贫困县之一，并给予重点支持，但由于既无区位优势，也无资源优势，仪陇的国民生产总值一直相对落后。1984—2003 年，仪陇财政收入为 70115.62 万元，支出为 181433.52 万元，财政收入入不敷出（见表 1-2）。20 年间，上级财政给予仪陇的补助总额达到 105545.13 万元，年均补助 5277 万元。从 20 年的收支决算情况来看，有 3 年实现收支平衡，有 7 年略有结余，但长达 10 年出现赤字，1993 年滚存赤字便高达 1845.6 万元，到 2003 年尚有赤字 279 万元。2003 年年底，县、乡镇两级财政共负债 6.1 亿元，其中县级 1.7 亿元。① 可以说，薄弱的财政基础严重制约了仪陇经济社会的发展。

二是人口基数大，但人口竞争力弱。2009 年，仪陇总人口达 110.70 万人，位列川东北 31 个革命老区中的第 8 位，也是南充市 5 个革命老区县中总人口位列第二的大县。从表 1-3 可知，尽管仪陇 2009 年 GDP 总量超过四川省 81 个革命老区县的平均水平，2009 年的 GDP 增速在南充市 5 个革命老区中也位列第一，但常住人口人均 GDP 只有 7446 元，位列全省 81 个革命老区县的第 69 位，在南充市 5 个革命老区县中处于末尾。仪陇的地方预算人均财政收入也远

① 2002 年仪陇财政赤字全部消化，因农村税费改革，减少了税费收入，2003 年又新出现赤字 497 万元，加上年结余收入 218 万元，年终累计赤字 279 万元。相关数据参见《仪陇县志》，四川科学技术出版社 2006 年版，第 338 页。

低于全省、全市的平均水平，位列全省的第69位、全市的第5位。按照经济总量（权重15%）、人均指标（权重20%）、速度指标（权重30%）、效益指标（权重25%）、社会指标（权重10%）进行综合评定，仪陇占全省81个革命老区的第57位，占川东北31个革命老区的第24位，占南充市5个革命老区的第4位。在革命老区中，尽管仪陇发展态势良好，但庞大的人口基数并未能发挥其应有的竞争优势，加上薄弱的财政基础，整体的经济增长动力显得不足。

表1-2　仪陇县部分年度财政收支决算　（单位：万元）

类别	年份	1985	1990	1995	2000	2003
收入	本年财政收入合计	612.7	1925.4	3232	6259	6092
	上级补助收入	1759.6	1695	2773	8082	21511
	上年结余收入	108.7	-883.6	/	937	433
	国债本息及其转贷收入	/	/	/	/	400
	调入资金	/	/	/	633	801
	当年收入总计	2481	2736.8	6005	15911	29237
支出	本年财政支出合计	2585.2	4283.7	6194	16218	28746
	上解支出	23.2	291.9	404.2	203	370
	国债转贷支出	/	/	/	/	400
	年终滚存结余	-43.3	-1818.8	-593	-510	-279
	本年支出总计	2565.1	2756.8	6005	15911	29237

数据来源：仪陇县志编纂委员会：《仪陇县志》，四川科学技术出版社2006年版，第340页。

表 1-3　2009 年四川 81 个革命老区县情况

类别 排位	GDP			地方财政 一般预算 收入 （亿元）	人均财 政收入 （元）	农民人 均纯收 入（元）	社消零 总额 （亿元）
	总量 （亿元）	增速 （%）	人均 （元）				
全省 81 县总量	4164.86	/	/	128.8151	/	/	1674.18
全省 81 县平均数	51.4	16.9	12076.9	1.6	445.5	3960.6	20.7
南充市 5 个革命 老区县总量	395.7	/	/	9.2	/	/	138
南充市 5 个革命 老区县平均数	79.14	15	10437	1.84	192	4281	27.6
仪陇	67.1	15.7	7446	1.4	126	3904	23
仪陇在全省 81 县的占位	23	25	69	32	69	44	31
仪陇在南充市 5 个革命老区县 的占位	3	1	5	4	5	5	4

资料来源：仪陇县发展和改革局编印：《仪陇县国民经济和社会发展第十二个五年规划暨仪陇县建设革命老区经济强县规划》，2011 年，第 126 页。

三是老县城经济发展受限。2005 年以前，仪陇县城驻地金城镇，位于省道成南公路（成都至南江）线上，是彼时全县的政治、经济、文化中心。然而，这个老县城却"街弯巷窄、坡陡房密、交通拥挤、绿化稀少"。闭塞的地理位置、匮乏的自然资源、单一的产业结构严重制约了其作为县域发展核心的作用。一方面，金城镇位于仪陇西北部，距南充市 129 千米，距巴中 68 千米，到 2003 年时仍无高速公路，地理区位处于劣势。同时，境内大部分为低山中谷地带，平均海拔 520—650 米，可用于工业建设和城市发展的土地资源十分紧缺，全镇建成区面积不到 3 平方千米，人口达 7 万人，远远超过城区每平方千米居住人口以 1 万人为宜的国家标准。

另一方面，金城镇远离嘉陵江等主要水系，境内东观河、流江河等小水系不仅难以满足 769 公顷（2003 年耕地面积）的生产用水，更无法满足县城 64403 人（2003 年常住人口）的生活用水需求。① 土地资源、水资源匮乏严重制约了仪陇工商经济的发展、人口规模的扩大。在反复论证的基础上，仪陇于 2003 年 5 月请示南充市政府同意后，呈报省政府、国务院批准，2005 年 9 月底将县政府驻地整体搬迁至新政镇。搬迁后的新县城距南充市 71 公里，毗邻嘉陵江（境内河道 16.8 千米），境内公路、水路阡陌纵横，不仅打通了仪陇与周边县市的交通瓶颈，也实现了与重庆、成都等大城市的连通，扭转了仪陇缺水、缺地、交通区位落后等劣势，为仪陇的长远发展奠定了坚实基础。

二、基础设施建设滞后制约发展潜力

仪陇受独特的地理位置、较大的人口基数以及薄弱的经济基础的影响，长期以来在交通、水利、电力、医疗卫生、教育等基础设施建设上始终处于落后状态，进而形成恶性循环，制约了其发展。

一是交通运输网络基础薄弱。仪陇作为秦巴山区深度贫困县，1985 年以前仅有三条出境公路和县城到区、区到乡镇的县乡公路，总里程 569.5 公里。到 2002 年年底，全县公路总里程 2385 公里，其中省道 69.6 公里（2 条），县道 383 公里（21 条），乡镇道 307.8 公里（49 条）。全县境内无高速、国道，69 个乡镇中有 5 个未通柏油路，844 个行政村未通公路的还有 434 个，比例高达 53.58%。截至 2015 年年底，全县通车里程 4923 公里，其中高速公路 42 公里、国道 139 公里、省道 273 公里、县乡道 569 公里、通村公路 3900 公里（通村水泥路 2877 公里），通村水泥路里程是"十一五"末的 4.5 倍。②

① 根据《改革开放四十年仪陇 26 万人的饮水故事》（仪陇县水务局 2018 年发布于仪陇县人民政府网站），仪陇人均水资源占有量仅为 487m³，是全国人均占有量的 23.11%。
② 陈科：《下活交通扶贫先手棋　打好脱贫攻坚翻身仗》（在四川省农村公路现场会上的交流发言），2015 年 12 月 11 日。

可以说，仪陇的高速公路和国道在"十二五"期间实现了"从无到有"的历史性突破。尽管如此，交通方面仍有大片空白和薄弱环节，主要体现为县域境内无港口、无航运码头、无铁路，高速公路里程短，部分乡村道路等级低、路况差，交通网络不够完善，通行能力弱，群众出行、物资运输比较困难。

二是水利工程建设匮乏。截至 2003 年，在农田水利工程方面，全县共有山坪塘 8167 口，石河堰 1191 处，小型水库 111 座，中型水库 1 座（思德水库），提灌站 3096 处，蓄水池 28026 个，总提蓄引能力 1.7 亿立方，有效灌溉面积 436274 万亩，保灌面积 20 万亩，仅占耕地面积（58.32 万亩）的 34.29%。在饮水工程方面，2003 年全县建成场镇供水站 46 处，可满足 4.7 万场镇人口及附近农民的供水需求；新建、整治山坪塘 2432 口，新建蓄水池 4.39 万个，整治蓄水池 3650 个；90% 以上的农户有机井和手压井，解决了 410 个旱山村 24 万多农业人口、23 万多头牲畜的常年或季节性缺水问题。不过，2003 年仍有 156 个旱山村、16.5 万人口的饮水问题未解决。[1] 此外，在气象灾害频发、地理性缺水等自然环境制约下，既有的农田水利工程和饮水工程依然存在季节性缺水问题。在部分高山干旱区域，常年干旱的困境依旧严重制约生产、生活发展。同时，在饮水安全方面，由于大部分贫困山区远离嘉陵江、清江等主要水系，提引自来水的成本高、投入大，该区域的村民饮水来源主要是水窖水、堰塘水等，饮水安全难以得到有效保障。

三是电力供给能力不足。仪陇水资源缺乏，水电建设速度缓慢。1985 年全县仅有小水电站 10 处，1991 年共建小水电站 12 处，总装机 16 台 3330 千瓦，年发电量 950 万度。用电主要依靠国家电网输入，1986—2003 年共建有 7 处变电站，由于线路老化、供电距离长、承载负荷能力差等原因，群众的生产生活用电难以得到有效满足。为降低

① 仪陇县志编纂委员会：《仪陇县志》，四川科学技术出版社 2006 年版，第 392—396 页。

用电成本，提高山区人民生活需求，2000—2014 年，国家向仪陇累计投资 5.756 亿元资金用于电网建设。

此外，仪陇的教育、医疗卫生等方面的农村基本公共服务建设在 21 世纪初仍然长期滞后。全县有 77 个村小学使用的是已成危房的庙宇或借用民房上课。农村师资力量严重短缺，教学质量不高，每年仍有 3000 多名儿童失学、辍学，接受完九年制义务教育的仅占 60%。在医疗卫生方面，全县医疗卫生机构 86 个，职业（助理）医师 791 人，合 0.7 人/千人，对外开放床位 1208 张，合 1.14 张/千人，远低于国家和南充市的标准。[1]

三、劳动力外流削弱发展能力

仪陇既是人口大县，也是劳务输出大县。从"六五"计划开始，仪陇就编制了劳务输出计划，此后劳务输出逐年递增，并多次被国家和四川省评为劳务组织管理先进县。到 2000 年，全县常年在外务工的劳动力达 23.8 万人，有组织的建制企业达 42 家，分布在全国 24 个省、市、自治区的大中小城市，主要从事工业、建筑业、农业综合开发和餐饮服务等行业。2002 年，全县劳务收入 9.18 亿元，外出务工人员的人均劳务收入占全县农民人均收入的 59%，占全县总收入的 49.46%，"打工经济"的效益显著。[2] 此后，仪陇劳务输出人数持续上升。截至 2013 年，仪陇的劳务输出人数为 31.8 万人，其中有 22.16 万人向省外迁移，创造的劳务收入达 45 亿元，占当年全县国内生产总值的 33.65%。2013—2016 年劳务输出情况见表 1-4。劳务输出不仅带动了仪陇县域经济的发展，也显著提升了人民的生活水平，"打工经济"已经成为当地山区农民脱贫最主要的途径之一。

---

[1] 四川省扶贫开发办公室：《四川省南充市仪陇县扶贫开发构建和谐新村试点方案》，2005 年，第 3 页。

[2] 仪陇县志编纂委员会：《仪陇县志》，四川科学技术出版社 2006 年版，第 567 页。

表 1-4 仪陇县 2013—2016 年劳务输出情况

年度＼类别	年末总人口（万人）	农村劳动年龄内人数（万人）	农村劳动力转移总数（万人）	国内生产总值（亿元）	劳务收入（亿元）
2013	112.69	51.33	31.8	133.71	45
2014	112.44	51.22	31.4	145.95	/
2015	108.91	51.10	32.1	154.60	45
2016	108.87	51.08	32.8	168.88	45

资料来源：仪陇各年度统计年鉴。

对外输出青壮年劳动力对于仪陇来说是一把"双刃剑"。一方面，劳务经济已成为仪陇经济社会发展的重要引擎之一；另一方面，大量青壮年劳动力的流失也给仪陇实施脱贫攻坚、乡村振兴等重大战略带来难题。青壮年劳动力的外出务工为贫困户家庭本身的脱贫摘帽发挥了积极效应。从仪陇主要致贫原因来看，因病因残致贫占贫困户总户数的 80% 以上，而只要具备健康劳动力的农民家庭，基本上可以通过外出务工实现脱贫。但是，剩余的老、弱、病、残等贫困人口因为劳力稀缺、疾病缠身，只能艰难求生。由于这些贫困户往往还缺知识、缺技术、缺资金，自主脱贫致富的现实可能性极低。因此，青壮年劳动力和优秀人才的外流，实际上不仅导致当地在脱贫攻坚过程中贫困户自身造血能力不足，也使乡村振兴失去了基础性条件，极大地限制了仪陇未来乡村发展的潜力。

四、产业结构单一，农业转型乏力

仪陇是传统的农业大县，农业人口基数大、农业产值占比高，面临产业结构单一、结构布局不合理、农民增收效益差等一系列现实挑战。

首先，传统种植业占据农业主导地位，产业结构调整缓慢。由于地理环境和气候条件限制，仪陇形成了以玉米、水稻、红薯、小麦等粮食作物为主的种植结构，但种植业产值仅占农业总产值的 20%。1985 年，全县农作物播种面积 128.5 万亩，其中粮食作物面积 99.2 万亩，占 77.2%，经济作物面积 29.3 万亩，占 22.8%。当年农业人口人均占有粮食 308.5 公斤，人均纯收入 196.2 元。有鉴于此，当地为确保大部分贫困户越过温饱线，此后将粮经比例一直控制在 7：3 左右（见表1-5）。① 2001 年，在《关于切实抓好农业产业结构调整的意见》等政策引导下，虽然仪陇围绕"稳粮调结构、增收奔小康"的发展思路，因地制宜对产业布局进行了优化调整，但总体来看，以粮食作物为主的产业布局并没有得到根本性改变。

表1-5 脱贫攻坚以前仪陇农作物种植结构（1985—2013 年）

类别\年度	耕地面积（万亩）	作物种植面积（复种指数）	粮食作物		经济作物		其他农作物	
			面积（万亩）	占种植面积（%）	面积（万亩）	占种植面积（%）	面积（万亩）	占种植面积（%）
1985	68.05	128.5（188.8）	99.16	77.2	19.8	15.4	9.54	7.4
2000	63.4	154.5（244）	115.2	74.7	31.2	20.2	8.1	5.1
2003	58.3	147.31（252.3）	100.6	68.3	36.3	24.6	10.47	7.1
2013	64.37	172.16（/）	117.71	68.37	52.99	30.78	1.46	0.85

资料来源：1985—2003 年数据来自《仪陇县志》，四川科学技术出版社 2006 年版，第 363—373 页；2013 年数据来自《仪陇统计年鉴》（2014 年），第 13—16 页。

其次，畜牧业养殖结构单一，规模效益不明显。仪陇的农业总产值主要依靠畜牧业和副业的贡献，而畜牧业产值的绝大部分来自生猪

① 仪陇县志编纂委员会：《仪陇县志》，四川科学技术出版社 2006 年版，第 363—373 页。

和商品家禽养殖。[1] 1985 年，仪陇生猪养殖突破 35 万头，家禽也超过 88 万只，但肉羊、肉牛、肉兔的养殖规模均未突破 1 万大关（见表 1-6）。直到 21 世纪初仪陇编制"十五"规划后，通过大力发展肉牛、肉羊、肉兔以及小家禽等养殖业，才逐渐改变以生猪为主的单一养殖结构。2003 年，出栏肉牛 3.22 万头、肉羊 10.7 万头，分别比 1985 年增长 8.23 倍、27.96 倍，出栏肉兔更是达到 65 万只。2003 年，畜牧业总产值达 66492 万元，占全县农业总产值的 56.4%，比 1985 年增长 19.9 倍。[2] 另一方面，生猪、牛、羊、兔等畜牧业品种老化，小农户经营占主流。2003 年，全县年饲养蛋鸡 100 只以上的大户有 34 家，其中养殖 1 万只以上的仅 5 户；年出售商品家禽 200 只以上的大户有 181 户，其中出售超过 1 万只的仅 3 户。由于缺乏科学的饲养管理技术指导，当地畜禽疫病频繁发生，加大了农户的养殖成本与风险。

表 1-6 脱贫攻坚以前仪陇的畜禽产业情况（1985—2014 年）

类别 年度	生猪 （万头）	肉牛 （万头）	肉羊 （万头）	肉兔 （万只）	商品家禽 （万只）
1985	35.55	0.3490	0.3695	0.3424	88.73
2003	91.11	3.22	10.7	65	920.02
2014	89.3	3.5	15.48	945.5	／

资料来源：《仪陇县志》、仪陇各年度统计年鉴等。

第三，农业产业链不完备，品牌效益差。一方面，由于缺乏科学的产业发展规划和系统的产业扶持政策，仪陇的农业依然面临着生产经营方式粗放、"靠天吃饭"等严峻现状。2013 年，全县农村经济仍以农户一家一户分散经营为主体，绝大多数农户均以"粮猪型"二

---

① 四川省扶贫开发办公室：《四川省南充市仪陇县扶贫开发构建和谐新村试点方案》，2005 年，第 5 页。

② 仪陇县志编纂委员会：《仪陇县志》，四川科学技术出版社 2006 年版，第 376—379 页。

元经济结构为主。另一方面，囿于现代农业生产能力不足，农产品缺乏标准化、技术化、规范化规程。加上县内初加工和精深加工企业的示范带动作用不强，绝大部分农产品只能以初级生鲜产品和初级产品销售。由于无精深加工产业链、无支柱产业、无特色农业品牌，仪陇的绝大部分农产品只能局限在本县和市内交易，很难走向成都、重庆等大城市。从某种意义来说，低端、低效益农业无法帮助农民脱贫增收，是导致当地农村劳动力大量外流的主要原因。

第二章

注入红色基因的脱贫制度体系

新中国成立以来，仪陇人民始终发扬自力更生、艰苦奋斗的革命精神，满怀热情地在这片红土地上进行社会主义建设。历经改革开放以来扶贫开发六个阶段的锤炼①，仪陇逐渐从解决温饱问题、巩固温饱成果到消除绝对贫困、实现脱贫致富，并迈向全面小康。进入精准扶贫、精准脱贫阶段后，仪陇县牢记习近平总书记关于"2020 年全面同步小康，不落下一户一人"的指示精神，遵循四川省委对"仪陇脱贫攻坚要走在前列，做全省的示范和标杆"的要求，深度挖掘革命老区的历史底蕴和"两德精神"的文化内涵，将这种不怕牺牲、不畏艰险、全心全意为人民服务的红色基因深深地注入仪陇县的脱贫攻坚制度体系中。② 通过全县动员、全民攻坚，坚持问题导向、找准扶贫路径、精准靶向施策，仪陇创造了革命老区贫困县的脱贫奇迹，也树立了西南贫困山区的脱贫典范。

---

① 仪陇经历的扶贫六阶段：体制改革推动扶贫阶段、大规模开发式扶贫阶段、八七扶贫攻坚阶段、新世纪十年扶贫开发阶段、秦巴山区连片扶贫开发阶段以及全覆盖精准扶贫精准脱贫阶段。

② 所谓红色基因，是我党我军在长期实践中孕育形成的光荣传统和优良作风，是我党我军性质宗旨本色的集中体现。具体体现为：（1）革命理想高于天的坚定信念；（2）永远听党话跟党走的不变军魂；（3）一不怕苦二不怕死的战斗精神；（4）高度自觉严格的革命纪律；（5）独立自主探索创新的思想品质；（6）全心全意为人民服务的根本宗旨。参见王维轩：《红色基因究竟"红"在哪》，《学习时报》2018 年 8 月 8 日。

第一节 脱贫攻坚的总体理念与战略部署

一、总体理念：以五大发展理念引领脱贫攻坚

党的十八大之后，以习近平同志为核心的党中央站在全面建成小康社会、实现中华民族伟大复兴中国梦的战略高度，坚持把脱贫攻坚工作纳入"五位一体"总体布局和"四个全面"战略布局中，把贫困人口脱贫作为全面建成小康社会的底线任务和标志性指标，在全国范围内全面打响了脱贫攻坚战，我国扶贫开发进入新时代脱贫攻坚阶段。党的十九大召开之后，习近平总书记又把精准脱贫视为实现全面建成小康社会必须打好的三大攻坚战之一进行战略部署。习近平总书记在脱贫攻坚工作中作出的一系列新决策和新部署，提出的一系列新观点和新思想，为"中央统筹、省负总责、市县抓落实"工作体系提供了行动指南，为各级政府全力打赢脱贫攻坚战提供了方法论指引。

仪陇县在深刻理解、全面把握、精准践行习近平总书记关于扶贫开发战略思想的基础上，以"创新、协调、绿色、开放、共享"的新发展理念为指导，积极探索贫困地区持续健康发展的新路径。

其一是坚持创新发展，即创新扶贫开发的体制机制，创新扶贫方式和方法。从仪陇的实践来看，在扶贫体制上，成立了脱贫攻坚指挥部，建立"书记县长双组长责任制度"，把脱贫攻坚工作划分为 12 个方面，并成立相应的工作推进组，进而大大提高了工作效率；通过单位帮扶"1+N"①、个

---

① 《仪陇县推动党的十九大精神落地生根》，四川省委办公厅《每日要情》2017 年增刊第17 期。"1+N"是指一个县级部门负责 N 个贫困乡镇村社。

人帮扶"6542"① 的全覆盖工作网络，确保帮扶力量全部下沉基层。在扶贫机制上，探索面向解决所有问题的工作办法，对脱贫攻坚各领域存在的问题进行拉网式大排查，确保"对症下药，药到病除"。在扶贫资金整合上，按照"多个渠道引水、一个龙头放水"的思路，将统筹资金重点投向交通、水利、产业等关键领域，确保资金高效使用。在扶贫方式上，坚持以党建引领为核心，发挥基层党组织的战斗堡垒作用，依托党小组引领产业发展的方式，积极发挥龙头企业、专业合作社、专业大户的辐射带动作用，吸引贫困户凭借土地、劳动力入股入社等方式，形成多样化的利益联结机制，促使扶贫方式从"输血"向"造血"转变。这些新实践、新模式、新做法为仪陇推进脱贫工作提供了坚实保障，也彰显了仪陇群众的智慧。

其二是坚持协调发展。基于政府在完善软硬环境、提供发展条件等领域的关键性作用，仪陇十分注重调动社会各界力量参与扶贫的积极性，并致力于建构专业扶贫、行业扶贫、社会扶贫"三位一体"的大扶贫格局，促使扶贫机制从传统救济式扶贫向开发式扶贫转变。在外部协调上，仪陇利用东西部扶贫协作和对口支援的政策优势，打通本地与外地在劳务输出、产业扶贫等领域的合作通道，跨区域推进扶贫资源整合、产业结构调整、经济协作等方面的衔接与协调，提升县域整体脱贫能力。在内部协调上，依托"两德精神"等红色基因，大力弘扬自力更生、艰苦奋斗的精神，激发群众内生脱贫动力，做好物质脱贫与精神脱贫两手抓、两手硬。

其三是坚持绿色发展。"绿水青山就是金山银山"，"保护生态环境就是保护生产力"。面对地理环境复杂、生态环境脆弱的现状，仪陇强调"绿色发展"路径，确立了"生态立县"的发展战略。一方面，严格执行畜禽禁限养区制度，招引生态企业、发展绿色产业，积

---

① 仪陇结合岗位和工作的特殊性合理确定了帮扶户数和入户频次，形成了个人帮扶"6542"结对标准：县级干部帮扶 6 户、科级干部帮扶 5 户、一般干部帮扶 4 户、教师医生企业职工帮扶 2 户；入户频次为国家机关工作人员每月 2—4 次，教师医生企业职工每月 1—2 次。

极推动农业绿色发展先行区建设，按照"以种定养、以养定种、种养平衡"的原则，实现县域生态大循环。另一方面，积极开发县内生态旅游资源，开辟旅游扶贫、电商扶贫新模式，推动扶贫开发与生态环境保护相统一、脱贫致富与可持续发展相促进，实现脱贫攻坚与生态文明建设双赢。

其四是坚持开放发展。在系统掌握中央和四川省的文件精神、学习先进典型的扶贫模式的基础上，仪陇确定了"项目建设3年达标、脱贫任务4年完成、全面小康5年实现"的"345"攻坚思路，编制了"1+1+3"脱贫攻坚作战书，即1个总体规划，1张作战图，另外还有保障脱贫任务如期完成的责任分解表、倒排工期表和资金统筹表。这为仪陇的脱贫攻坚战提供了行之有效的实施方案，克服了脱贫思路"闭门造车"的弊端。在脱贫方式上，仪陇着力建构大扶贫开发格局，整合精准扶贫、精准脱贫过程中的项目流、资金流、政策流，形成强大的聚合效应，大力吸引省内外优势产业、资本、技术、人才向县域内贫困地区集中。

其五是坚持共享发展。习近平总书记强调："决不能让一个少数民族、一个地区掉队，要让13亿中国人民共享全面小康的成果"。这种共享理念也是社会主义制度优越性的集中体现。仪陇紧紧围绕解决贫困户"两不愁三保障"的基本目标，围绕"六个精准"基本要求，全力实施"五个一批"脱贫路径，加强贫困地区基础设施和公共服务建设，不断完善就业、教育、医疗等社会保障体系，让贫困群众和其他群众一道在经济社会发展中真正收获获得感、幸福感和安全感。

二、战略部署：全方位动员的脱贫攻坚体系

党的十八大之后，以习近平同志为核心的党中央围绕脱贫攻坚作出一系列重大部署和安排，特别是关于精准扶贫、精准脱贫的重要论述，阐明了新时代我国扶贫开发的重要理论与实践问题，丰富了中国

特色扶贫开发道路的内涵。同时，习近平总书记关于扶贫的重要论述也推动了扶贫领域的一系列改革创新，后者构成了我国贫困治理新体系中的重要组成部分。仪陇县建构了以领导力量、帮扶力量、资金力量三大统筹为基础，以目标导向、问题导向、民心导向三大机制为抓手，以督查、考核评估体系为保障的脱贫攻坚制度体系。

（一）三大统筹凝聚脱贫力量

在"中央统筹、省负总责、市县抓落实"的体制机制以及"五级书记抓扶贫、全党动员促攻坚"的要求下，仪陇县全力贯彻党中央的各项部署，在县级层面进一步强化了"县、乡（镇）、村"的三级脱贫攻坚责任体系，并通过五个全覆盖压实脱贫攻坚责任，为"县抓落实"提供了重要的抓手和途径。

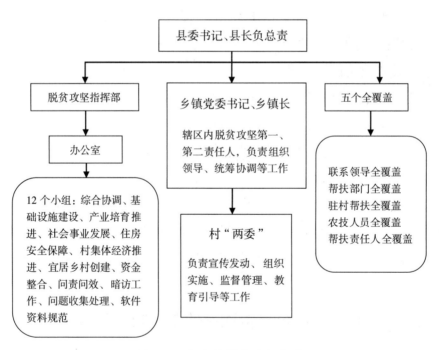

图 2-1　仪陇县脱贫攻坚体系

一是领导力量统筹。为破解以往仅仅依靠县扶贫移民局导致扶贫力量不足的难题，仪陇不仅在领导体系上建立了"书记县长双责任制"，还结合实际创造性地成立了脱贫攻坚指挥部，由县委书记、县长任指挥长，县委副书记任执行副指挥长。同时，把脱贫攻坚工作具体划分为 12 个具体方面，对应设立由县级领导任组长的 12 个工作推进组。在指挥部运行一段时间后，结合住房保障工作任务重、工作复杂、资金量大等实际情况①，又单独成立了农村住房建设保障指挥部，专门负责全县农村住房保障工作。仪陇以这 12 个工作小组为抓手，通过"五个一"② "三个一"③ 帮扶力量的全方位统筹，形成了指挥有力、运转高效的组织领导体系，为脱贫攻坚过程中领导力量的下沉奠定了坚实基础。

二是帮扶力量统筹。仪陇面对贫困面宽、量大、程度深的"硬骨头"，除了向 285 个贫困村派驻"五个一"帮扶力量外，还通过三方面的全覆盖来增强帮扶力量。第一，薄弱乡镇的帮扶力量全覆盖。将科级后备干部下沉到力量薄弱的乡镇，并设专职专司乡镇脱贫攻坚副书记或副乡镇长，除极个别技术岗位外，县级部门干部提拔副科级领导干部的，规定都要有到乡镇专职担任脱贫攻坚副书记或副乡镇长的经历。为此，仪陇遴选了 77 名优秀干部到边远乡镇和"三边村"任职。第二，非贫困村帮扶力量全覆盖。全县 3.15 万户贫困户，大部分分布在 598 个非贫困村（非贫困村贫困人口占比 60%）。因此，仪陇也向这些"插花村"下派非贫困村驻村工作组，1 个工作组帮扶邻近的 1—3 个村。第三，贫困人口对口帮扶力量全覆盖。仪陇深入开展"万人帮万户"活动，全县 32 名县级领导、333 个部门（包括学校、医院、企业）、1.15 万名干部职工全覆盖帮扶全县 883 个有贫困户的行政村以及所有贫困户。在 32 名县级领导联片包乡推进下，

---

① 经统计，2016 年初仪陇县有土坯房 12 万户。4 年共投入资金 20 亿元，改造群众住房 3.6 万户。参见中共仪陇县委、仪陇县人民政府：《仪陇县工作汇报》，2019 年 8 月 26 日。

② "五个一"是指在 285 个建档立卡贫困村下沉帮扶力量，即每村 1 名联系领导、1 个帮扶单位、1 名第一书记、1 个驻村工作组、1 名农技人员。

③ 为确保帮扶全覆盖，仪陇在 91 个"插花村"下沉"三个一"帮扶力量，包括 1 名第一书记、1 个驻村工作组、1 名农技人员。

仪陇共选派第一书记 768 名、农业科技人员 296 名、驻村工作组 700 个，形成单位帮扶"1+N"、个人帮扶"6542"的全覆盖工作网络。

三是资金力量统筹。每年年初，仪陇县财政根据需求，把一般性的项目资金调整用于重点项目建设，保障重点项目实施，弥补贫困村、贫困户退出"短板"。同时，按照统筹协调、归口优先的原则，截长补短编制资金整合方案。实施脱贫攻坚的 4 年间（2014—2018 年），仪陇共统筹用于脱贫攻坚资金 49 亿多元。[①] 这些资金主要来源于五大类，分别是县本级预算资金、易地扶贫搬迁和危房改造资金、涉农专项资金、农村电网和通信专项改造资金、对口帮扶及社会捐赠资金。以上五类资金中，除农村电网和通信专项改造资金、社会捐赠资金以及危房改造资金外，其余资金安排使用均由县委统筹。在脱贫攻坚过程中，仪陇实现了零负债，避免了贫困县"摘帽"后财政"返贫"的情况发生。

（二）三大导向夯实脱贫根基

其一是目标导向找准攻坚方向。目标是战略政策措施体系设计和实施的基础。党的十八大之后，我国科学确定脱贫攻坚目标并始终保持战略定力。从宏观层面看，脱贫攻坚的目标是要解决绝对贫困现象，确保 2020 年国家贫困线标准下所有农村贫困人口全部脱贫，达到"两不愁三保障"的脱贫标准。[②] 在地方实践层面，仪陇紧紧瞄准"10.03 万人脱贫奔康、285 个贫困村有序退出"这一目标，县级领导班子带队向扶贫领域专家学者学习脱贫政策，主动跟国务院扶贫办反复请教各项脱贫考核指标，先后组织 150 名党员领导干部及各乡镇扶贫专干赴省委党校学习国家的扶贫理念、战略部署、项目管理以及国家、省三农政策等内容，现场参观扶贫先进典型，全面、系统、深

[①] 陈科：《仪陇县脱贫攻坚情况汇报》（在浦东干部学院贫困县党政正职第 6 期培训班上的发言），2018 年 11 月。

[②] 黄承伟：《论习近平新时代中国特色社会主义扶贫思想》，《南京农业大学学报（社会科学版）》2018 年第 3 期。

入地了解国家、省、市扶贫政策和脱贫考核体系。在此基础上，仪陇因地制宜地制定出脱贫方案，为实现脱贫目标提供了重要保障。另一方面，仪陇还努力加强扶贫攻坚队伍建设，多次邀请专家学者前往仪陇，对在精准扶贫一线的乡镇党委书记、县级部门副职、第一书记、驻村帮扶队工作人员等开展脱贫政策的讲解、考核评估的培训。

其二是问题导向强化工作实效。"入之愈深，其进愈难"。在脱贫攻坚向纵深推进的过程中，要执行好国家、省、市、县各级脱贫攻坚制度，关键在于有效解决存在的现实贫困问题。而解决之道，落实是核心，否则既定目标只会是"空中楼阁"。仪陇坚持问题导向，按照"不回避、不隐瞒、不打折"原则，问题导向的工作机制成效显著。通过对摸排问题进行分类汇总、分层研究、分别整改，仪陇明确了整改主体，细化了整改内容，强化了整改责任，最终达到了强化工作实效的目的。

其三是民心导向筑牢群众基础。"在扶贫的路上，不能落下一个贫困家庭，丢下一个贫困群众"。党的十九大报告把"坚持以人民为中心"作为新时代坚持和发展中国特色社会主义的重要内容，而精准扶贫、精准脱贫更是以人民为中心发展思想的集中体现和深刻阐释。在脱贫攻坚中，仪陇一以贯之地践行情系群众、关注民生的为民情怀，肩负着为人民谋幸福的历史担当，创造了依靠群众促脱贫的生动故事。一方面，努力满足贫困群众的物质生活需求。仪陇以空前的投入完善贫困地区的水、路、电、网等公共基础设施建设，并在易地扶贫搬迁、危房改造、教育、医疗、卫生等领域持续投入，显著提升了农村公共服务水平，可以说在仪陇历史上首次实现了"幼有所育、学有所教、劳有所得、病有所医、老有所养、住有所居、弱有所扶"。另一方面，摘掉贫困群众"精神贫困"穷帽。依托"尊法守法、习惯养成、感恩奋进"三大主题，组织当地群众深入开展"五学十评两创"教育活动，成功消除了贫困群众"等、靠、要"等传统思想，促进了绝大多数贫困群众从"要我脱贫"到"我要脱贫"

的转变，有效激发了群众脱贫的内生动力。而这场全方位动员、教化和引导，让贫困群众既可以接受技能培训、产业培育指导，也能在思想上实现再社会化，从而凝聚了贫困主体的力量，为实现全民参与脱贫、全民奔小康奠定了社会基础。

（三）督查考核构筑脱贫"防线"

贫困治理体系把"脱真贫、真脱贫"作为基本的出发点和落脚点。仪陇在督查考核体系建设上也进行了新的探索。

其一，多层压实责任。分类制定县级领导、乡镇党委、帮扶单位、驻村工作组、第一书记、农业科技人员、帮扶责任人的考核细则，细化各方责任，建立"分线分层、统筹闭合"的考核体系，通过电话抽查、专项督查、定期考核、交叉评估等方式，对57个乡镇、768个村的"五个一""三个一"履职情况、帮扶干部责任落实情况进行多轮专项督导，分类列出整改清单，压紧压实帮扶责任。

其二，三重督导机制发力。第一重督导机制是县级领导"32+1"分片督导，在32名县级领导划片包干全县57个乡镇基础上，由包乡县级领导牵头，每1个月或2个月对联系的乡镇开展1轮自查。县委则每个月定时召开会议听取每位县级领导所督导的工作的开展情况。第二重督导机制是包乡巡察组"58+1"定点督导。按照每个乡镇1名巡察员的标准，从行业部门抽调业务骨干近60人，实行全脱产包乡蹲点，重点巡察阶段工作的落实、帮扶力量的履职和问题整改的落实等方面，巡察组每周向脱贫攻坚指挥部办公室报告巡察情况。第三重督导机制是县委县政府主要领导"2+1"靶向督导。在蹲点督查、包乡自查的基础上，在脱贫攻坚后期，仪陇成立了2个由县委书记、县长带队的问题剖析组，针对重点乡镇和"问题"乡镇进行专项检查，通过"解剖麻雀"，对发现的问题采取"1日上报、1日整改、1日复查"的"3个1"办结制度，对抽查发现的问题涉及的责任人和责任单位一律从严从重追责。

其三，奖惩制度作保障。仪陇出台了《重奖重惩脱贫攻坚一线干部十条规定》，形成了"重奖重惩脱贫成绩突出的干部，重罚重惩不作为、慢作为、乱作为干部"的鲜明导向。当地表现突出的 20 余名第一书记被《人民日报》等主流媒体报道，187 名脱贫干部被省市县表彰表扬，258 名脱贫一线干部被提拔重用（含 58 名第一书记）。①

第二节　顶层设计与政策体系

2015 年 11 月，在中央扶贫开发工作会议上，习近平总书记全面阐述了精准扶贫基本方略，强调要做到"扶持对象精准、项目安排精准、资金使用精准、措施到户精准、因村派人精准、脱贫成效精准"六个精准，实施"发展生产脱贫一批、易地搬迁脱贫一批、生态补偿脱贫一批、发展教育脱贫一批、社会保障兜底一批"五个一批，重点解决好"扶持谁""谁来扶""怎么扶""如何退"四个问题。其中，"六个精准"是基本要求，"五个一批"是根本途径，"四个问题"是关键环节，为脱贫攻坚体系的建构提供了目标导向与问题导向相统一、战略性与可操作性相结合的方法论。在中央精神的指导下，仪陇县牢牢把握中央关于脱贫攻坚的总体要求和重大部署，并结合仪陇是革命老区、秦巴山区连片贫困区等区域特征，依托习近平总书记系列扶贫论述引领脱贫攻坚的顶层设计，在党建引领下全力推进"五个一批"工程，围绕"两不愁三保障"开展重点部署，建构了具有仪陇特色的脱贫攻坚政策体系。

---

① 陈科：《夯实基层党建引领脱贫攻坚——仪陇党建扶贫工作汇报》，2019 年 8 月。

一、政策体系：党建引领下的"五个一批"工程

脱贫攻坚期间，仪陇县委、县政府将脱贫作为头等重要的大事，以党建引领为核心，在补齐基础设施建设这一短板的基础上，围绕"五个一批"的脱贫路径，搭建了易地扶贫搬迁、教育扶贫、健康扶贫、产业扶贫、就业扶贫、社会兜底扶贫六大领域全面配套的攻坚体系，为顺利脱贫摘帽奠定了坚实基础。

（一）党建引领扶贫

脱贫攻坚在哪里，党的触角就在哪里。仪陇坚持以党建为引领，充分发挥党组织的政治优势、组织优势和人才优势。

一是发挥基层党组织的战斗堡垒作用。向 285 个贫困村和 91 个"插花村"全覆盖派驻帮扶力量，向 598 个非贫困村派驻工作组，选派 139 名后备干部入驻"三边村"，实现了帮扶力量全覆盖。全面推行第一书记"带班子强队伍、带群众强主体、带发展强产业、带真情强服务、带新风强治理"的"五带五强"工作方法，让第一书记充分发挥示范作用和引领作用。实施千名人才回引工程和贫困村后备人才培养计划，吸纳优秀人才进入村"两委"班子，充实了脱贫攻坚"前沿指挥部"。

二是将党小组建在产业链上。以产业链为纽带，打破以地缘、地域结构设置党小组的传统模式，依托产业布局，在产业链上建立党小组，将党员能人聚集在产业链上，以一个党小组引领一个产业、带动一批贫困群众。从发展成效上看，仪陇县在赛金、复兴、双胜等乡镇成立 16 个脱贫攻坚产业联片联村党总支，推动贫困村抱团式发展、组团式脱贫。在 285 个贫困村中建立产业党小组 527 个，实现培训同步、技术共享、产品统销，相关做法被中央电视台《新闻联播》播报。

三是发挥基层党员的先锋示范作用。以党员精准扶贫示范项目为载体，大力发展种植养殖、农产品加工、产品营销、乡村旅游等产业，全面推行"党支部+龙头企业+合作社+党员示范户+贫困户"的村企（协会）联姻和党群联动模式，示范带动贫困群众共同脱贫致富。

四是突出群众主体地位。开办农民夜校876所，择优选聘兼职教师5000余名，拓展"农民夜校"办学模式，将"三大主题"教育、党的十九大精神、四川省十一次党代会精神等送到田间地头、农户院坝，累计培训农民25万余人次，动员广大群众自力更生、主动脱贫，为群众脱贫提供精神动力。

（二）易地搬迁扶贫

易地扶贫搬迁是实施"五个一批"扶贫攻坚行动计划的重要内容，是从根本上解决生活在缺乏基本生存条件地区群众贫困问题的有效途径。

一是构建"县、乡镇、村"三级指挥体系。县级成立农村住房安全保障指挥部，乡镇成立住房安全保障工作推进小组，村级成立村民建房委员会，整合易地扶贫搬迁、农村危房改造和地灾避险搬迁力量，加强组织领导、统筹协调能力。

二是精准识别帮扶对象。严格按照"八步工作法"（自我申报—群众评议—乡镇审核—群众再评议—张榜公示—乡镇汇总—县上复查—生成数据），确定易地扶贫搬迁建房对象，确保搬迁对象认定公平公正、结果群众公认。建立易地扶贫搬迁对象动态管理机制，及时剔除识别不准户、调整重复享受政策户、纳入自然灾害突发户。

三是创新因户施策机制。仪陇根据地理位置、群众生活习惯和生产生活实际，确定了以"分散安置为主"的搬迁方式，编制完成了全县易地扶贫搬迁"十三五"规划、"十三五"实施方案及各年度实施计划。在确保人均住房建设面积不超过25平方米的基础上，设计多种户型由搬迁户自主选择。探索出"统规统建、统规自建、统规代建"三种农村住房建设模式，制订并实施了《仪陇县建档立卡贫困户住房建设"代改建"实施方案》。

四是设施配套，建立脱贫长效机制。完善配套安置区的基础设施和公共服务设施，从根本上保障贫困群众的路、水、电、医疗、教育等生产生活需求，极大改善了生产生活条件。引进龙头企业，通过土地流转、股权量化等方式，引导搬迁群众共建脱贫奔康产业园。通过职业培训机构、农民夜校，免费量身开展职业技能培训。鼓励支持有经营能力的搬迁户自主创业，提供扶贫小额信贷，保障搬迁群众稳得住、能致富。

（三）教育扶贫

一是紧抓"控辍保学"。通过控辍保学电子平台，建立稳定台账，实施数据动态监测，使全县义务教育阶段适龄儿童少年（6—15周岁）97105人（其中建档立卡 11637 人）控辍保学达标率于 2018年达到 100%。[1] 建立稳定控辍保学机制，建立"双线"联控联保，即"乡镇—村社—家庭"和"县级教育部门—片区教育督导组—学校"，做到避免因贫失学、辍学，避免因学习困难或厌学而辍学，避免因上学远、上学难而辍学。实行每名特殊群体学生至少有 1 名教师结对，每月至少开展 2 次学习和心理辅导，每学期至少家访 3 次，争取做到全面掌握学生的学习动态。

二是全面落实学生资助政策。通过国家资助、地方资助、学校资助、社会资助和扶贫救助等多措并举，2014—2018 年，仪陇县累计投入 2.1 亿元，资助贫困学生 32.3198 万人次。2016 年至 2018 年 5月，在建档立卡特别资助方面，累计特别资助建档立卡本专科和中职学生 2792 人次，资助资金 549.45 万元；在教育扶贫救助方面，累计救助家庭经济极度困难的建档立卡学生 5306 人次，资助资金 344.683

---

① 仪陇县教育局：《仪陇县贫困家庭子女义务教育保障工作汇报》，2018 年 5 月 28 日。

万元。在助学贷款方面，2014—2018 年，仪陇累计为家庭经济困难的本专科学生和研究生发放生源地信用助学贷款 6558 人次，发放资金 5114.32 万元。①

三是全面实施"改薄项目"。2014 年至 2018 年 5 月，累计投入资金 23298 万元，用于农村义务教育学校标准化、农村贫困家庭子女就近上好学等达标建设。坚持"扶贫新村建到哪里，乡村校点就布局到哪里；务工人员随迁子女到哪里，学校就建到哪里"的教育均衡发展之路，解决"大班额""入学难""上学远"等问题。截至 2018 年 5 月，完成 81 所学校 1742 个"班班通"教室项目，提升了教育信息化水平。

四是增强乡村教育师资力量。仪陇致力于加大师资力量引进力度，并在教师选派上优先向乡镇中心校和学科紧缺、年龄结构老化的边远农村学校倾斜。其他增强乡村教育师资力量的举措还包括通过国培、网络研修、工作坊、集中培训等多种形式对全县教师进行培训，结合"支教援教""送教下乡"等活动，创造条件让乡村与城市共享优质教育资源。

（四）健康扶贫

为确保群众"看得起病、看得好病、看得上病、少生病"，仪陇通过凝聚"四股力量"（县级力量、乡镇力量、部门力量、内生力量），大力实施"5+1"行动计划，创新六大工作举措，倾力实施民政医疗救助，发挥残联特定救助优势，有效防止了因病致贫、因病返贫，在健康扶贫上取得了优异成绩。

一是实施六大行动计划。1. 医疗扶持行动：组织医疗机构对农村居民患病情况进行摸底，建立重病、大病、慢病等信息台账；通过多种保障政策的组合、叠加，构筑起"基本医保、大病保险、补充保险、

---

① 仪陇县教育局：《仪陇县贫困家庭子女义务教育保障工作汇报》，2018 年 5 月 28 日。

民政救助、卫生救助"五重医疗保障网，贫困人口县域内住院自付费用控制在 10% 以内。2. 公卫保障行动：免费提供基本公共服务，对在家贫困人口的免费健康体检率达到 100%；按照"1 个县级医院医生+1 个乡镇卫生院医生、1 个护士、1 个公卫人员+村医"模式，家庭医生签约覆盖率 100%。3. 人才培植行动：加大高精尖、急需紧缺人才招引力度，组建医疗小分队为基层医疗机构提供技术支持；加大县内医院重点科室建设，满足贫困人口县内就医需求。4. 能力提升行动：加大投入增加县公立医院"总量"，加强基层医疗机构达标建设，争取中国社会福利院等福利渠道。5. 计生整治行动：加大对贫困计划生育家庭的奖励、优待和扶持力度，帮助计划生育家庭率先脱贫，如对独生子女伤残死亡进行特别扶助。6. 信息化建设行动：依托信息化平台，把乡镇医疗机构纳入县级平台，县级平台纳入市级平台，实现数据互联互通；依托四川大学华西医院和省人民医院、南充市中心医院等优质资源打造数字医院，合作建设远程会诊和远程教学网络。

二是实施民政医疗救助。发布重特大疾病医疗救助工作方案等政策，将建档立卡贫困人口纳入重点救助对象范围。实施分类救助，对贫困人口中城乡低保对象参加医保个人缴纳部分给予定额资助。对贫困人口中的重点救助对象在定点医疗机构发生的政策范围内住院费用经基本医疗保险、大病保险报销后的个人自付部分，在救助限额内按照不低于 70% 的比例给予救助，对患重特大疾病且需长期院外治疗的，每人每年给予不超过 5000 元的门诊医疗救助。[①] 对患重度精神病的贫困人员，实行定点医院免费救治，经基本医疗保险和大病保险报销后剩余部分实行全额救助。对突发重特大疾病导致基本生活陷入困境的贫困对象，实施临时困难救助。

三是发挥残联特定救助优势。针对视力残疾、听力言语残疾、肢体残疾、智力残疾、0—6 岁残疾儿童、精神病等分别展开救助。

---

① 仪陇县卫生局：《仪陇县健康扶贫工作总结》，2018 年 5 月 30 日。

（五）产业扶贫

仪陇县委、县政府积极破解产业发展慢和群众增收难两大桎梏，着力增强贫困群众自身"造血"功能，初步走出了一条产业脱贫的新道路。

一是科学规划，引领产业发展。依据县级层面《"十三五"农业（林业）产业扶贫专项规划》年度产业扶贫项目的实施方案，因地制宜地确定了在贫困村发展生猪、水（干）果、粮油、蔬菜、有机蚕桑五大主导产业，实行"一村一品、一户一业"的差异化发展思路。每个贫困村至少建一个产业园，截至 2018 年 5 月，全县已建脱贫奔康产业园 349 个，新改建种养业基地 56.6 万亩。针对每户贫困户制定出一套帮扶方案，做到"因户施策"，引导贫困户增收脱贫。

二是积极培育新兴经营主体。截至 2018 年 5 月，已引进陕西海升、广东温氏等 45 家农业龙头企业，组建专业合作社 830 个、家庭农场 705 家，培育种养大户 934 户。通过"科技人员+贫困户""专业合作社+贫困户""公司+贫困户""公司+基地+贫困户""公司+家庭农场+贫困户""公司+专业合作社+贫困户"六大发展模式，加强产业市场化带动贫困户发展，同时也促进了产业由"生产导向"向"销售导向"的转变。

三是大力创新利益联结机制。以新型经营主体培育为载体，贫困户通过土地经营权租赁、作价入股、经营权托管、技术承包服务、就地务工等方式搭上龙头企业发展快车，建立利益共同体。通过依托广东温氏集团，建立"公司+家庭农场（托养户+贫困户）"的生猪养殖产业；通过依托浙江中味食品等企业，建立"技术无偿提供、产品保底收购、就业优先安排"的订单农业模式；通过依托陕西海升集团，以"企业+贫困户建示范园"和"农户自建园"的方式建立产业联盟；通过依托香港利达丰集团，采取"基地+贫困户"和"企业+专业合作社+贫困户"的方式，大力发展有机桑蚕产业。

四是强化政策支撑。统筹使用财政涉农资金 2 亿多元用于产业发展，出台贫困户就业创业和发展种养增收奖补政策，落实脱贫贫困户的到户产业发展资金，为每个贫困村提供 30 万—50 万元的产业扶持资金，为贫困户提供小额信贷风险控制基金 5088 万元，夯实了贫困村产业发展的基础设施建设。

五是推动群众参与，激发内生动力。实施农村土地承包经营权确权登记工作，引导贫苦户通过土地流转、合作、入股等方式激活生产要素。按照"财政投入、量化资产、按股分红、收益保底"的模式，引导各村探索推进财政支农项目资金股权量化改革的扶贫模式。支持新型经营主体与贫困户建立长期稳定的带动关系，以"龙头企业+贫困户""农民合作社+贫困户""家庭农场+贫困户"等模式提高群众创业致富的积极性和主动性。

（六）就业扶贫

在就业扶贫领域，一是建立组织领导体系。成立县级分管领导为组长的就业扶贫工作领导小组，完善了就业扶贫工作的组织、平台、资金、人员和工作体系，具体做法包括：按照"一月一梳理、一月一研究、一月一清零"问题导向，统筹推进扶贫工作；通过层层会议动员、工作业务培训、电视和网络媒体宣传，提升群众的认知度和参与热情。

二是强化技能培训和典型示范带动。大力实施"实体观摩+技术培训"的培训方式，通过送扶贫专班、送定点学校、送培训进村等途径，送技术进村、送政策入户、送岗位到人，增强贫困劳动力的就业技能。培育龙头企业，支持企业吸纳带动贫困劳动力就业进行辐射示范，通过创业园、就业车间吸纳贫困户就地就近就业。

三是落实政策扶助，拓宽就业渠道。坚持"鼓励创业一批、产业带动一批、吸纳奖励一批、社保补贴一批"，实施就业创业奖补办法，按年人均纯收入高低给予 600—1000 元的奖补资金[①]；实施农民

[①] 仪陇县就业服务管理局：《仪陇县就业扶贫工作开展情况》，2018 年 5 月 28 日。

专业合作社、种养大户、家庭农场、农村电商等认定和吸纳就业奖补，实施贫困劳动力和贫困大学生创业认定奖励。通过就业扶贫专场招聘、与发达地区劳务协作、给予务工交通补贴等多种方式，促进劳动力转移就业。

此外，仪陇按照"总量控制、严格程序、规范管理"要求，还针对贫困户开发了产业管护、社会治安协管、乡村道路保洁等方面的公益性岗位，实行兜底援助。

（七）社会兜底扶贫

一是建立领导机构和工作制度。县级成立低保精准识别暨扶贫开发衔接专项工作领导小组，并先后出台《关于开展低保兜底复核认定的工作通知》《2017年农村最低生活保障与扶贫开发政策有效衔接的实施方案》《关于开展〈低保兜底"回头看"专项行动实施方案〉的通知》等系列政策，建立了政府牵头、民政部门指导、乡镇实施的低保精准扶贫联动工作机制。

二是健全动态管理机制。严格执行民政专项资金使用管理规定，低保资金在县财政社保专户储存、专账管理、专款专用、封闭运行，全部实现信用社打卡直接向低保户发放；对低保救助对象，定期审核、分类救助，建立进出两通畅的动态管理机制。

三是严格监督检查。在县、乡（镇）、村（社区）三级进行公示，接受群众监督举报，并以专项纠查等方式纠正认定不准确、动态调整不及时、低保吃"转转"、保人不保户、不按收入补差发放低保金、吃拿卡要、骗取冒领等问题。

二、重点布局：补牢"两不愁三保障"薄弱环节

到2020年稳定实现农村贫困人口不愁吃、不愁穿，义务教育、基本医疗、住房安全有保障，是贫困人口脱贫的基本要求和核心指

标，直接关系攻坚战质量。[1] 仪陇县围绕"两不愁三保障"进行了系统部署，重点攻克弱点、难点、痛点，用好督查考核的"指挥棒"，适时组织"回头看"，真正把解决"两不愁三保障"突出问题的各项措施落实到村、到户、到人。

（一）奠基：完善"硬件"补短板

面对基础设施长期滞后的脱贫瓶颈，仪陇将交通、水利、电网等基础设施作为脱贫攻坚的"先手棋"。在交通建设方面，围绕"出境通道高速化、干线公路快速化、农村公路网络化"的"三化"目标，大力实施高速公路企地共建、国省干线畅通联网、县乡公路改善提升、通村水泥路建设和交通路网配套"五大工程"，为全县脱贫攻坚奠定坚实基础。截至 2017 年年底，全县新建通村组水泥路 2623 公里，彻底解决 96 个村硬化路未达标、185 个退出贫困村道路新建问题，实现 285 个贫困村硬化路通村率达 100%。[2]

在水利建设方面，切实抓好"命脉"工程，以中型水库为骨干，小型水库、塘堰池为基础，渠系为通道，建设了供水、防洪、农灌为一体的水利工程体系，安全饮用水工程实现了全覆盖。截至 2018 年年底，完成油房沟水厂、县城供水二期工程和 18 条官网延伸工程，新建农村分散人饮工程 5158 处，有效解决了群众生产生活用水难题。在土地整理方面，实施农村土地整治扶贫项目 3 个，投资 4758 万元，建成了高标准农田 3.9 万亩，新增耕地面积 2900 亩。在公共设施方面，提速农村电网建设，完成 251 个农村电网改造。实施村级活动阵地标准化建设，设立 937 个便民代办服务站，新（改）建集文化室、卫生室等于一体的村级活动中心 451 个。接通 285 个贫困村光纤宽

---

① 习近平：《在解决"两不愁三保障"突出问题座谈会上的讲话》，《求是》2019 年第 16 期。

② 《仪陇县脱贫攻坚领导小组关于 2017 年度减贫计划完成情况及工作成效的报告》，仪脱贫〔2017〕10 号。

带，建设"电商驿站"，开展农产品电商推广和农村物流设施建设，打通了农村电商"最后一公里"。①

（二）筑巢：住房改造换新颜

仪陇的住房保障工作任务重、情况复杂、资金量大，成为脱贫攻坚过程中异常难啃的一块硬骨头。为加强这项工作，在县级层面专门成立了以分管副县长任指挥长的农村住房安全保障指挥部，统筹信息、政策、资金和监督考核。在乡镇层面，成立了以乡镇长为组长的农村住房安全保障工作领导小组，负责工程验收、施工质量与安全、建设进度等的监督管理。在村级成立建房委员会（建房小组），负责分户确定房屋新建改建、维修加固方案、施工队监管、工程质量安全巡查等工作，为住房安全保障提供了坚实的组织保障。在资金保障上，整合易地搬迁、危房改造、地灾避险、美丽新村建设等各类资金近20亿元，重点投向住房建设、基础配套。特别是针对贫困群众住房改造，研究出台了县级资金补助办法，适度提高补助标准，投入资金6亿元。对建档立卡贫困户，在中央和省级补助资金基础上，按难易程度每户再分别给予2万元、0.95万元、0.6万元的资金补助，保障了贫困群众建房不负债、不返贫。在建设保障上，对农户有能力自建的，统一户型设计、技术指导和进度安排；对没有劳力自建的，出台"代改建"办法，分乡镇（村）成立施工小分队帮助建设。基于上述举措，仪陇全面解决了3.6万农户的住房保障问题。②

通过领导力量、资金保障、组织监管等多重举措综合发力，2014年至2018年6月，仪陇累计投入资金6亿余元，完成了13878户建档立卡贫困户的住房改造（其中维修加固7035户、新建5660户、提升改造1183户）以及23977户非贫困户的住房改造，全面保障了农

---

① 仪陇县脱贫攻坚领导小组：《仪陇县2018年脱贫攻坚工作总结》，仪脱贫〔2018〕11号。
② 仪陇县人民政府：《仪陇县工作汇报》，2018年6月8日。

村住房安全。①

（三）添翼：医疗扶贫拔"病根"

为确保群众"看得起病、看得好病、看得上病、少生病"，仪陇通过凝聚"四股力量"——县级政府，乡镇党委政府，人社、医保、民政、残联等部门，卫生系统，大力实施了"医疗扶持行动、公卫保障行动、人才培植行动、能力提升行动、计生整治行动、信息化建设行动"系列行动计划。通过多种保障政策的组合、叠加，构筑起"基本医保、大病保险、补充保险、民政救助、卫生救助"五重医疗保障网，贫困人口县域内住院自付费用控制在10%以内，11种慢性病门诊和21种重大疾病门诊报销达90%。投入资金1818万元，全额代缴贫困群众基本医疗保险和大病医疗保险，落实了"九免一补助""先诊疗后结算"等系列惠民政策。②组建家庭医生签约服务团队130个，采取"1个县级医院医生+1个乡镇卫生院医生、1个护士、1个公卫人员+1个村医"模式，实现贫困户常住人口家庭医生服务签约率100%。对享受现有医疗保障政策后，个人自付费用仍在3万元以上且支付能力差的大病非贫困户，继续通过扶持政策予以救助。

通过因地制宜、精准施策，仪陇在2014—2016年实现了55个贫困村卫生室的达标建设。2017年，健康扶贫对象达到10.03万人，130个贫困村卫生室及56个乡镇卫生院完成达标建设，县人民医院达到三乙，其他3家县级医疗机构达到二级水平，并代表南充市创建省级"健康扶贫工程示范县"。2018年，实现了91个贫困村卫生室的达标建设。民政医疗救助上，2015年至2018年4月，共救助26.64万人次，发放救助资金9461.55万元。③

---

① 仪陇县农村住房安全保障指挥部：《仪陇县脱贫攻坚农村住房安全保障危房改造工作总结》，2018年6月。
② 仪陇县脱贫攻坚领导小组：《仪陇县2018年脱贫攻坚工作总结》，仪脱贫〔2018〕11号。
③ 仪陇县卫生健康局：《仪陇县健康扶贫工作总结》，2018年5月。

（四）展翅：产业优化成引擎

大力发展产业，提升贫困户"造血"能力，是建立脱贫攻坚长效机制的重要基石。仪陇在产业发展方面主要采取了以下举措：

一是统筹产业布局。按照区域化、规模化、集约化的思路，全县规划 11 条连片规模种养产业带，大力发展优质粮油、农产品加工、乡村旅游等五大主导产业。同时，在充分尊重群众意愿的基础上，按照每个贫困村确立 1—2 个主导产业、组建 1—2 个农民专业合作组织、培育 5 户以上种养示范大户的要求，做实做细产业规划。

二是多方带动培育。以产业园带动，将致富党员、生产要素、贫困群众、政策资源优先向园区集中，采取"畜禽托养、土地托管、返租分成"等方式，在出列贫困村建设脱贫奔小康产业园。以龙头企业带动，引进温氏、中味食品等 7 家国省农业龙头企业，发展生猪托养、订单农业。以业主大户带动，贫困户出土地、出劳力，业主出资金、出技术、包销售，整合资源，实现共赢。

三是创新利益链接。积极探索"新型经营主体+贫困户""资产量化+贫困户""金融扶贫+贫困户"等模式，建立"租金收入、劳务收入、固定收入、保底分红、效益分成"等利益联结机制，带动贫困户年均增收 5000 元以上，既破解集体经济无来源的问题，又确保了贫困群众家家有股份、人人有就业、年年有分红。

截至 2018 年，全县已引进 45 家龙头企业，组建专业合作社 830 个、家庭农场 705 家，培育种养大户 934 户；建成生猪托养场 302 个，建成水果、蚕桑、蔬菜、中药材和水产等产业园 349 个；新改建种养业基地 56.6 万亩，其中新改建粮油基地 30.2 万亩，新改建水果基地 8.5 万亩，蔬菜基地 3 万亩，中药材基地 5.3 万亩，水产基地 4 万亩，蚕桑基地 1.5 万亩，花椒基地 2.6 万亩，核桃基地 1.5 万亩；发展林下养殖企业 37 家。通过上述举措，仪陇成功带动 2.73 万余名贫困人口年均纯收入 3000 元以上，为贫困群众增收脱贫奠定了坚实基础。①

（五）翱翔：志智双扶断"穷根"

除了在义务教育阶段实行严格的"控辍保学"举措以阻断贫困代际传递外，仪陇还挖掘深厚的红色文化底蕴，始终把群众教育作为实现"两不愁三保障""四个好"目标的重要抓手。一是强力推进"尊法守法、习惯养成、感恩奋进"三大主题教育，着力解决部分群众法律意识淡薄、不良生活习惯、"等靠要"思想等问题。二是以"五学"活动丰富教育形式。以专家进村辅导学、干部入户帮助学、身边典型激励学、新老媒体带动学、村校互动同步学，全方位激发群众学习积极性，强化学习效果。三是通过广泛开展"十评""两创"活动树立典型，通过"十评"活动（评模范守法户、清洁家庭户、星级文明户、致富带头户、饮水思源户，评好公婆、好媳妇、好妯娌、好夫妻、好干部）和"两创"活动（创四好星级农户、创四好幸福新村），激发群众从"要我富"到"我要富"的转型，促进文明正气新乡风的形成。

第三节 仪陇脱贫攻坚的机制创新

根植于深厚的"两德精神"底蕴，在精准脱贫过程中，仪陇一直着眼实际，结合县情、民情，根据各层级、各领域的问题进行创新性的探索和实践，其在组织、制度和文化上的创新路径，为全国的脱贫事业贡献出了可借鉴、可推广的"仪陇模式"和"仪陇方案"。

---

① 仪陇县农业局：《仪陇县农业产业扶贫工作总结》，2018 年。

一、组织创新：打造强有力的脱贫攻坚"主力部队"

在以往多轮扶贫工作中，扶贫部门始终是脱贫的主力。以仪陇为例，县扶贫移民局共 25 人（机关 14 人，下属事业单位 11 人），其中从事移民工作的有 9 人、专职做扶贫工作的仅 16 人。而新一轮扶贫的对象范围广、实施内容多、达成标准高、最终成效好，仅仅依靠县扶移局的力量是远远不够的。为全面打好这场"攻坚战"，仪陇首先按上级要求成立了"书记县长双组长"的领导小组。但脱贫攻坚领导小组在实际工作中也遇到了一些问题：一方面，领导小组从职能层面主要是明确各成员单位的职责，而具体事务需要扶贫部门来操作和落实；另一方面，脱贫攻坚领导小组机构大而全，议事协调容易产生形式主义。还有其他的一些现实困难，比如领导小组会议的应参会人员通常很难全部到齐，而在研究特定专题工作时，部分领导小组成员分管的工作虽与之无关，也须按要求参会，这种"陪会"现象也分散了工作精力。

基于上述问题，仪陇在体制机制上积极创新，在脱贫攻坚指挥部下设由县级领导任组长的 12 个工作推进组，分别是综合协调组、基础设施建设组、产业培育推进组、社会事业发展组、住房安全保障组、村集体经济推进组、宜居乡村创建组、资金整合组、问责问效组、暗访工作组、问题收集处理组、软件资料规范组。具体运作机制为：不同领域的工作小组首先在业务内部小范围研判本领域工作推进中遇到的难题，再将重大问题汇报到脱贫攻坚领导小组协商。这样有效缩短了疑难问题的解决周期，也大大提高了工作效率。比如，脱贫攻坚过程中，仅涉及住房改造就有 4 万多条问题，如果每个问题都在领导小组会议上集中研讨，将极大增加领导小组非相关部门的工作量，也将严重阻碍脱贫攻坚整体工作的进度。[①]

① 资料来自本书编写人员 2019 年 8 月 26 日对仪陇县委主要领导的访谈记录。

值得一提的是，在"书记县长双组长"责任制下，按照职能分工，县长还要主抓项目攻坚、安全生产等重要工作。因此，在一定程度上给县长"松绑"显得尤为重要。这就要求县委书记必须"真当组长、真下深水"。通过严格落实脱贫攻坚"双组长"责任制，实行以脱贫攻坚指挥部为中枢的指挥运行机制，执行"重点工作一律主要领导亲自部署，重要决策一律集体会商，重大问题一律当日报告"的"三个一律"工作要求，形成"整体推进县委统筹、辖区攻坚乡镇主体、农户脱贫村组落实"的运行机制，建立了政令畅通、推进有力的脱贫攻坚体系。

此外，通过向285个贫困村和91个"插花村"全覆盖派驻帮扶力量、向598个非贫困村派驻工作组等方式，创新第一书记"五带五强"工作法作为扎根基层的办法，锻炼了敢吃苦、作风正的基层干部队伍，夯实了党在农村的执政根基。通过大力实施千名人才回引工程和贫困村后备人才培养计划，鼓励优秀人才进入村"两委"班子，夯实了基层党组织的战斗堡垒作用。这种"走出去"与"请进来"双向发力的乡村治理人才培养模式，锻造了脱贫攻坚的"前沿指挥部"。强有力的领导班子与"能打仗"的基层队伍，共同形成了仪陇脱贫攻坚的"主力部队"。

二、制度创新：形塑以解决问题为核心的工作抓手

（一）问题解决机制

面对脱贫攻坚过程中出现的多样性、复杂化问题，仪陇采取分级研究、分层审定的办法，探索形成"全面摸排、分类汇总、分级解决"的"4321"问题收集解决机制。具体而言，"4"是指在县、乡、村、户四个层面，对照标准零遗漏地收集问题。仪陇各级干部本着"不怕暴露问题、不怕问题尖锐、不怕问题太多"的原则开展撒网式

摸排，发现的问题不仅有修路、兴水、改电等涉及大多数群众的公共问题，还包含农户电视信号不通、洗漱用品不全等涉及一家一户的"小问题"。这种"不回避、不隐瞒、不打折"的工作方式赢得了群众的认可，也帮仪陇找准了问题、找到了差距。"3"是指按照问题研究的不同主体，分为"乡镇村自行研究、县级层面研究、向上汇报请示研究"三个层面①，确保每个问题都有研究和解决主体、都能"对号入座"。对于县级层面研究解决的问题还会制定直白式、条款式的处理意见，并以文件形式印发，确保共性问题得到有效解决。所谓"2"是指以两个月为1个周期滚动消灭问题。对于个别整改难度大的问题，则限期解决。最后的"1"是指每个乡镇每年落实·笔专款解决个案问题。据统计，2017年仪陇下发乡镇应急补短资金1740万元，2018年下发2000万元。② 严格的督查体系和强大的资金支持为解决脱贫攻坚中暴露出来的各式各类问题提供了可靠保障。

2017—2019年，仪陇县1.15万名干部扎根村组，对照"户脱贫、村退出、乡达标、县摘帽"四个方面的具体标准，与3.15万户贫困户户户见面，共梳理出持续增收、安全住房、医疗等21个方面近2.6万个具体问题（见表2-1），并相继出台了《县委主要领导研究解决的脱贫攻坚具体问题处理意见》《脱贫攻坚入户摸排发现问题的处理意见》等系列文件，确保每个问题都有研究主体、有具体解决举措、有解决时限。仪陇这种"和问题对着干"的创新工作法在2017年由四川省脱贫攻坚领导小组办公室面向全省宣传并要求各地学习，还多次被《人民日报》、中央电视台《晚间新闻》等报道，受到广泛关注。

---

① 需要指出，三个层次分类的基本原则为：凡是政策已经明了了，主要是因乡镇村组织不善、推进不力而产生的问题，由乡镇村自行研究；凡是全县带有共性，需进一步明确政策、明细流程、厘清职责的问题，由县级层面研究；对个别缺少政策支撑，或虽有政策但彼此之间存在冲突、基层操作困难的问题，通过向上汇报请示研究。

② 数据来自仪陇脱贫攻坚指挥部，2019年8月28日。

表2-1　2017—2019年仪陇脱贫攻坚问题摸排情况

类别 年度	摸排发现 问题（个）	乡村自行解决 问题（个）	县级研究解决 问题（个）	向上汇报解决 问题数（个）
2017	25700	23500	形成处理意见163条， 印发文件9个	5
2018	1100	1060	形成处理意见36条， 印发文件2个	0
2019	200	180	形成处理意见14条， 印发文件2个	0

资料来源：仪陇县脱贫攻坚指挥部提供数据，2019年8月。

（二）督查考核机制

从全国脱贫攻坚的整体部署看，国家、省、市、县、乡镇各级，均有层层压实的督查问责机制。如果仅从督查机制本身来看，仪陇的情况与全国各地并无本质差别。但通过对督查效果的甄别，我们发现仪陇的督查机制突破了以往以惩罚为主的导向，张弛有度的激励考核机制成为促使仪陇顺利脱贫摘帽的手段之一。仪陇具有创新性的多重督查机制的一个重要做法是，通过县级领导带队督查，组织县市监局、房管局、国土局、财政局、车管所等单位复查，县纪委暗访抽查，实现所有贫困户100%见面、所有临界贫困户100%排查、疑似问题户100%复核，确保扶贫对象"零误差"。

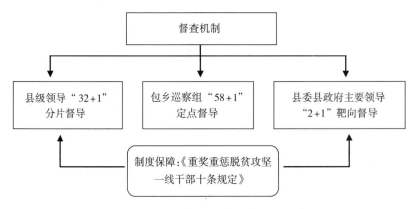

图2-2　仪陇脱贫攻坚中的多重督查机制

一是对督查机制进行清晰定位。县级层面的督查是推动各项工作的总抓手。仪陇致力于真正通过督查发现问题、研究问题、解决问题，认真总结各级各类督查的"变味"带来的一系列负面影响，如外行督查内行导致真实信息误判，过多过滥的督查增加基层工作负担，只听一面之词的督查滋长贫困户投机思想，动辄问责的督查挫伤扶贫干部积极性等问题，因地制宜地制定督查方案。通过统筹各类督查，在很大程度上避免了多头督查、重复督查、频繁督查。

二是严格要求督查人员。仪陇按照每个乡镇一名巡察员的标准，从行业部门业务骨干中遴选了 57 名全脱产定点包乡督导的巡察人员，另外严格甄选督查成员。一方面，通过对督查人员进行专题业务培训、要求他们全程参加县级层面的各类脱贫攻坚会议等方式，让督查员吃透政策、掌握重点，避免督查过程中发生"形式主义"和"外行指导内行"现象。另一方面，在要求督查人员敢于"唱黑脸"、不折不扣上报问题的同时，也要求他们做到全程跟踪问题并参与整改。此外，如果县级领导抽查、群众反映、媒体报道以及上级巡察督查发现了督查人员没发现的问题，或者督查员刻意隐瞒不报，督查员则需要承担连带责任。

三是谨慎应用督查结果。在脱贫攻坚过程中，仪陇在督查问责时紧抓"精准识别、脱贫成效、问题解决"等重要环节，"资金使用、工程建设、工作作风"等关键领域以及"中央省市巡视巡察、督查考核、退出验收"等特殊节点。同时，督查问责突出教育警醒、解决问题、推动工作的实效。如，2017 年两个乡镇在问题摸排督查过程中被发现存在排查问题不深入、上报问题数量少且质量差等问题，在全县万人脱贫攻坚大会上受到红牌、黄牌警告，乡镇党委书记现场领取红黄牌。此外，督查问题严把尺度，对核查不实的问题一律不追责、对非主观原因导致的问题绝不从严追责，这也保证了干部担当干事的积极性。仪陇出台的《重奖重惩脱贫攻坚一线干部十条规定》，做到了奖惩结合，在很大程度上增强了各级干部参与脱贫攻坚工作的主动性和积极性。

正如仪陇县主要领导总结的那样，仪陇在县一级的督查机制上有三个特色：一是处理干部时有"复活"机制；二是传导压力；三是干部内部处理占主导。据调查，脱贫攻坚期间，全县共有 5 名乡镇党委正职、15 名驻村帮扶干部因工作不力被问责调整，273 名脱贫一线干部得到提拔重用。该县主要领导强调，督查不是问责越多越好、处罚越重越好，既要有警示教育作用，也要真正关心干部。比如，为了确保一次县级交叉检查工作的顺利完成，乡镇干部连续几周没有休息，而在相关工作结束后，县委办公室则打破"惯例"，第一时间通知乡镇干部休息几天。正是在这种既要警钟长鸣又要人性关怀的监督机制下，仪陇的基层干部在脱贫攻坚过程中几乎无人"临阵脱逃"，少部分提出辞职的乡镇干部也都是在脱贫摘帽工作结束之后。①

三、文化创新：发扬新时代仪陇精神激发脱贫动力

（一）"两德精神"的传承与激活

仪陇是老一辈无产阶级革命家朱德和为人民服务的光辉典范张思德同志的故乡，因此也被誉为"德乡"。为纪念革命先烈们的英雄事迹，将仪陇儿女不怕牺牲、勇于奋斗的革命精神和战斗精神代代传承，1977 年仪陇县革命委员会批准正式成立张思德纪念馆，1991 年朱德铜像纪念园揭幕。这两处纪念地后来都成为重要的红色革命教育基地。仪陇还以川陕苏区红色文化资源为基础，以全心全意为人民服务的"两德精神"为依托，创办了张思德干部学院。该学院成为党

---

① 资料来自本书编写人员 2019 年 8 月 26 日对仪陇县委主要领导的访谈记录。

员干部和各类人才培训的综合性党性教育机构。

从"两德精神"的内涵来看，全心全意为人民服务是其根本。1944 年 9 月 8 日，在延安凤凰山举办的张思德追悼会上，毛泽东亲笔题写"向为人民利益而牺牲的张思德同志致敬"的挽词，并发表了悼念讲话，对张思德全心全意为人民服务的革命精神和境界给予高度赞扬。张思德精神的人格价值在于把高尚的共产主义道德修养和全心全意为人民服务相结合，体现了平凡人生和伟大人格的完美统一。后来，全心全意为人民服务作为党的根本宗旨为全党所接受，而张思德作为践行党的根本宗旨的典范被广大共产党员铭记。早在1927 年 6 月 30 日，朱德同志就题写过"誓为人民服务"。即使后来他成为人民军队的总司令，仍然严格要求自己，始终坚持全心全意为人民服务。在纪念朱德同志诞辰 130 周年座谈会上，习近平总书记指出，我们纪念朱德同志，就是要学习他心系人民、艰苦朴素的公仆情怀。

随着时代的进步，"两德精神"在仪陇这片红色土地上不断传承、发扬壮大。30 多年来，仪陇人民始终保持着艰苦奋斗、自强不息的优良品质，同心同向、众志成城地向贫困宣战，仪陇精神在新时代焕发出更加耀眼的光芒，老、边、穷的革命老区贫困县也终于得以旧貌换新颜。在脱贫攻坚的过程中，扶贫干部深入基层、投身一线，用真情和行动践行了全心全意为人民服务的宗旨，化解了曾经存在的干群隔阂，密切了干群关系。在 2018 年 6 月由第三方评估考核团队展开的国家考核中，仪陇的群众认可度高达98.68%，表明当地群众对仪陇脱贫攻坚成效和地方干部的高度认可。

脱贫干部除了扎根一线干实事，还注重对贫困群众进行"文化扶贫""思想扶贫"。通过农民夜校、广播宣传、院坝会等形式，深入开展"尊法守法、习惯养成、感恩奋进"三大主题群众教育活动；组建文艺宣传队，排练节目，开展脱贫攻坚文艺汇演，释放脱贫正能量；以"好媳妇、好妯娌、好公婆、好邻里""模范守法户、五星文明户"等"五学十评"活动，创造文明睦邻新乡风。不少贫困群众改变了"等靠要"的懒惰思想，改变了对干部的误解和偏见，主动当起了政策宣传员。比如，赛金镇潮水坝村的薛登友过去是村里出了名的"老顽固"，凡事总喜欢与村干部"对着干"。脱贫攻坚战打响以后，看到村里修公路、兴水利、搞产业，干部群众同心同德，干得热火朝天，薛登友感叹："干部天天泡在村里搞产业、搞水利、修公路，有时候吃饭都顾不上。干部还是靠得住，真心为老百姓在干实事。"为表达自己的愧疚和对干部的赞许，他主动把党的政策、村里的变化编成花鼓、快板、三句半，唱给老百姓听，还写了一首感恩诗：

新春朝阳

精准扶贫政策下，春风沐浴潮水坝。

筑巢引凤海升来，致富果园利万家。

平地起垄把形塑，自动滴灌现代化。

水电气路入农家，良种果苗进院坝。

四好引领新村建，农村不比城里差。

足不出村把钱挣，老头老太乐开花。

撸起袖子加油干，农旅结合正规划。

念兹在兹真伟大，更要感谢习大大。

（二）社会力量参与扶贫的新实践

从我国脱贫实践来看，贫困问题的复杂性在于其成因包含微观与宏观、个体与社会、经济与政治诸要素，单一的贫困治理手段往往成效有限。充分发挥中国特色社会主义制度的优势特别是集中力量办大事的优势，强化政府责任，引导市场、社会协同发力，构建专项扶贫、行业扶贫、社会扶贫互为补充的大扶贫格局，[1] 是打赢脱贫攻坚战的重要保障。仪陇各界群众深受"全心全意为人民服务"的"两德精神"的影响，社会力量广泛参与到扶贫工作中，他们的新实践和新作为创造了属于仪陇的大扶贫开发格局。

仪陇县组织社会力量参与扶贫主要有三种路径：一是深入发动、募集社会扶贫资源。开展扶贫日活动，牵头组织各地、各单位、各系统大力开展科技扶贫、文化扶贫、旅游扶贫、产业扶贫、技能培训扶贫等特色扶贫活动。组织形式多样的扶贫募捐活动，动员各类社会资源和力量支持基础薄弱的教育文化事业、公共卫生等领域。2015 年，在"奉献一份爱心，点燃一盏希望"的主题募捐活动中，仪陇县农商行、仪陇县德庆医院等 5 家企业捐款 132.48 万元，主要用于 190 名贫困大学生、50 名贫困小学生和仪陇县特殊教育学校的教育教学。二是发动工青妇、残联、老促会等社会团体组织，大力开展"扶贫募捐""金秋助学""关爱留守儿童和留守老人"等活动。2015 年，县移民开发协会向社会各界募捐资金 125 万元。其中，募集助学资金 65 万元，支助困难学生 210 人。募集医疗救助资金 50 万元，支助贫困病人 520 人。[2] 三是通过召开乡友会、成功人士座谈会，建立微信群、QQ 群等方式，激发在外乡友、成功人士和爱心企业反哺家乡的热情。

仪陇县各乡镇都积极发动社会力量参与扶贫。以复兴镇为例，该镇面对全镇 902 户贫困户 2830 个贫困人口的脱贫任务，镇党委、政府通过多种方式发动社会组织、行业协会、企业等力量参与扶贫。一方面，镇党委、政府发动复兴镇商贸、十字社区 48 名党员干部到石桥河村开展助农助耕结对认亲活动，为贫困户送去生活必需物资，帮

---

[1] 黄承伟：《中国扶贫开发道路不断拓展》，《人民日报》2018 年 8 月 26 日。
[2] 仪陇县扶贫和移民开发局：《2015 年工作总结暨 2016 年工作要点》。

对象户抢种抢收，城乡居民打成一片。另一方面，努力争取社会企业、爱心人士的支持，动员社会爱心企业和爱心人士在扶贫日活动中筹集社会爱心基金 273.3 万元。其中，通过开展"扶贫日"现场活动捐款 12.5 万元，通过微信群募集社会扶贫资金 202.3 万元（其中为重病农户筹集爱心捐款 20.3 万元），通过开展各类"坝坝宴"活动募集资金 38.2 万元。①

复兴镇玉皇观村是通过"微信工作坊""坝坝宴"等方式充分动员在外乡友、成功人士反哺家乡、参与扶贫的典型。借助微信用户多、使用便捷等优势，该村"两委"广泛收集乡友联系方式，邀请加入朋友圈，开展"掌上宣传"，把家乡政策、发展意愿、引资诚意宣传出去。该村每年组织春节茶话会、重阳聚会联谊，谈家乡变化、说来年愿景，激发乡友反哺奉献的热情。该村还依托微信问计于民，定期发布工作计划、政策执行、任务落实等动态，让外出人员远隔千里也能知晓村务工作，赢得了乡友和外出务工村民对村里的信任和支持。在村干部一心为民的真情和勤勉踏实的工作感染下，2014—2018 年，玉皇观村通过微信群成功获得捐引资 187.6 万多元（见表 2-2），为贫困户脱贫和村庄发展提供了有力支撑。此外，玉皇观村的微信群在关键时期还起到"救人于危难"的作用。玉皇观村村支部在 2016 年 11 月利用微信群为村里病重的贫困户筹集善款，一天就获捐 8000 多元。2017 年 3 月，通过微信群为村内身患白血病的贫困户成功募捐 3.8 万元。虽然资金不多，但这种互助行为却体现出了乡村邻里之间互相关爱、相互扶持的传统美德。

---

① 复兴镇党委、复兴镇政府：《复兴镇脱贫攻坚工作经验做法汇报》，2018 年。

表2-2 玉皇观村吸引社会力量帮扶情况(2014—2018年)

资金来源	资金数目 (万元)	资金用途
创业成功人士捐资	112	硬化村道路12.8公里,安装路灯42盏
社会捐资	50	整治蓄水1.8万余方的山坪塘2口(可满足8个社300余亩生产用水)
村级筹款	8	新建文化舞台、村级小食堂,硬化活动室院坝
外地爱心人士捐款	17.6	全村12户困难群众生产发展资金及慰问物资

资料来源:《不忘初心创新方法,引领群众脱贫奔康》(仪陇县复兴镇玉皇观村经验总结材料),2019年8月。

习近平总书记在庆祝中华人民共和国成立70周年招待会上的讲话中指出:"70年来,中国人民发愤图强、艰苦创业,创造了'当惊世界殊'的发展成就,千百年来困扰中华民族的绝对贫困问题即将历史性的画上句号,书写了人类发展史上的伟大传奇!"党的十八大以来,以习近平同志为核心的党中央在脱贫攻坚体系中的系列新决策和新部署、新思想和新观点,创新性地建构了中国特色的脱贫攻坚制度体系和精准扶贫工作机制,逐步形成了我国贫困治理的新体系。我国的贫困治理体系不仅是国家治理体系的重要组成部分,也是中国特色社会主义思想的重大创新,有力促进了国家贫困治理体系和治理能力现代化。

基于前文对仪陇县脱贫攻坚顶层设计与制度体系的阐述,可以看出,仪陇的脱贫路径和脱贫方案正是中国特色贫困治理体系的生动样板和典型案例,为革命老区和深度贫困区提供了可借鉴的脱贫范例。仪陇从整体上建构了一个具有当地地方特色的贫困治理体系,见图2-3。

如图所示,仪陇县致力于打造全社会共同参与的贫困治理共同体,以此为基础再不断完善政府、市场、社会互动和专项扶贫、行业扶贫、社会扶贫联动的大扶贫格局,形塑了交互影响、相辅相成的贫困治理共同体,为脱贫攻坚政策体系的落实提供了核心动力。在此基

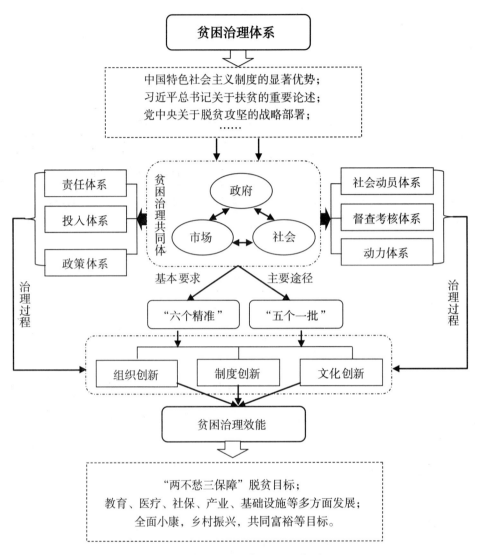

图 2-3　仪陇县贫困治理体系

础上，我们把仪陇县脱贫攻坚的系列部署归纳为六大制度体系，即责任体系、政策体系、投入体系、社会动员体系、督查考核体系、动力体系（文化）。在责任体系上，为了与"中央统筹、省负总责、市县抓落实"体制机制相适应，仪陇县在县级层面创新性地成立了脱贫攻坚指挥部，下设12个小组，为真正落实"五级书记抓扶贫、全党动员促攻坚"局面的形成提供了强有力的领导力量，建构了各负其责合力攻坚的责任体系。在政策体系上，党的十八大以来，中共中央办公厅、国务院办公厅制定了 14 个配套文件，中央和国家机关出台了 200 多个扶贫政策文件或实施方案，在顶层设计上作出了完善部署。仪陇在严格贯彻落实国家、省、市脱贫战略部署的基础上，相继出台和完善了符合仪陇实情的"1+N"脱贫攻坚系列文件，巩固了基础设施、公共服务、产业就业、生态建设、社会保障等重点领域的施政基础，顺利实现资金、土地、科技、人才的支撑，为脱贫攻坚战中的"硬骨头"提供了有针对性的举措。资金投入是脱贫攻坚的保障，在投入体系上，仪陇建构了资金整合与高效使用相结合的投入体系，一方面按照"多个渠道引水、一个龙头放水"的思路，大力整合上级源头资金、本级投入资金、社会捐助资金，重点投向住房、交通、产业等关键领域，夯实了脱贫攻坚的薄弱环节；另一方面，对涉农资金采用"大类间打通、跨类别使用"的方式，实行扶贫资金专人管理、专账核算、专款专用，确保了资金高效率使用。在社会动员体系方面，通过深入发动、募集社会扶贫资源，发动工青妇、残联、老促会等社会团体组织的募集优势，全方位动员在外乡友、成功人士、爱心企业反哺家乡热情，形成了全民、全域、全面参与扶贫的大格局。无规矩难以成方圆，在督查考核体系上，除了积极迎接上级政府层面的严密考核外，仪陇建构了"县级领导分片督导、包乡巡查组定点督导、县委县政府主要领导靶向督导"的三级督查机制，并在重奖重惩制度的机制保障下，形成了张弛有度的监督考核机制。最后，在动力体系方面，仪陇根植于革命老区的历史传统和"两德"故里的红色文化基因，激活了新时代仪陇精神对脱贫内生动力提升的引领作用。

基于以党的领导为核心的六大脱贫制度体系，仪陇紧紧围绕"两不愁三保障"的主要目标，严格遵循"六个精准"的基本要求，全力实施"五个一批"的主要途径，精准回答"扶持谁、怎么扶、谁来扶、如何退"四个问题，建构了多维、综合的脱贫攻坚政策体系。而在脱贫攻坚系列政策、制度、行动策略持续落地的过程中，还形成了组织创新、制度创新、文化创新等贫困治理的溢出效应。它们是脱贫攻坚制度体系的重要成果，是实现从贫困治理体系到贫困治理效能转化的关键所在。

第三章

从组织推动到凝心聚力：基层
党建与精准扶贫的"同频共振"

习近平总书记指出，越是进行脱贫攻坚战，越是要加强和改善党的领导。坚持党的领导，才能保持安定团结的政治局面，才能处理好各类矛盾，均衡好各方利益，有效地将所有力量团结起来，为当下及未来发展注入不竭动力。[①] 仪陇县各级党组织牢牢树立"围绕脱贫抓党建、抓好党建促脱贫"的理念，实现了基层党建与精准扶贫的"同频共振"。

第一节 党建扶贫的历史渊源与现实召唤

打赢脱贫攻坚战，必须切实加强党的建设，用党建"软实力"啃下脱贫"硬骨头"。党建扶贫在仪陇县的扶贫攻坚实践中，既有历史渊源，也是现实召唤。当地充分发挥党的政治优势、组织优势和密切联系群众优势，切实把党建优势转化为扶贫优势，将组织活力转化为攻坚动力，从而汇聚起万众一心抓脱贫的强大动能。

一、党建扶贫的历史渊源

仪陇县的党建扶贫实践，从历史渊源上看，可以分为如下几个阶段。

---

① 刘国利：《为什么要以党建引领扶贫》，《人民论坛》2018 年第 11 期。

一是萌芽时期。1984 年仪陇县被四川省政府列入全省首批贫困县，1986 年仪陇县被国务院确定为重点扶持贫困县。在此背景之下，1987 年成立仪陇县农村经济开发领导小组并下设办公室，负责全县扶贫开发的组织领导、协调监督工作。从此，仪陇县开始了有计划、有组织的开发式扶贫。此阶段党建扶贫的特点是成立了组织机构，对扶贫开发进行领导和协调。

二是兴起阶段。1998 年出台《关于确保九八年我县越温达标的决定》，成立仪陇县越温达标工作团，组建工作分团、工作队和贫困村工作组，分赴区、乡镇、村开展越温达标工作。这个阶段党建扶贫除了建立专门组织机构，还到乡镇和农村开展实际的扶贫工作。

三是制度改革阶段。2001 年国务院颁发《中国农村扶贫开发纲要（2001—2010 年)》，仪陇被确定为全国 592 个扶贫开发工作重点县之一。仪陇县在扶贫开发中探索"强化村党支部的领导权、规范村民会议的决策权、落实村委会的执行权、保证村民小组的议事权、保障农民群众的监督权"的"五权"模式。此阶段党建扶贫工作已经明确提出了强化村党支部的领导权，通过农村制度改革来激发扶贫活力。

四是"普惠"式扶贫阶段。2011 年仪陇县被国务院纳入国家秦巴山区集中连片扶贫开发工作重点县。2011—2013 年四年间，投入各类扶贫资金共计 2 亿多元，实施 32 个贫困村扶贫开发整村推进，农村贫困人口降至 12 万人。这个阶段是在党统一领导组织之下的集中连片扶贫开发，属于大水漫灌式的"普惠"扶贫。

五是全覆盖精准扶贫精准脱贫阶段。2014 年以后，仪陇县坚持精准扶贫精准脱贫基本方略，把脱贫攻坚作为最大的政治任务和最大的民生工程。在这个阶段的党建扶贫中，整合行政资源、统筹决策指挥，整合政策资源、统筹资金保障，整合社会资源、撬动多元投入，变"大水漫灌"为"精准滴灌"，变单纯经济工作为党政中心工作，变专项扶贫单一力量为"专项扶贫、行业扶贫、社会扶贫"三位一体全员参与大扶贫新格局，向贫困"硬骨头"宣战，向目标"摘穷帽"冲锋，是党建扶贫的集中发力时期。

仪陇县30多年扶贫开发的历史进程中，客观上存在着一个一以贯之的主导性施策行动，即党政主导的组织资源、人力资源配置组合的扶贫实践过程，既体现了中国共产党主动的使命承担，又体现了体制、机制上一整套贯彻宗旨和执政理念的落地制度安排，及其在减贫实践中作出的历史性贡献。[①] 可以看出，仪陇的党建一直伴随着扶贫，党建扶贫具有深厚的历史渊源，只是在以往的制度性表述中，党建扶贫的内涵在某种程度上被遮蔽了而已。早期的扶贫开发和现在的脱贫攻坚，都是在党建引领下的伟大实践。

二、党建扶贫的现实召唤

在脱贫攻坚之前，仪陇的基层党建工作在脱贫工作中仍然存在一些薄弱环节，加强党建促扶贫具有紧迫感，是现实的召唤。存在的薄弱环节主要体现在如下一些方面。

一是传统基层党组织架构不能完全适应脱贫攻坚需要。传统基层组织设置多以行政村为单元设置党组织，而在脱贫攻坚特别是产业脱贫过程中，需要整合土地、人力等资源力量。农业产业要具有市场竞争力，特别需要集中集约联片发展，但村与村之间往往都有一些无形的壁垒，在土地整治、发展产业、发展方式上很难形成统一意见，在脱贫征程中如何发挥基层党组织的作用特别是统筹协调作用尤显紧迫。同时，党小组多以自然村为设置单元，在产业发展特别是联片产业发展上带动性不强、作用发挥不好。

---

① 孙兆霞、张建、毛刚强：《贵州省党建扶贫的源起演进与历史贡献》，《贵州社会科学》2016年第2期。

二是农村基层组织基础相对薄弱，服务保障能力欠缺。虽然已大力加强基层保障投入，但是由于财力制约，保障投入和基层需求仍存在较大差距，基层党组织服务和保障脱贫攻坚能力水平有限。村级集体经济基础差、底子薄，村级组织自我保障能力相对有限，上级下拨经费仅能满足日常运转，不少村党组织抓发展缺资金现象突出。

三是乡镇一线干部积极性调动难。基层干部成长的"天花板"效应较为突出，不仅成长空间比较狭窄，而且在经济待遇上也差强人意。乡镇领导干部成长为县级领导干部的可以说是凤毛麟角，因此政治激励作用不突出。事业单位干部职称评定较难，大部分干部最多能够取得中级职称，加上身份受限，进入行政机关渠道较窄。有些党员干部求稳怕乱，对担当担责心存畏惧，认为干得越多犯错概率也越大。有些党员干部对脱贫攻坚意义认识不深、工作被动，缺乏紧迫感、责任感和使命感。还有些党员干部对脱贫攻坚信心不足，工作浮在表面，不敢下深水直面矛盾解决问题。

四是村干部缺乏积极性，优秀人才流失严重。脱贫攻坚期间，仪陇县村党支部书记工资标准按 1430 元/月执行，其他村干部待遇更低。一些村干部认为他们的收入与其付出不成正比，而一些有知识、有能力的年轻人则宁愿外出务工，也不愿加入村级组织，导致村级后备干部储备不足。脱贫攻坚需要大量人才参与，而新生力量的缺席则使脱贫失去了"源头活水"。

五是部分贫困群众存在等、靠、要的依赖思想。调查表明，有的贫困群众安于现状、不思进取，缺乏自力更生、主动脱贫的激情和动力。有的贫困群众认为脱贫攻坚是党委政府和扶贫干部的责任和义务，对扶贫工作漠然处之、被动等待。还有极个别贫困群众破罐子破摔，好吃懒做，得过且过。内生动力不足制约了脱贫攻坚的深入推进，难以形成稳定的脱贫。

第二节　党建扶贫的组织推动

脱贫攻坚是一项艰巨的工作，仪陇县干部群众对此保持清晰的认识。在脱贫攻坚过程中，仪陇大力加强组织领导，调动一切可以调动的力量，带领广大人民群众破解困难与问题，提升脱贫的广度与深度，研究、开拓扶贫工作的新路径。其中的一个重要方面就是充分发挥党建扶贫、组织推动的政治优势，调动党员干部的主观能动性和创造性，不断提高扶贫工作效率，做到脱真贫、真脱贫。

一、党建扶贫的高位推进

仪陇县始终把脱贫攻坚作为全县的头等大事和压倒一切的中心工作，县委书记统筹安排各项工作，做到高位推动，建好县级"司令部"。县委充分发挥党委在脱贫攻坚中总揽全局的领导核心作用，县委书记统揽脱贫攻坚，把扶贫开发作为战略性全局性任务来抓，统筹做好进度安排、项目落地、资金使用、人力调配、推进实施等工作，做到扶贫项目优先安排、扶贫资金优先保障、扶贫工作优先对接、扶贫措施优先落实。据不完全统计，仅仅在 2018 年一年时间内，县委书记以会议、调研、走访等方式开展扶贫工作 67 次，脱贫攻坚成为县委书记最重要、最关键、最核心的工作。仪陇县严格落实脱贫攻坚"双组长"责任制，成立县委书记任第一指挥长、县长任指挥长、县委政府分管脱贫的领导为副指挥长的"脱贫攻坚指挥部"，下设由县级领导任组长的 12 个具体工作组，集中统一办公、挂图作战，执行"重点工作一律主要领导亲自部署，重要决策一律集体会商，重大问题一律当日报告"的"三个一律"工作要求，明确整体推进县委统筹、辖区攻坚乡镇主体、农户脱贫村组落实，确保全县脱贫工作政令畅通、推进有力。

在县级党委的高位推动下，仪陇县构建乡镇"战斗团"。围绕脱贫攻坚选干部、配班子，统筹选配一批熟悉现代农业、旅游发展、村镇建设、农村金融、群众工作的领导干部充实到乡镇领导班子，而且保持乡镇领导班子相对稳定，真正将领导干部的精力聚焦到脱贫攻坚上来。同时，夯实村级"桥头堡"，打通脱贫攻坚最后一公里。结合村级换届的机会，实施"百名好书记培养引领计划"和"千名农村人才回引计划"，选优配强村级党组织班子，推动贫困村抱团式发展、组团式脱贫，从而不断提升基层组织的能力和活力。在县委的推动下，县乡村"三级书记"齐抓共管，做到了县委书记抓全局统筹，乡镇党委书记抓区域发展，村党支部书记抓落实。

二、党建扶贫的行动动员

脱贫攻坚需要统筹安排全县的力量，涉及人财物方方面面的事务，需要在党委的坚强领导下，做好充分的组织动员工作。仪陇县充分发挥党建的统领作用，做好脱贫攻坚意义建构和意义传达的行动动员。

（一）意义建构

观念是行动的前提，统一思想是有效行动动员的基础。脱贫攻坚是一场硬仗，不是轻轻松松一冲锋就能解决的。仪陇县通过各种方式促使全县党员干部理解和领会脱贫攻坚的重大意义。

一是从党的性质和任务上阐明脱贫攻坚的重大意义。人民对美好生活的向往，是中国共产党的奋斗目标。扶贫工作是要为民造福，涉及广大人民群众的根本利益，是各项工作的重中之重，是中国共产党艰巨而光荣的历史使命。事实上，越到脱贫攻坚后期，广大党员和领导干部越深刻地认识到了脱贫攻坚的政治内涵，能够从政治意识和大局意识的角度理解精准扶贫、精准脱贫的重要性和历史意义，政治站位普遍得到提高，脱贫共识得到凝聚。

二是从全心全意为人民服务的宗旨上阐述脱贫攻坚的必要性。仪陇县是朱德和张思德的故里，红色文化精神等信念力量一直激励着仪陇人民。张思德是全心全意为人民服务的典范和楷模。地方党委经常强调新时期各级领导干部要进一步弘扬全心全意为人民服务的精神，真正走进寻常百姓家里，与群众同坐一条板凳，面对面、心贴心了解群众所需所盼所急，认认真真、扎扎实实地为群众办好事、办实事，帮助困难群众脱贫致富，树牢共产党人价值观。

三是从社会主义的本质上宣传脱贫攻坚的重要性。社会主义的本质是解放生产力，发展生产力，消除两极分化，最终达到共同富裕。贫穷不是社会主义。如果贫困地区长期贫困，面貌长期得不到改变，群众生活长期得不到明显提高，那就没有体现我国社会主义制度的优越性。消除贫困，减少贫富差距，打赢脱贫攻坚战是社会主义的本质要求。仪陇切实落实领导责任，强化社会合力，加强基层组织，明确扶贫攻坚的时间表、路线图、任务书和保障网，担当责任、主动作为，为打赢脱贫攻坚战奠定了良好基础。

（二）意义传达

在进行明确的意义建构后，仪陇县通过多种方式进行意义传达。一是县委书记带头抓，指明全县的工作方向。县委书记的工作重点是一个县域整体工作的标杆。通过实地走访贫困户、出台落实各项扶贫政策举措、在各种会议和讲话中论述脱贫攻坚的重要性，县委向全县党员干部和人民群众进行清晰的意义传达，指明全县工作的中心和重点。二是举办各种培训。各级党组织举办各种类型的学习班对党员干部进行培训，明确开展贫困治理的重要性、工作思路、工作步骤、职责任务方面的学习。三是加强新闻媒体对脱贫攻坚的宣传。召开脱贫攻坚誓师大会，充分发挥党的宣传优势，营造出浓厚的脱贫攻坚氛围。通过标语、新媒体、主流媒体及网站，宣传党的扶贫政策和扶贫取得的成就，报道脱贫攻坚先进经验、先进典型、感人故事。

通过意义建构和意义传达，仪陇形成了脱贫攻坚的社会共识，有效实现了党建扶贫的行动动员。

三、党建扶贫的组织机制

为了打赢脱贫攻坚这场硬仗，仪陇县充分发挥党的领导作用，有效动员全县的力量参与到脱贫摘帽工作中，进行了强有力的组织机制建设，主要做法有三个方面。

一是县领导带头分片包干。全县确定了县委常委定片区、县级领导定乡镇、部分县级和科级领导定贫困村、党员干部定贫困户的组织方案，县4套班子主要领导、11名县委常委分片包干、32名县级干部覆盖联系57个乡镇和285个贫困村，深入一线统筹谋划。通过聚焦脱贫目标，沉下来、融进去，形成了仪陇脱贫攻坚的强大合力，开创了上下联动、协调推进的良好工作格局。

二是派驻精干力量参与扶贫工作。按照"因事择部门"的原则，选派经济部门驻穷村、政法部门驻乱村、党委部门驻软村、民生部门驻弱村，6个省级部门、19个市级部门、162个县级部门定点帮扶285个贫困村。抽调3593名优秀干部，派驻285个贫困村和483个"插花村"，实现帮扶力量全覆盖。

三是扎实开展"万人帮万户"活动。将全县干部职工纳入帮扶主体，按照"县级领导帮扶6户、科级领导干部帮扶5户，一般干部帮扶4户、其他职工帮扶2户"的"6542"结对要求，全县1.15万名帮扶责任人与3.15万户贫困户全面结对，实现每个贫困户都有1名财政供养人员帮扶，有效杜绝"穷帮穷、弱帮弱"现象。[1]

---

[1] 中共仪陇县委组织部：《夯实基层党建　引领脱贫攻坚——仪陇县党建扶贫工作汇报》，2019年8月。

在党的坚强领导下，通过有效的组织机制，最终形成了驻村帮扶"五个一"工作格局：1个贫困村有1名县级领导挂联，有1个县级部门（单位）帮扶，有1名第一书记驻村帮扶，有1个驻村工作组，有1名驻村农技员。做到了精准扶贫的"六个到村到户"：结对帮扶干部到村到户、产业扶持到村到户、教育培训到村到户、农村危房改造到村到户、扶贫生态移民到村到户、基础设施到村到户，实现了对扶贫对象的精准扶持。通过党建扶贫的组织机制，有效动员了全县力量参与到脱贫攻坚工作中，形成强大合力，为打赢脱贫攻坚战提供了坚实的组织保障。

四、党建扶贫的激励约束

为了充分调动党员干部投身脱贫攻坚的积极性，仪陇县从实际出发，出台和实施了一系列激励及约束制度。

一是鲜明的用人导向。仪陇县在严管厚爱扶贫干部上下功夫、出真招，研究出台《仪陇县正向激励干部"20条"措施（试行）》，千方百计解决扶贫干部的后顾之忧，从物质上、精神上、待遇上给予扶贫干部关爱，从政策上给予适当倾斜。真正落实容错纠错机制，让扶贫干部流汗流血不流泪。仪陇县委明确，凡是在脱贫摘帽工作中成绩特别突出的党委副书记可优先提任党委书记，副乡镇长可优先提任乡镇长，村第一书记符合条件的可选任为副乡镇长，特别优秀且符合条件的可优先选任为乡镇长，全面形成"重奖重用脱贫成绩突出的干部，重罚重惩不作为、慢作为、乱作为干部"的鲜明导向。

脱贫攻坚期间，仪陇推荐省市表彰表扬脱贫攻坚一线干部3000余名，共提拔重用脱贫一线干部273名（含58名第一书记），2名表现突出的副乡镇长和1名第一书记被直接提名为乡镇长，65名在脱贫一线的优秀"四类人员"被选拔进入乡镇领导班子，1名第一书记被推选为省党代表。2019年还从第一书记中择优遴选20名进入乡镇领导班子。仪陇县领财政工资的人员总体上分为公务员和事业单位工作人员，事业身份的干部很难成长为党政领导干部。为了充分调动事业身份干部的积极性，仪陇县从实际出发，打开了事业身份和公务员身份的绿色通道，在脱贫攻坚中成绩突出的事业单位干部可以直接转为公务员，可以担任领导职务。2018年"摘帽"后，提拔了一批事业单位的干部，起到了明显的正面激励作用。这些干部一般担任乡镇党委领导，从脱贫的稳定性考虑，还是挂包原来的村。

二是精细的考评。为了充分调动党员干部的积极性，做到公平公正，仪陇县实施了精细化的考评管理。

首先是实行分类考核。研究出台《仪陇县脱贫攻坚工作考核办法》《仪陇县扶贫攻坚第一书记和帮扶工作队常驻人员管理办法（试行）》等系列政策，分类制定县级领导、乡镇党委、帮扶单位、第一书记、农技人员、帮扶责任人考核细则，综合考量考评对象、乡镇、村地域和贫困程度的差异，合理设置考核项目分值及权重，建立"分线分层、统筹闭合"的考核体系，突出年度考核。帮扶工作队、驻村干部由县扶贫攻坚指挥部统一年度考核，第一书记由县委组织部统一年度考核。县脱贫攻坚指挥部会同纪委、巡察办、组织部等单位，全程跟踪督查，重点考核县级领导规划村级发展、到村指导等情况，派出单位选派干部、经费保障、项目支持等情况，第一书记建强基层组织、推动精准扶贫、做好精准扶贫示范工程等五项职能落实情况，驻村工作组组织实施脱贫规划、解决困难等情况，以及农技员开展农技培训和培育产业等情况。这些举措有力保障了驻村干部真正脱产、全身心投入扶贫工作。

其次是注重过程跟踪。通过领导带队督查、电话抽查、分类考核、交叉评估等方式，进行多轮专项督导，分类列出整改清单，压紧压实帮扶责任。县委抽调精干力量组建专项考核组，采取暗访抽查和集中检查、日常考核和年终考核相结合的方式，对帮扶工作坚持"每季一检查、半年一小结、年终一考核"，让督查考核常态化、长效化。同时，把帮扶工作推进情况纳入动态化管理，记入干部工作实绩档案。

三是结果运用的强化。仪陇对表现突出、实绩显著、群众满意度高的干部，在评先评优、后备干部培养、提拔任用时优先考虑、量才使用。对进度滞后、情况不清、措施不力、未完成目标任务的责任单位主要领导、分管负责人、驻村帮扶工作队和第一书记，视情节给予通报批评、书面检讨、警告、记过等组织处理。把考核结果与职务职级晋升、年度评先评优挂钩。其中，第一书记年度考核优秀等次按20%的比例进行评选，被召回处理的，当年年度考核不得评为称职以上。同时，第一书记、驻村工作组的考核结果纳入派出单位年度考核。凡是"五个一"年度考核不合格的，一个年度内被连续通报2次以上的，贫困村联系县级领导、帮扶部门（单位）主要负责人、乡镇党委书记要向县委作出书面检查，相关责任人当年不能评先选优。脱贫攻坚期间，仪陇共督导、查找问题934条，2个单位被红牌警告，24个单位被责令限期整改，86名干部被通报批评，2名第一书记因工作不力被召回，5名乡镇主要领导被组织处理。

第三节　凝心聚力的党建扶贫实践

习近平总书记指出："农村基层党组织是党在农村全部工作和战斗力的基础，是贯彻落实党的扶贫开发工作部署的战斗堡垒。抓好党建促扶贫，是贫困地区脱贫致富的重要经验。要把扶贫开发同基层组织建设有机结合起来，抓好以村党组织为核心的村级组织配套建设，把基层党组织建设成为带领乡亲们脱贫致富、维护农村稳定的坚强领导核心，发展经济、改善民生，建设服务型党支部，寓管理于服务之中，真正发挥战斗堡垒作用。"① 在组织的推动带动下，仪陇县各级领导和干部群众凝心聚力，投身到党建扶贫的伟大实践中。

一、多举措加强基层党组织建设

基层党组织一方面要积极贯彻落实国家精准扶贫政策，结合农村地区的实际情况完善扶贫措施，实现困难群众快速脱贫；另一方面，也要及时向上级组织汇报扶贫工作的进程，为扶贫部门提供基本贫困信息。同时，基层党组织还要协调好扶贫部门与其他部门的关系，吸引更多社会资源进入精准扶贫领域。② 精准扶贫的目标任务也要求地方不断加强基层党组织建设，增强基层党组织的领导能力。

（一）优化党组织设置

脱贫攻坚任务的艰巨性对党的领导提出了更高的要求，需要不断加强农村基层党组织建设，优化党组织设置。仪陇在优化党组织设置上主要采取了如下一些做法。

一是多途径加强党组织的领导作用。中国共产党代表人民群众的根本利益，打赢脱贫攻坚这场硬仗，尤其需要加强党的领导，抓住党建促扶贫。仪陇县在加强党的领导作用上主要有两个方面的做法。首先是县委书记亲自带头抓党建。仪陇县在脱贫攻坚中坚持书记抓、抓书记，层层压实党建工作责任。据不完全统计，2017 年县委书记共主持召开县委常委会、党建工作领导小组会 8 次，专题研究基层党建和党风廉政建设工作，及时研究解决党建工作中存在的困难和问题。认真对照上年党建述职中市委点评指出的问题，列出整改清单 8 条，做到件件过问、条条销号。仪陇坚持脱贫工作开展到哪里，党的组织

① 习近平：《在河北省阜平县考察扶贫开发工作时的讲话》，《求是》2021 年第 4 期。
② 田骄：《基层党建与精准扶贫何以协同并进》，《人民论坛》2018 年第 10 期。

工作就延伸到哪里，努力将基层党组织建成脱贫战场上的最强堡垒。其次是在领导工作上真正维护农民的利益。脱贫工作涉及人民群众的根本利益，只有坚持党的领导，才能真正维护人民群众尤其是困难群众的根本利益。这方面工作主要体现在以下两点。第一，精准识别贫困户。把贫困户的基本情况摸清楚，对贫困户做到精准识别，是做好扶贫工作的基础。起初，部分村庄存在识别过程中卖人情的现象。后来在党的教育下，在党性的锤炼下，领导干部更加重视这项工作，按照实事求是的原则，经过几轮识别，把识别不准的、不符合条件的剔除出去，杜绝关系户。第二，建立合理的利益联结机制。脱贫攻坚需要大力发展相关产业，引进工商资本。农民与企业相比，无疑处于弱势地位，要加强党的领导作用，建立合理的利益联结机制，切实维护好农民的合法权益。比如，加强对环境的保护，留下绿水青山；监督企业保障好农民的土地流转费用，并且能有相应的递增；督促企业优先招聘贫困农民就业，允许农民入股分红等，建立"租金收入、劳务收入、固定收入、保底分红、效益分成"等利益联结机制。

二是联建党组织。仪陇县突破常规，从实际情况出发推进联建党组织，创新了党组织建设的模式。首先是按照产业设置党小组。根据村情和产业发展需求，灵活组建"产业党小组"。对村上产业类别较多的，按照产业类别设置党小组，如种植产业、农家乐产业、养殖产业等党小组。对村里产业规模较大的、产业较为集中的，按照产业链设置生产、管护、销售推广等党小组。通过上述方式，基层组织能力不断提升，推动贫困村抱团式发展、组团式脱贫。其次是稳妥推进跨村联建党组织工作。打破行政地域界限，两个或多个行政村联合设置党小组，强村带弱村。按照"产业相同、地域相邻、村情相似"的原则，以产业为依托，采取村村联建、村产联建等多种方式，整合行政、土地、资金等资源，不断发展壮大产业规模。最后是建立党员动态管理台账。打破支部界限，深入推进城乡党组织结对共建，实行服务联做，共同设立党员服务责任示范区、党员志愿服务队等，共同征集群众微心愿，认领服务项目，形成服务产业整体合力，充分发挥党组织在决胜脱贫攻坚、深化基层治理中的领导核心和战斗堡垒作用。

三是通过"党组织+产业"来促进党组织自身和地方产业的共同发展。产业发展是贫困村面临的一个大问题，发展好产业是贫困户脱贫奔康的有力保障。仪陇县采取"党组织+产业"的方式，发挥党总支政治引领和服务作用，实行工作联推、产业联抓，共同协调解决产业发展中土地、技术、培训等问题，在产业链上建立党小组，加强党的领导作用，激发发展活力。以一个党小组带动一个产业、致富一批贫困群众，在 285 个贫困村中建立产业党小组 527 个，实行培训同步、技术共享、产品统销。为使"党组织+产业"充分发挥出效能，仪陇在两个方面下了功夫。其一是选好产业党小组负责人。注重从懂经营、会管理的"领导型"能人，善于跑市场、抓客商的"经商型"能人，熟悉实用技术、带头示范的"专业型"能人中，择优选好带头人，构建"能人+党员"的产业型党小组的基本组织形式。其二是提高产业党小组的致富带动能力。产业党小组围绕产业抓发展、抓带动，扎实开展"三比三看"活动："比技术"——看哪个小组产业发展快；"比效益"——看哪个小组带富能力强；"比帮扶"——看哪个小组帮扶的群众多。通过将党小组建在产业链上，充分发挥组员的主观能动性，实行信息互通、利益共享、风险共担，积极对接市场需求，不断更新生产观念、经营理念，创新生产、经营机制。在这种机制下，产业也由一家一户的小农经济的传统模式向市场化、产业化、规模化转变，由单一的种植结构向农、工、贸齐发展，产业得以做大做强，而参与者市场经营的能力也得到大幅提高。

（二）加强示范党组织的创建

仪陇县实施"基层党建创新示范引领工程"，召开全县基层党建工作现场拉练会，通过典型引领、示范带动，党建品牌创建成效明显。党组织活动开展规范有序，组织生活会、主题党日、民主评议党员、党费收缴等组织制度得到严格落实，党员教育管理不断强化，基层战斗堡垒得到夯实，党组织的凝聚力和战斗力得到增强。通过示范党组织的创建，充分发挥出了基层党建的促扶贫作用。

其一是进一步加大基层保障投入。财政加大村级组织运转经费保障力度，建立财政投入为主、党费投入和村级集体经济收益为辅的活动经费保障机制，保证每个村都有基本的运转经费和服务群众专项经费。脱贫攻坚期间，仪陇整合各级资金近 5000 万元，提档升级活动阵地 451 个，建立便民服务代办站 936 个，全面推行村级活动阵地标准化建设，村级基础更加坚实；推行村干部轮值班制度和代办服务制度，有效打通联系服务群众"最后一公里"。①

其二是全面足额落实村级组织运行经费和村干部报酬。按 2 万元/村的标准落实驻村工作队（第一书记）驻村工作经费，全面落实第一书记、农业科技人员等生活交通补助、人生意外伤害保险、乡镇岗位工作津贴、带薪休假以及农民夜校工作经费，激发基层干部投身脱贫攻坚的干事创业热情。在上述激励下，许多党员争做脱贫致富的带头人、遵纪守法的老实人、新风正气的引路人，党员"带头富、带领富"工程得到顺利实施。

其三是开辟"五个课堂"。一是开辟党性课堂。坚持"夜校姓党"原则，每季度组织党员领导干部、第一书记、党支部书记到夜校讲党课、讲理论。上课前奏唱国歌，课中宣传党的光辉历史和习近平新时代中国特色社会主义思想等新思想新观点，教育引导群众知党恩、听党话、跟党走。二是开辟政策课堂。帮扶干部、驻村工作队每周召开院坝会议，与群众坐在一条板凳上，讲政策、结穷亲、拉家常、聊心愿，帮助贫困户找准脱贫方向、坚定脱贫信心、解决脱贫问题。三是开辟田间课堂。围绕扶贫产业，组织农技人员走进田间地

---

① 中共仪陇县委组织部：《夯实基层党建　引领脱贫攻坚——仪陇县党建扶贫工作汇报》，
2019 年 8 月。

头，面对面、手把手地讲授群众实用技术、产品销售理念，群众进门学技术、出门搞实践。四是开辟网络课堂。开辟"仪陇党员教育数字点播学习平台"，建立"微信（QQ）交流群"，积极推行"微党课""微播报"，定期编制推送党务基础知识、实用农业技能、电商创业讲座等精小内容，突破了时间和空间上的限制，方便群众随时随地自主学习。五是开辟新风课堂。开展"法治助力脱贫攻坚"专项宣传活动，巡回宣讲常用法律法规、乡村治理等内容，引导广大农民参与基层治理、理性表达诉求、依法维护权益。

（三）整顿软弱涣散党组织

仪陇县紧扣"严""实"要求，会同乡镇党委对村（社区）"两委"班子运行情况逐一分析研判，倒排确定 14 个软弱涣散村（社区）党组织，逐个制定整顿方案，促进转化升级。在整顿软弱涣散党组织上主要有如下举措。

一是分类施策，集中整顿。本着"辨证施治、对症下药"的方针，突出强化政治功能，坚持因地制宜、分类指导，对软弱涣散基层党组织采取"一支部一策"的办法，逐个制定整顿方案，提出整改措施，落实整改责任，明确整改时限，有针对性地集中开展软弱涣散基层党组织整顿提高工作，确保每个软弱涣散基层党组织按期转化升级。组织开展"五个一批"行动：（1）领导挂联指导一批。对所有软弱涣散基层党组织，每点选派 1 名县级党员领导干部挂联指导，每季度到联系点开展工作不少于 1 次，针对原因进行分类施治，对症下药破解难题。（2）部门结对帮扶一批。结合"城乡党建结对共建""双报到"等工作，县级部门对联系乡镇的软弱涣散村（社区）结对帮扶。结对帮扶工作情况作为部门（单位）党组（党委）书记抓党建述职评议考核的重要内容。（3）乡镇干部包联一批。对软弱涣散村（社区）党组织，乡镇党委成立专门工作组集中抓整顿，整顿验收不合格，干部不撤离。发展严重滞后、群众意见大的村（社区），乡镇党委书记亲自包点，加大整顿，提高工作推力。（4）结对跟班实训一批。对软弱涣散的村（社区）、机关事业单位，落实县内、行业系统内先进基层党组织与其结对共建，组织软弱涣散基层党组织书记到先进基层党组织跟班见习，先进基层党组织书记到结对的软弱涣散基层党组织指导，帮助理清思路、转变观念、提升能力。（5）项目资金扶持一批。加大项目、资金扶持力度，帮助软弱涣散村（社区）党组织培育一项主导产业、完善一批基础设施、兴办一批民生事项。

二是选优配强班子队伍。严格选人标准，拓宽选人渠道，及时选优配强基层党组织班子、队伍。将整顿工作与班子分析研判、换届"回头看"等工作结合起来，对党组织书记不能胜任现职、工作不在状态、严重影响班子整体战斗力的，坚决调整撤换；对因书记原因导致班子不团结、内耗严重、工作不能正常开展的，坚决调整撤换；对工作处于停滞状态、长期打不开局面的，坚决调整撤换；对班子及个人作风败坏、涉黑涉恶、群众反映强烈的，坚决调整撤换。配齐配强专职党务工作者，坚持党建业务熟悉、政治素质高的选人标准，确保党建工作有人抓有人管。分层分类开展集中培训，实行外出培训与党校培训相结合，采取案例剖析、课堂教学、现场参观等方式，分类抓好软弱涣散基层党组织书记和班子成员的培训工作，提升能力素质。

三是大力开展专项整治。（1）整治财务管理混乱。各乡镇组织农业服务中心和财政所相关人员对财务管理混乱的村（社区）财务进行全方位的清理、审计和公开，重点查处收入不入账、私设小金库、财务制度执行不严、挥霍公款分钱分物、集体资产管理混乱、财务账目混乱不清等问题。（2）帮助软弱涣散村（社区）规范财务管理，明确财务公开的项目、方式和时间，完善财务管理制度。（3）整治社会治安无序。对宗族势力问题严重、村情矛盾复杂、经济利益纠纷突出、群众信访突出的村（社区），由各乡镇组织派出所、司法所等相关力量开展排查，严厉打击黑恶霸痞势力、邪教组织，坚决铲除宗族恶势力，及时化解矛盾纠纷，有效消除不稳定因素。（4）整治干部办事不公。对村（社区）干部虚报冒领、截留侵吞支农惠农资金，在征地拆迁、救灾物资发放、扶贫慰问等方面优亲厚友，吃拿卡要、收取好处费，作决策不征求党员群众意见或听不进党员群众合理意见建议，不公示惠民事项及惠民对象等突出问题及时严肃处理，警示教育基层干部。

四是开展"回头看"，巩固提高整顿成果。软弱涣散基层党组织集中整顿工作基本结束后，为了巩固提高整顿成果，仪陇县及时开展"回头看"。按照基层党组织自查、党员群众测评、上级党组织检查的程序，组织对软弱涣散基层党组织整顿工作进行检查验收。对群众满意度低于80%的，考评得分低于90分的，要重新"回炉""补课"，直至转化升级，确保验收工作不走过场。对确已转化的，跟踪问效，巩固提升，防止"反弹"。对尚未转化的，再行"会诊"，强化措施，促进转化升级，从而确保了整顿工作不漏一个支部、不掉一个问题，取得良好效果。

（四）加强基层党组织带头人队伍建设

"村民富不富，关键看支部；班子强不强，关键看'头羊'。"一个村社"两委"班子的整体素质高低、能力强弱，决定了村社经济发展速度和社会文明程度。"帮钱帮物，不如帮助建个好支部"。仪陇县充分发挥支部引领、党员示范作用，着力构建以村党组织为核心的脱贫攻坚基层工作体系，抓好以村党组织为核心的村级组织配套建设。

一是高度重视村党支部书记的培养。纵观一个优秀的村，成功的原因可能是多方面的，但都有一个共同点，那就是有一个好的党支部书记，党支部书记是基层党组织带领广大群众脱贫致富的核心，应该由具备过硬的政治思想素质、作风正派、有事业心、有奉献精神、有带领村民脱贫致富能力的人来担任。① 仪陇县大力实施"百名好书记培养引领计划"，帮助村支书搞清楚自己的职责所在，清楚地判断党的政策和当前面临的形势，从中抓住给村级发展带来的先机，抢先发展。当好政策宣传员，熟练掌握政策，然后通过各种方式，把国家的乡村振兴政策宣传深、宣传透，让群众明白自己能够享受到哪些政策。督促党支部书记当好人民服务员，发动好村干部帮助群众办好各种事项，善于做"小事"，切实提升人民的幸福感、获得感。

二是建设高素质的村级后备干部队伍。开展党建扶贫，首要是配优班子、建强队伍、集聚人才，最大限度地集聚组织资源、发挥组织优势、彰显组织力量，使农村基层党组织真正成为农民群众致富奔小康的前线指挥部。仪陇县实施的"千名农村人才回引计划"和"千名后备干部培养计划"，注重抓源头、打基础，从"选、育、管、用"四个方面着手，拓宽渠道"选"、丰富途径"育"、建立机制"管"、岗位锻炼"用"，全力打造了一支结构合理、素质优良的村级后备干部队伍。同时，利用换届时机，从产业大户、返村大学生和退伍军人中遴选村干部 267 名，45 岁以下年轻村干部数量较换届前提升了 18%，给村级干部队伍及时补充了新鲜血液。

二、党员干部先锋模范带动脱贫

加强党建促扶贫，要充分发挥好党员干部带动脱贫的先锋模范作用。在乡镇层面，着力选好贫困乡镇一把手、配强领导班子，使整个班子和干部队伍具有较强的带领群众脱贫致富能力。在村级层面，注重选派一批思想好、作风正、能力强的优秀年轻干部和高校毕业生到贫困村工作，根据贫困村的实际需求精准选配第一书记、精准选派驻村工作队。在贫困村设置党员示范岗，开展"张思德标兵"评选活

---

① 张栋、王有炜：《习近平农村基层党建扶贫思想初探》，《长春大学学报》2018 年第 5 期。

动，做到项目攻坚到哪里、组织就覆盖到哪里、党员干部的先锋模范作用就发挥到哪里。

（一）基层领导干部的示范带动

脱贫攻坚战打响后，仪陇始终把脱贫攻坚作为全县上下不可动摇的中心工作，基层党员干部冲在一线，"五加二""白加黑"成为工作的常态。32 名县级领导干部挂帅出征、冲锋在前，树立了标杆、作出了示范。187 个帮扶部门全心投入，与贫困群众同荣辱、共进退。3593 名优秀干部蹲在一线、顶在火线，用行动诠释了忠诚，用成绩兑现了诺言。1.2 万名帮扶干部不畏烈日、不惧酷暑，艰辛付出、无怨无悔，面对困难不退缩、直面问题不回避，逢山开路、遇水架桥，以"绣花"的功夫解决了贫困户脱贫的每一道难题，以"钉钉子"的毅力补齐了贫困村退出的每一项短板，以"工匠"的精神完善了脱贫摘帽的每一个细节。基层领导干部的示范带动作用，展现了新时代仪陇干部敢干事、能干事、能干成事的优良作风，而且他们在脱贫攻坚实战中也积累了宝贵的经验。

面临脱贫攻坚繁重的工作任务，仪陇县推动干部真正走进寻常百姓家里，与群众同坐一条板凳，面对面、心贴心地了解群众所需所盼所急，认认真真、扎扎实实地为群众办好事、办实事。在脱贫攻坚的实践中，也涌现出很多基层领导干部示范带动的典型。比如，复兴镇党委书记吴疆身患腿疾，不顾医生的再三劝阻，挂着拐棍奔波在脱贫一线；来仪乡党委书记陈咏在脱贫攻坚关键时刻，连续奋战三个月，在工作的高压之下，终因劳累过度而引发心肌梗死，待病情稍微稳定后，又再三要求返回岗位；立山镇党委副书记王坤鹏因劳累过度，突发脑出血，险些倒在脱贫一线。

（二）村社干部全职参与脱贫攻坚

打赢脱贫攻坚战，关键在干部。村社干部是脱贫攻坚的最前沿力量，是落实党的脱贫攻坚政策"最后一公里"。村社干部没有编制，不是体制内的正式成员。原来的村干部是一种兼职身份，除了当村干部之外，还做一些别的事情，如经营第二、第三产业，从事规模种植业等。在脱贫攻坚工作开展以后，广大村社干部识大体、顾大局，舍小家、为大家，冲在一线、干在一线，他们中的很多人放弃了自己的事业和经营，领着每月1000多元的微薄工资，全脱产开展工作，充分彰显了新时代村社干部为民务实的本色和责任担当。

村社干部是离老百姓最近的人，也最能达到示范和激励的效果。村社干部默默奉献、敢想敢干的精神是全心全意为人民服务的最佳诠释。有些村干部本身就是致富带头人。当贫困户遇到困难时，他们从家里拿钱帮助贫困户解燃眉之急。在脱贫攻坚中涌现出村社干部的很多先进典型。比如，丁字桥镇丁字桥村支部书记郑德林，带头成立合作社，吸纳全村贫困户，种植脆红李300亩、柑橘200亩，带领贫困户脱贫致富。双胜镇勇跃村支部书记魏均民，依托自家的生猪托养场，每年无偿赠送每户贫困户一只猪苗，带动贫困户脱贫。有些百姓原来对土地流转认识不足，甚至存在破坏流转后土地中作物的现象，通过村社干部的引导教育和带动示范，认识到土地流转是为了更好地进行适度规模经营，有利于产业发展和脱贫致富，从而积极参加土地流转。

（三）全脱产的帮扶队伍助力攻坚

为了加强脱贫力量，仪陇县向所有贫困村派驻了帮扶队伍。驻村关键在"驻"，而不是露个面、照张相地走过场。仪陇县全面落实第一书记生活补助、交通费、工作经费等待遇，明确第一书记、驻村工作队员任职期间与派出单位工作完全脱钩，原人事关系、工资和福利待遇不变，党组织关系转到派驻村，制度化保障他们驻村工作的时间和精力，确保帮扶力量全身心投入脱贫攻坚工作中去。统一为贫困村驻村工作队队员、第一书记购买人身意外险团体险，全面落实谈心谈话、带薪休假相关待遇，全面激发帮扶干部干事创业热情。仪陇县大力推行第一书记"带班子强队伍、带群众强主体、带发展强产业、带真情强服务、带新风强治理"的"五带五强"工作法，围绕"两不愁三保障"，强基础、育产业、促发展，努力推动村级党组织全面进步、全面过硬。第一书记及驻村工作队员在工作中则把群众当成亲人，把贫困户当家人，把民需民盼当作"风向标"，用真心换人心、用真心换真情。他们聚焦贫困村的发展、立足贫困户增收，在实施脱贫项目、发展特色产业、建强基层组织、淳朴乡风民风等方面做了大量卓有成效的工作，用实实在在的工作成效回报组织信任，赢得了贫困群众和非贫困群众的广泛认同。

在全脱产的帮扶队伍中，也涌现出很多先进事迹。比如，五福镇筏子村第一书记范爱苹，天天吃住在村上，积极协调单位成立村级演播室，将村情村事、政策法规等编成节目在村电视台播出，用身边人身边事教育感化群众，扭转村风民风，将一个上访村变成了"四好村"。还有的驻村干部甚至牺牲了宝贵的生命，倒在了脱贫一线。

（四）无职党员的示范带动

在许多村，党员的数量多于村干部。因此一般每个村除了几个支委外，其他都是无职党员。为了把这些无职党员的作用发挥出来，为脱贫攻坚更好地奉献力量，仪陇县从实际出发，为无职党员设岗定责，利用无职党员见识面广、群众威信高的优势，帮助群众脱贫致富。各乡镇党委按照因地制宜、因事设岗原则，以支部为单位，为无职党员设置了经济发展、村务监督、公共服务、社会稳定四大类岗位。各村根据实际设置10—14个不同岗位，党支部建立无职党员档案，督促无职党员按时上岗、履职尽责。具体做法包括："引"无职党员在农村各项工作中走在群众的前列，"逼"他们在发展经济、科技致富、遵纪守法、计划生育、维护稳定等方面发挥模范作用，"促"他们做合格的政策宣传员、共同致富的战斗员、维护稳定的安全员、依法治村的监督员和热心群众利益的服务员。通过上述方式，激励他们强化学习，自我加压，增强党员意识，提高服务人民的能力。农村无职党员的设岗定责工作有效激发了无职党员在促进农村发展、维护农村稳定、推进农村民主、提高农村文明中的积极作用，让广大农村无职党员人人有岗位、个个有担子，赢得了群众普遍赞誉。这也改变了过去"党员不党员，就差两毛钱""党员不是骨干，骨干不是党员"的现象，增强了农村无职党员的自豪感、荣誉感、责任感，调动了他们示范带动的积极性。

无职党员的示范带动作用在脱贫攻坚实践中也涌现出很多鲜活的事例。比如，光华乡雷家沟村祝继承曾于上世纪 70 年代任村支书，后外出在陕西咸阳务工多年，担任砖厂老板，年收入 10 多万元。支部研究后，给祝继承定了一个产业发展岗，让他带动群众发展脱贫产业。在村支部的号召下，祝继承毅然决定留村发展柑橘种植产业，因为这也曾是他任支书时发展立村产业的一个梦想，村支部为他定岗后，更让他感觉到了深深的责任感和使命感。他主动垫资提供种子、肥料，以自己丰厚的群众基础和多年在外务工对市场行情的了解，取得了群众的认可，从而带领群众脱贫致富。祝继承只是雷家沟村无职党员设岗定责的一个缩影。该村 16 名在家党员，除 2 名年龄过大、身体多病和 5 名村社干部外，村党支部对 9 名没有担任村社干部职务的党员，分别设置了产业发展岗、环境卫生监督岗、治安巡逻岗和矛盾纠纷调处岗，实实在在地让每一名党员都发挥了各自的先锋带头作用，为全村脱贫奔康凝聚了力量。

三、凝聚优秀人才，夯实产业基础

脱贫攻坚是一项长期任务，更是一场多方参与的战役，唯有多元主体共同参与，才能取得最终胜利。农村基层党组织应当协调各方，有效发挥自身的内引外联作用，与各主体保持紧密的联系，把好精准扶贫工作的"方向盘"①。农村脱贫致富，最关键的是人才，最缺的也是人才，仪陇县在党建扶贫的引领下，不断凝聚优秀人才，调动多元主体力量，夯实产业发展基础。

（一）吸引优秀人才到农村

其一是引进优秀高知资源。依托四川师范大学、成都中医药大学、四川理工学院 C3 联盟，仪陇县大力实施"帅乡英才"人才引进计划，出台《仪陇县人才支持办法》等一系列文件，从平台搭建、政策支撑、环境优化等方面着手，重点解决人才"引不进、用不好、留不住"等现实难题。为了将人才留下来，组织部门在政策允许的范围内，做了很多人性化的细致工作。例如，解决住房、解决夫妻两地分居、解决子女就学问题等；为单身的人才组织青年联谊会，他们组建家庭后就能更好地扎根下来。脱贫攻坚期间，仪陇共引进各层次、各领域人才 200 余人，并选派十余位高知人才担任第一书记和驻村工作队员，扎根脱贫第一线，全方位、深层次指导村产业发展，夯实产业基础，助力乡村振兴。

其二是通过吸引实力雄厚的农业龙头企业延揽人才。农村产业发展要靠资金雄厚、技术先进的农业龙头企业带动。仪陇县吸引海升集团、温氏集团等 23 家龙头企业落户投资，这些企业的高管和技术人才给仪陇带来了先进的经营理念、前沿技术和管理经验，发挥了辐射带动作用。在产业规划上，不搞"一刀切"，按照一户一业、一村一品的思路，充分尊重群众意愿、传统习惯和市场需求，引导群众规划了核桃、柑橘、食用菌、生猪等 36 类、285 个立村产业，吸纳贫困户参与土地流转、园区务工、收益分红，实现企业和群众双赢。

（二）做好优秀农民工回流工作

仪陇县是劳务输出大县。在外务工的优秀农民工视野开阔、见多

---

① 才馨竹：《加强农村基层党建有效推进精准扶贫》，《人民论坛》2019 年第 3 期。

识广，是投身脱贫攻坚和乡村振兴的中坚力量。仪陇县高度重视农民工回引培育工程，坚持"三级联动、三措并举"的"三三制"工作法，确保农民工回引培育工作抓好、抓实、抓出成效。

其一是三级联动，同向发力，让优秀农民工引得回。首先，在县级层面，依托县农民工服务中心，成立县农民工服务管理综合党委，会同组织部门负责全县农民工工作的统筹谋划，着力提供组织保障；对接省市委关于农民工的政策，细化制定具有仪陇特色的专项优惠措施，着力提供政策支撑。仪陇先后在经开区、高速路口悬挂关爱慰问农民工大型立柱式标语，在县城人群聚集处及主要交通要道悬挂横幅760余幅，努力营造全社会关心关爱农民工的良好氛围。其次，在乡镇层面，利用重大节庆等返乡高峰期，组织召开优秀农民工座谈会1000余场，在赶集日开展政策宣讲，建立微信群与农民工保持经常性联系；对有返乡意愿的优秀农民工，乡镇党委专门落实1名领导干部联系服务，及时了解掌握其思想动态，帮助解决困难和问题。最后，在村级层面，开展全覆盖、多渠道摸排，打好感情召引、政策吸引、项目回引的组合拳，引导农民工回报桑梓；建立结对帮带机制，重点在就业创业、选育培养、子女入学等方面给予帮助指导。

其二是三措并举，拴心留人，让优秀农民工留得住。这些举措包括：首先，鼓励支持返乡农民工投身新型农村经营实体，形成返乡农民工带头创业、带领群众致富的浓厚氛围。乡村两级在土地流转、项目对接等方面做好协调工作，确保农民工返乡创业"干得好"。其次，村支部加强产业培育"主心骨"作用，通过引进龙头企业、成立专合组织等方式，推进农业产业化经营，走农旅结合现代农业之路，以创业带动就业，拓宽就业渠道，为返乡农民工提供更多的就业岗位，让返乡农民工"有钱赚"。最后，畅通选用渠道。结合软弱涣散党组织整顿、村干部补缺等，将思想素质好、带富能力强、有突出贡献的优秀返乡创业农民工，按程序纳入村级后备力量培育，并及时选拔为村"两委"班子成员，让想干事、能干事的农民工有为更有位。同时，鼓励符合条件的农民工村干部参加乡镇事业干部、基层公务员定向招录和乡镇领导班子定向选拔，树立起干事创业鲜明导向，让农民工村干部在政治上"有奔头"，全面激发返乡农民工干事创业热情。

通过上述系列的有效举措，仪陇县共回引返乡农民工 1114 人，培育致富带头人 825 人，返乡农民工创办企业 105 家，年产值 3 亿元，带动近 9000 人就业；回引培育村级农民工后备力量 1865 人，培养农民工担任村干部 955 人，担任村党组织书记 214 人，较好地解决了村级组织后继乏人问题，全面夯实基层组织堡垒。

（三）本地乡土人才的培养

仪陇县充分利用现有人才，创新本土人才培养方式，着力增强培养实效，让本土人才担当生力军，使其成为服务县域经济社会科学发展的中坚力量。县委每年选派 10 名以上的优秀年轻党政干部到对口帮扶地区和上级机关挂职学习，优选 20 名以上优秀干部到基层和重点项目挂职，对党政人才进行锻炼培养。县内各企业综合运用内部培养、公开招聘、重点引进等手段，适时对管理经营人才进行企业管理、营销技能、先进技术等方面的培训。职业技术学校结合企业的实际需求，每年为企业定向培训各类实用人才达 2000 余人。县级拔尖人才以上荣誉称号和中级以上职称的各类专技人才通过"1+1""1+2"的方式，与下一层次的 600 余名培养对象结对，通过"名师带徒"的方式进行培养。各乡镇党委围绕兔、猪、蚕、粮、药、果等农业产业，对各类产业人才分类制定培训计划，分类编写培训教材，分层开展培训培养。在培训过程中，通过专题讲座、现场教学、参观考察、互动讨论、角色扮演等方式，丰富参训学员的实用技能知识，开拓创新视野。这些举措明显提升了乡土人才的综合素质和职业技能水平。

四、优良党风政风改善民风

打铁还需自身硬。基层党组织作风正、战斗力强，村民才会跟党走。在脱贫攻坚过程中，仪陇通过优良党风带动政风从而促进民风的改善，有力地锤炼了脱贫攻坚干部的作风，营造了干部群众齐心协力消除贫困的社会风气。

（一）加强优良党风政风建设

一方面，仪陇干部在脱贫攻坚期间以扶贫的实际行动树立了良好形象。万名帮扶干部积极响应党的号召，义无反顾地投身于伟大的脱贫事业，全身心奉献在一线、拼搏在一线、战斗在一线。有的干部轻伤不下火线，有的干部至亲离世未能见到最后一面，还有的干部永远倒在了脱贫攻坚第一线。有老干部感慨地说："这是新中国成立以来持续时间最长、攻坚力度最大、参与人数最多的一场战役。"在干部群体里，"舍自我小家、顾穷困亲家"已成大家的潜在意识。"你去没去扶贫"已成大家的习惯问候。干部艰辛付出、任劳任怨，感染了一方热土，群众踊跃参与、干劲十足，也鲜活展现了红色仪陇的勤劳与质朴，勾勒出了心齐势足奔小康的优良民风。"零漏评、零错退、满意度98.68%"，这是仪陇人民群众对当地党员干部5年艰辛付出的最好褒奖。

另一方面，仪陇也出台多举措严肃党风党纪。第一是开通《阳光问政》电台直播。自从仪陇的《阳光问政》2017年6月首播后，以"政策宣传、政务服务、政事问询"为主题，以"彰显阳光力量、着力强化监督、服务中心大局"为宗旨，以"倾听民声、反映民意、维护民利"为目标，由上线单位在电台直播间进行政策解读、职能介绍、办事流程、热线咨询、问题解答和诉求回复等。《阳光问政》引导广大党员干部面对面倾听群众呼声、点对点回应群众期盼、实打实解决群众诉求，将活动办成干群关系的连心桥、作风建设的监督岗和社会矛盾的减压阀，全面打通从严治党最后一公里，让清风正气直通乡村，让为民服务直达群众，切实增强了群众的获得感、幸福感，提升了人民群众的满意度。

第二是举办公开退赃大会。脱贫攻坚需要正风肃纪，净化政治生态，解决发生在群众身边的腐败问题显得非常重要。仪陇县自 2013 年在全省县一级率先开展疾风骤雨的正风肃纪活动后，连续多年超强度整治农村基层干部的腐败问题，重拳直击涉农、涉医、涉学三大领域顽疾，有效地结合了专项整治和巡视整改。仪陇县纪委监委积极创新警示教育形式，全方位开展"向人民汇报"巡回宣讲活动。活动由县纪委班子成员分别带队，到全县 57 个乡镇以召开群众大会的形式，通过近年来市县经济社会发展重大成果、查处的群众身边不正之风和腐败问题典型案例，以及现场答疑解难等形式，用身边人讲身边事，用身边事教育身边人，在全县干部群众中引起强烈反响。为彰显县委、县纪委监委惩治群众身边腐败问题的决心，提高群众对党风廉政建设工作的获得感和满意度，仪陇县深入开展"微腐败"专项治理。比如，2018 年 9 月 22 日，仪陇县在新政镇高堂沟村举行整治群众身边不正之风和腐败问题公开退赃大会，起到了良好的震慑作用，净化了当地的政治生态。

（二）多种方式改进民风

脱贫攻坚，群众既是帮扶对象，更是攻坚主体，脱贫致富终究要靠贫困群众用自己的辛勤劳动来实现，而树立脱贫信心的精神建设和营造脱贫的社会风气则是精神扶贫的首要前提。[①] 在扶贫干部的帮扶引导下，仪陇县困难群众自力更生、艰苦奋斗、勤劳致富，实现了从"要我脱贫"到"我要脱贫"的成功转变。主要的方法举措有如下一些方面。

---

① 刘黔：《基层党建与精准扶贫的契合研究》，《陕西青年职业学院学报》2017 年第 3 期。

一是通过"三大主题"教育凝聚人民群众的精神动力。在脱贫攻坚的初始时期，部分村社、部分群众不同程度地存在"争穷、比穷""等、靠、要"等思想，这严重束缚了脱贫奔康的步伐。在脱贫攻坚进程中，仪陇县始终把群众教育作为"养成好习惯、形成好风气"的重要抓手，在全县各贫困村广泛深入开展了"尊法守法、习惯养成、感恩奋进"三大主题教育，用典型事例教育人、通俗语言感召人、长效机制约束人，大力培育和践行社会主义核心价值观，有效推动全县农民群众从思想上感党恩，在行动上勤奋进，在生活中养成讲卫生、勤俭节约的好习惯，有效促进了和谐文明风气的形成。同时，通过培育和造就一大批"政策明白法纪观念强、举止文明行为习惯好、感恩奋进自强不息精神佳"的新型农民，鼓舞了当地贫困群众脱贫致富的坚强决心，为凝聚人心鼓舞士气打赢脱贫攻坚战提供了强大的精神动力。

二是通过"五学十评两创"活动激发群众争先创优。仪陇县采取群众喜闻乐见、通俗易懂的方式，开展"五学"活动。该活动包括五个方面：（1）专家进村辅导学。组织由老干部、老党员、老教师组成的宣传团进村专题宣讲，定期安排县政法委、宣传部、卫计局专家组成的宣讲团进村入户作专题辅导，通过讲案例、演小品、顺口溜等表现形式，让群众从中学习法律知识、纠正不良习惯、心存感恩、励志奋进。（2）干部入户帮助学。帮扶干部与文化程度低、年龄较大、接受能力弱的对象结对认亲，深入农家院落，面对面谈、手把手教，让其逐步改变不良习惯。（3）身边典型激励学。统一组织全县"最美家庭"评选活动，以村为单位，充分挖掘先进，编印好媳妇、好公婆、好妯娌典型事迹，用身边的人、身边的事教育影响群众，形成比学赶超的浓厚氛围。（4）新老媒体带动学。县上发放宣传画册，方便群众随时学习常用法规、惠民政策和卫生知识；春节前发放宣传文明新风、弘扬孝道文化的春联。村村建起微信群，实现线上线下分享学习。（5）村校互动同步学。联系学校同步开展守法、感恩、习惯教育，将群众教育内容带进"学生家长会"，让学生来影响家长。义务教育阶段学生组建"红领巾"小分队，开展"我是宣讲员""与父母分享现代知识""文明手拉手"等活动，实现1名学生带动1个家庭、影响几户邻居。

该县广泛开展的"十评两创"活动对促进优良民风的形成起到了积极作用。通过"评模范守法户、清洁家庭户、星级文明户、致富带头户、饮水思源户，评好公婆、好媳妇、好妯娌、好夫妻、好干部"的"十评"和"创四好星级农户、创四好幸福新村"的"两创"活动，发掘典型、树立标杆。（1）合理确定评选名额。对清洁家庭户、模范守法户、星级文明户评选名额不作限制。在每个村评选出致富带头户、饮水思源户和好公婆、好媳妇、好妯娌、好夫妻、好干部各2名。（2）科学制定评比标准。充分征求群众意见，制定操作性强的评比标准，包括房外摆放整齐、屋内整洁大方、院落干净美观的清洁卫生标准；守诺重信、与人为善、助残帮困的诚信道德标准；经济上供养、生活上照顾、精神上慰藉的尊老孝老标准；自立自强、励志奋进、心存感恩的感恩奋进标准；学法守法、依法办事的尊法守法标准；有安全住房、有稳定收入、有良好生活习惯、有讲孝道讲和谐讲上进家风的"四好星级农户"和班子团结带动强、基础设施配套好、产业发展有特色、集体组织有收入、村容整洁民风纯的"四好幸福新村"的标准。（3）定期开展评比活动。由村支部书记牵头，农户推荐、入户查看、社评比小组确定，每月评选模范守法户和清洁家庭户；由村"第一书记"牵头，村民小组推荐、党员群众代表评选、村评比小组确定，每季度评选星级文明户、致富带头户、饮水思源户，好公婆、好媳妇、好妯娌、好夫妻、好干部。在每月社评、每季度村评的基础上，乡镇组织每年评选一批"四好星级农户"和"四好幸福新村"，分别给予每户1000元、每村5000元奖金，并颁发荣誉证书、设立光荣榜，扩大评比活动的影响力和号召力。

三是多种方式调动农民的积极性和自觉意识。仪陇全面推行"听取群众意见、研究初步议题、村民会议表决、执行大会决议、开展监督检查"五步工作法，让群众全程参与村级事务管理，群众自发推选年富力强、公道正派的群众代表组建"项目监督小组"，代表群众全程参与项目建设、质量监管和工程验收，深度开发内生资源，激发群众脱贫攻坚的主动性。全县群众参与新建村组道路 2623 公里，建成新村聚居点 42 个、幸福美丽新村 322 个、"四好村"309 个，有力地推动了脱贫攻坚工作的深入开展。[①] 通过干群合力解决问题、化解矛盾，表扬"先进户"，引导"一般户"，激励"掉队户"，即便是曾经的"脏乱差"村庄也变成了如今的"洁净美"村庄。曾经好吃懒做的"真贫困户"克服了"等着扶、躺着要"的不良心态，让比穷装穷的"假贫困户"树立了贫困可耻的自强思想，让眼红妒忌的"非贫困户"消除了不平衡心理，让逃避赡养责任的"不孝子"重拾了百善孝为先的传统美德。

从某种程度上来说，通过优良党风政风带动优良民风的形成，构成了仪陇打赢脱贫攻坚战的"软实力"。

第四节　党建扶贫的逻辑机理

用党建推动扶贫，在扶贫中加强党建，是我国脱贫攻坚实践的一条宝贵经验，也构成了中国特色社会主义扶贫的特色与优势。结合仪陇党建扶贫的实践，我们可以从中初步提炼出党建扶贫的基础性逻辑机理。

---

① 中共仪陇县委组织部：《夯实基层党建　引领脱贫攻坚——仪陇县党建扶贫工作汇报》，2019 年 8 月。

首先是将党建扶贫视为中国共产党的历史使命。习近平总书记指出，贫穷不是社会主义，消除贫困、改善民生、实现共同富裕，是社会主义的本质要求。如果贫困地区长期贫困，面貌长期得不到改变，群众生活长期得不到明显提高，那就没有体现我国社会主义制度的优越性，那也不是社会主义。扶贫是世界性难题，特别是对于发展中国家来说，更是有着诸多条件的限制。我国是社会主义国家，消除贫困，改善民生，实现共同富裕，是共产党人的历史使命。仪陇县地处祖国欠发达的西部地区，扶贫开发要始终以消除贫困为首要任务，以改善民生为基本目的，以实现共同富裕为根本方向，坚定不移地推进脱贫攻坚事业，从而充分体现社会主义制度的优越性。全面建成小康社会，最艰巨最繁重的任务在农村，特别是在贫困地区。没有农村的小康，特别是没有贫穷地区的小康，就没有全面建成小康社会。我国实现小康社会的决定性因素不在城市，而在农村，在于贫困地区和贫穷人口这块"短板"。

其次是通过党建来动员全社会的力量参与脱贫攻坚。脱贫攻坚不是某个人的事情，也不是某个单位、某个地区的事情，而是全社会的事，要凝聚共识、同舟共济、攻坚克难，形成合力攻坚的思想。中国特色社会主义制度的最大优势是中国共产党领导，只有中国共产党才能动员全社会的力量参与脱贫攻坚工作。"大道之行也，天下为公。"中国共产党始终把减少贫困作为目标任务，在减贫事业上，始终发挥总揽全局、协调各方的领导核心作用，统筹整合各类资源，形成聚合效应，把扶贫开发作为经济社会发展规划的主要内容，纳入国家总体发展战略，把精力、人力、物力、财力向扶贫工作倾斜，积极做好项目落地、资金使用、人力调配、推进实施等工作，针对贫困打响一场又一场战役。各基层和地方党委积极整合专项扶贫、行业扶贫、社会扶贫等多方力量，形成"三位一体"大扶贫格局，实现了脱贫攻坚强大合力。各基层和地方党委还积极组织各部门结合行业优势，为贫困村、贫困户送技术、送项目、送资金、送信息，促使党员干部群众团结一心实现脱贫目标。同时，通过提高东西部扶贫协作水平，加强党政机关定点扶贫，推进军队和武警部队帮扶，开展多党合作脱贫攻坚行动，动员民营企业、社会组织、个人参与脱贫攻坚，全社会参与脱贫攻坚的强大合力得以形成。

最后是通过党建凝聚人才，提升扶贫队伍的战斗力。无论是对于脱贫攻坚还是乡村振兴来说，都需要优秀人才、凝聚人心。人才是根本，人心是关键。党建工作就像是脱贫攻坚的"灵魂"，好的"灵魂"能够让脱贫攻坚工作整体运行顺畅起来，在扶贫的各项工作中显现出温暖而有力的正能量，更好地凝聚各方面的力量，激发各方面的创造力。党的基层组织是确保党的路线方针政策和决策得到有效部署贯彻落实的基础。可以说，发展前行，因有旗帜的引领而不会偏航；团结奋进，因有牢固的基础而充满活力。这面旗帜，就是鲜红的党旗；这个基础，就是基层党建工作。只有中国共产党才能凝聚人才、汇聚人心，为脱贫攻坚工作提供源源不断的动力。

第四章

从单打独斗到抱团发展：政府引领与多元协同的产业扶贫

产业扶贫是稳定脱贫的根本之策。只有当地产业发展了，贫困户才能够稳定脱贫，贫困地区的经济与社会发展才更具可持续性。在产业扶贫方面，仪陇县探索出了一条政府引领、市场带动与贫困户响应相衔接的产业扶贫之路。仪陇县的产业扶贫实践既带动贫困户摆脱了贫困，又促进了农村产业的转型升级，为仪陇的乡村产业振兴打下了良好的基础。仪陇县是如何做到的呢？其产业扶贫实践又能为我们提供哪些有益的启示呢？本章以新结构经济学的框架为切入点来对仪陇县产业扶贫实践进行分析，具体结构安排如下：首先，探讨仪陇县的资源禀赋与产业选择；其次，对产业扶贫中的地方政府引领机制进行论述；再次，分析在地方政府引领下市场的带动和贫困户的能动过程及其表现；最后，总结产业扶贫在仪陇的基本绩效。

第一节　资源禀赋与产业选择

如何减少贫困并可持续地发展经济，缩小与发达国家之间的收入差距，一直是发展经济学关注的焦点问题。第二次世界大战之后，一些国家和地区如新加坡、日本、韩国等实现了经济腾飞，而另一些国家如俄罗斯、波兰等则经历了痛苦的经济挫折。为什么同属后发国家，有的顺利实现经济腾飞，而有的则陷入经济的恶性循环当中？新结构经济学正是在回应这一现实问题，并与传统的发展经济学理论对话的基础上发展起来的。

传统的发展经济学主要有两大理论资源：一是旧结构经济学；二是新自由主义经济学（即"华盛顿共识"）。新自由主义经济学发展理论认为，发展中国家与发达国家之间在经济发展的路径上并无不同，只要建立私有产权、自由市场与法制社会，由此形成自生自发秩序，经济就能迅速发展。[1] 但苏联等国家"休克疗法"的失败证明了新自由主义应用到发展中国家经济发展时的局限性。旧结构经济学的理论基础是发展中国家与发达国家之间经济结构的差异，并且认为在经济从较低阶段向较高阶段发展时，政府可以起到积极作用。这是"新"与"旧"结构经济学的相同之处。不同之处在于，旧结构经济学建议发展中国家的政府通过直接的行政手段和价格干预来优先发展先进的资本密集型产业；而新结构经济学则强调市场在资源配置中的核心作用，认为政府应该解决外部性问题和协调问题，以帮助企业进行产业升级。[2]

新结构经济学旨在将结构转变重新带回经济发展研究的核心，并强调市场和国家在促进经济发展过程中所扮演的重要角色。它认为一个经济体的经济结构内生于它的要素禀赋结构，持续的经济发展是由要素禀赋的变化和持续的技术创新推动的，而禀赋结构升级的最佳方法是在任一特定时刻根据它当时给定的禀赋结构所决定的比较优势发展其产业。虽然新结构经济学是在探寻发展中国家经济发展过程中形成的，这一理论同样也适用于分析一个国家内部后发地区（如贫困地区）和后发人群（如贫困群体）的发展问题。

分析经济发展的起点是经济的禀赋特征。资源禀赋包括土地（或自然资源）、劳动力和资本（包括物资和人力资本），以及基础设施（包括硬件基础设施与软件基础设施）。具体到县域脱贫攻坚与经济发

① 哈耶克：《知识的僭妄——哈耶克哲学、社会科学论文集》，首都经济贸易大学出版社2014年版，第169—188页。

② 林毅夫：《新结构经济学——反思经济发展与政策的理论框架》，北京大学出版社2012年版，第26—27页。

展，可以将资源禀赋类型化为三个基本方面，即自然生态禀赋、基础设施禀赋和产业基础禀赋。一个地区的经济禀赋总和构成禀赋结构，其特征在任何给定时间是相对固定的，但会随着时间推移而变化。[1]

在自然生态禀赋方面，仪陇县属于中国 14 个集中连片特困地区的秦巴山区，全县面积为 1788 平方公里，其中低山占 65.46%，丘陵占 32.85%，平坝占 1.69%。仪陇土地贫瘠，人均耕地占有量仅为全国平均的 48.6%，人多地少矛盾突出。全县地处秦巴干旱走廊和嘉陵江、渠江分水岭，降雨时空分布不均，主要河流嘉陵江流经段仅 2.3 公里，季节性缺水较为突出。由于该县常年出现干旱、雨霖、倒春寒、大风、冰雹等自然灾害性天气，干旱最多，因此素有"十年九旱"之说。[2]

在基础设施（硬件）禀赋方面，仪陇县境内无港口、无航运码头、无铁路，高速公路里程短，县乡公路等级低，离成都、重庆均超过 200 公里，交通条件滞后，很难享受到大城市辐射带动效应。县政府原驻地为金城镇，位于省道成南公路（成都至南江）线上，距南充市 150 公里。但金城镇受地理条件限制，不可能承载政治、经济、文化中心的城市功能，2003 年 5 月经南充市政府同意，将县政府驻地迁至嘉陵江边的新政镇，于 2005 年 9 月底整体搬迁。

在产业基础禀赋方面，仪陇县是农业大县。农业人口占总人口 80% 以上，农业产值占总产值 70% 以上。到 1998 年，全县人均占有粮食 434 公斤，人均收入 1369 元，99% 的贫困户越过温饱线。2003 年全县农业生产总值达到 117758 万元（不变价），是 1985 年 15334 万元的 6.68 倍，粮、油总产量分别达到 44923.1 万公斤和 4603.8 万公斤，比 1985 年分别增加 15307.1 万公斤和 2900.4 万公斤，农民人

---

[1] 林毅夫：《新结构经济学——反思经济发展与政策的理论框架》，北京大学出版社 2012 年版，第 19—20 页。

[2] 四川省仪陇县地方志编撰委员会：《仪陇县志》，四川科学技术出版社 2007 年版，第 1—3 页。

均占有粮食 515 公斤，比 1985 年 308.5 公斤增加 66.93%。发展较快的是畜牧业，2003 年全县出栏生猪 91.11 万头，比 1985 年出栏 35.55 万头增长 1.56 倍；出栏肉牛 32210 头，比 1985 年出栏 3490 头增长 8.23 倍；出栏肉羊 10.7 万头，比 1985 年出栏 3695 头增加 27.96 倍；出栏肉兔 65 万只；出栏家禽 156 万只。2003 年畜牧业总产值达 66492 万元，占全县农业总产值的 56.4%，比 1985 年的 3030 万元增长 19.9 倍。① 在工业方面，仪陇县工业基础相对薄弱，主要工业产品也仅是农业的延伸（见表 4-1）。

表 4-1　1985—2003 年仪陇县主要工业产品产量

年份	发电量（万度）	布（万米）	丝（吨）	饮料酒（吨）	铁制农具（万件）	食用植物油（吨）
1985	408	77	83	3427	25	3600
1988	792	138	93	3551	45	3437
1990	913	76	98	4300	42	4166
1995	903	42	139	4069	62.99	1889
1996	300	42.16	104	3083	16.54	1625
1997	300	32	54	2320	17.31	720
1998	450	26	73	2115	16.11	2537
1999	461	20	31	2803	16.27	2593
2000	470	23	102	3944	16.27	2686
2001	496	26	107	4417	16.27	3178
2002	533	8	107	4041	16.27	1029
2003	534	45	128	3675	/	1557

资料来源：四川省仪陇县地方志编撰委员会：《仪陇县志》，四川科学技术出版社 2007 年版，第 440 页。

---

① 四川省仪陇县地方志编撰委员会：《仪陇县志》，四川科学技术出版社 2007 年版，第 377 页。

　　总之，仪陇县产业发展基础在农业。到 2014 年，工业产品作为农业的延伸与拓展这一趋势仍然没有改变（见表 4-2）。依据新结构经济学的比较优势理论：当选择过于先进的、远超出其潜在比较优势的产业政策时，失败就会发生。[①]

表 4-2　2014 年全县主要工业产品产量

产品名称	计量单位	2014 年	比上年（+/-）%
发电量	万千瓦小时	61776	4.2
天然气供应量	万立方米	3792	5.4
自来水	万立方米	1314	10.2
大米	万吨	5.6	7.4
挂面	万吨	6.323	9.4
食用植物油	吨	7323	5.8
饮料、酒	吨	15258	10.8
其中：白酒	吨	6514	6.4
鲜冻畜禽肉	吨	11777	6.7
布	万米	4090	9.2
砖	万块	86260	6.2

资料来源：仪陇县县志编纂委员会：《仪陇年鉴 2015》，北京燕山出版社 2016 年版，第 471 页。

　　脱贫攻坚开始之前，仪陇县农业发展的特点是"小、散、弱"。对贫困户来说，自给自足的小农经济状态依旧普遍存在。在此情势下，贫困户自生能力是严重不足的。所谓"自生能力"（viability），即在一个开放、竞争的市场中，只要有着正常的管理，就可以预期这个企业可以在没有政府或其他外力的扶持或保护的情况下，获得市场上可以接受的正常利润率。[②] 即使是农业企业进入贫困地区，由于基

---

① 林毅夫：《新结构经济学——反思经济发展与政策的理论框架》，北京大学出版社 2012 年版，第 152 页。

② 林毅夫：《自生能力、经济转型与新古典经济学的反思》，《经济研究》2002 年第 12 期。

础设施等方面的约束，其自生能力也会受到限制。如果产业没有发生结构上的转变，贫困地区持续的经济增长将无法实现。

对地方政府来说，如何促进贫困户自生能力的发展成为第一要务。简单来说，地方政府可以选择的政策工具主要有：（1）直接治理；（2）间接治理。直接治理方面，体现为地方政府为贫困地区（如贫困村）或贫困户"输血"；间接治理方面，体现为通过市场（企业）来进行治理。直接治理有其必要性，一般具有立竿见影的效果，但对于贫困户可持续脱贫的治理效能却是存疑的。相对于直接治理，间接治理具有更大的经济效能，但其社会效能（即带动贫困户可持续脱贫）究竟如何则取决于制度设计的有效性。对于仪陇县政府来说，将直接治理与间接治理结合起来成为地方政府的明智选择。即将政府的"扶持之手"、市场的"无形之手"与贫困户的"勤劳之手"结合起来，通过三只"手"摆脱单打独斗，抱团发展凝聚力量，才能从根本上促进贫困地区的产业发展，从而带动贫困户脱贫。

脱贫攻坚过程中，仪陇县始终力图通过"县有支柱、乡有产业、村有特色、户有门路"来帮助当地群众稳定增收致富。立足全省农产品主产区功能定位，仪陇依托本地阳光充足、无霜期长的气候条件和天然、绿色、纯净的自然环境，大力发展有机农业、现代农业，着力建设巩固国家优质生猪战略保障基地县、全国绿色食品原料基地县、全省农产品安全监管示范县，不断理清思路、明确目标。依据本地的资源禀赋，仪陇县在脱贫攻坚期间理清了产业发展思路，确定了产业发展的主攻方向。那么，地方政府如何采取具体举措促进产业发展与贫困户脱贫呢？接下来，本书将探讨产业扶贫中的地方政府引领。

第二节 产业扶贫中的地方政府引领

对于乡村产业发展，尤其是贫困地区产业发展来说，其"自生能力"是严重缺乏的。这一方面源于农业产业自身的脆弱性，农业生产投入大、生产周期长、市场波动性强；另一方面，与发达地区农业产业相比，贫困地区农业产业呈现"小、散、差"的窘境，产业竞争力不强。基于此，发挥地方政府在产业发展中的"扶持之手"，引领产业发展方向便显得尤为紧要了。

对仪陇县委、县政府来说，要引领扶贫产业发展，首先要做设计，坚持规划先行。在规划的指引下，逐年细化工作方案，构筑稳定的资金投入与政策保障机制，为产业发展提供良好的经济与社会基础。

一、规划先行

早在 2015 年 2 月 5 日，根据中央一号文件的精神和四川省政府关于农产品主产区产业发展的要求，仪陇县发出了《关于抓好 2015 年农业优势主导产业发展的通知》（仪府发〔2015〕3 号），要求：稳步发展粮油生产、突出发展生猪产业、大力发展经济种植、巩固发展草食牲畜、积极发展蚕桑产业。面对脱贫攻坚的新形势，2015 年 2 月 20 日，仪陇县又发布了《仪陇县 2015—2020 年农业产业扶贫规划》（以下简称《规划》）。针对该县农业产业发展的有利条件与制约因素，仪陇县规划了重点建设任务。在农业产业发展方面，提出了四大主导产业（种植产业、畜禽养殖产业、水产养殖业和蚕桑产业）发展的思路。

种植产业方面，重点发展粮油产业、商品蔬菜产业、水果产业和中药材产业。对于水果产业，《规划》要求：在全县的 100 个贫困村新建柑橘园 5 万亩，改造低劣果园 5 万亩，加大现有果树管护力度，到 2020 年建成现代柑橘产业生产基地 10 万亩，产量达到 10 万吨。组建 40 个专业柑橘合作社，引进 3—5 家柑橘、柠檬生产加工企业，逐步建立"公司+基地+专业合作社+农户"的产业发展模式，实现果业生产、储存、包装、销售、加工一体化。

畜禽养殖产业方面，重点发展生猪产业、肉牛产业、肉羊产业及小家禽产业等。对于生猪产业发展，《规划》要求：按照"相对分散、规模适度"的原则，在全县 285 个贫困村培育年出栏生猪 20 头以上的农户 150 户，新改扩建标准化圈舍 0.5 万平方米，培训生态养猪技术 300 人次。户均养猪收入达到 3.8 万元，人均收入 0.7 万元。

水产养殖方面，要求推动健康养殖示范基地建设。建设 1000 亩标准化健康养殖示范基地，对檬垭乡兴隆、三蛟镇仙山、新政镇亮垭、金城镇金印村、日兴镇的白塔、星星、燎原等村 1000 亩鱼池进行升级改造，建设标准化养殖示范基地。大力发展设施渔业，重点打造现代生态渔业示范园，积极发展休闲渔业，把现代渔业与旅游观光有机结合，带动周边渔业经济发展。

蚕桑产业方面，《规划》要求：在柴井、铜鼓等乡镇建优质有机桑园 5000 亩（其中果叶兼用桑 2000 亩），补植补栽桑苗 50 万株，配套养蚕、共育室等设施，完善桑园内路、渠基础设施，添置果桑加工设备一套，着力打造一个集生产、加工、销售、经营一体化的蚕桑产业示范区。在柴井、铜鼓等乡镇的贫困村引导培育适度规模专重大户100 户。

除了对重点发展的农业产业进行规划外，对于品牌农业建设、新型农业经营主体培育、农业信息化示范基地建设、农业基础设施建设、新型农民技能培训、农产品质量安全体系建设、产业布局等配套和保障措施，《规划》也进行了详细说明。

在《规划》的基础上，仪陇县聘请中国农科院、四川农业大学、省农科院等科研机构与高等院校的规划专家团队，先后编制了《仪陇县现代农业发展规划》《仪陇县现代畜牧业绿色发展规划》《仪陇县现代柑橘产业发展规划》等农业专项发展规划，进一步细化了发展目标、阶段目标、建设重点和保障措施，凸显了规划先行、规划引领，做到了理念新、起点高。

在《规划》的引领下，仪陇县进一步厘清了产业发展的方向和步骤。以此为基础，仪陇县根据交通条件、区位优势、种养习惯，优化调整了产业布局，确立了"3351"现代农业发展战略。围绕新政、马鞍、赛金"三大组团"和新马线、金马线、仪北线"三线连片"，建成一个百公里循环农业示范带。通过重点发展生猪、水果、粮油、蔬菜、蚕桑"五大基地"，优化了产业空间布局。同时，根据特色农产品优势区域发展规划打造了"一带三线五大基地十个园区"。其中，十大园区分别是：新政—双胜—赛金"海温"（柑橘—生猪）现代种养循环农业示范园（面积3万亩）；双胜—复兴—永乐旱地粮经复合型生态农业示范园（面积5万亩）；武棚—周河—马鞍—立山"休闲农业—美丽乡村"旅游示范园（示范村24个）；永乐—马鞍—大寅—柳垭—立山绿色品牌粮油生产示范园（面积10万亩）；柳垭—义路—义门道地无公害中药材生产示范园（面积2万亩）；金城—五福—双胜—新政绿色蔬菜标准化生产示范园（面积5万亩）；立山—三溪循环农业产业融合示范园（面积1.5万亩）；新政—柴井—土门—铜鼓优质蚕桑产业基地示范园（面积3万亩）；福临—日兴—金城—中坝稻鱼（鸭、虾）共栖生态农业示范园（面积2万亩）；五福—凤仪—保平山地无公害花椒产业示范园（面积2万亩）。

二、资金投入

规划厘定了产业发展的蓝图，接下来就是在这一"路线图"下具体实施。要想使"路线图"成为现实，首先离不开大量的资金投入。脱贫攻坚过程中，仪陇县在统筹整合资金的基础上重点投向基础设施建设、产业发展、民生改善和公共服务四大方面。2014—2018年，基础设施建设共投入177483万元，产业发展共投入54224万元，民生改善共投入186302万元，公共服务共投入100341万元（见表4-3）。

表4-3　2014—2018年仪陇脱贫攻坚统筹整合资金的使用情况

（单位：万元）

年度	合计	基础设施建设				产业发展	民生改善			公共服务				
		小计	交通	水利	便民路、生产便道等其他基础设施建设		小计	住房保障	新村建设、乡镇补短扶贫帮扶等	小计	教育	卫生	文化	民政等其他社会保障
2014年	54579	36795	25309	5987	5499	4062	4838	3964	874	8884	2821	/	/	6063
2015年	60293	20055	10870	6359	2826	9317	19255	10309	8946	11666	4309	49	/	7308
2016年	103080	41273	22993	16254	2026	9521	32018	20882	11136	20268	4347	287	546	15088
2017年	213239	57774	24976	25297	7501	14057	97874	77904	19970	43534	5531	1351	797	35855
2018年	87159	21586	9227	8508	3851	17267	32317	16359	15958	15989	3300	1277	1056	10356
总计	518350	177483	93375	62405	21703	54224	186302	129418	56884	100341	20308	2964	2399	74670

资料来源：仪陇县农业农村局提供数据。

从上表可以看出，为了推动仪陇县的脱贫攻坚，仪陇县2014—2018年共统筹整合资金518350万元。大量的资金投入既解决了贫困户的"两不愁三保障"问题，也改善了农村的基础设施。以基础设施为例，仪陇县突出"产业发展到哪里、基础设施就配套到哪里"，为脱贫奔康产业园配套建设高标准农田5.8万亩，新改建提灌站82座。新建通村水泥路1300余公里、产业便道200公里、整治山坪塘1058口，实施215个贫困村电网升级改造，延伸贫困村供水管网37条260公里。上述基础设施建设极大地消除了制约农村发展产业的自然阻碍，在一定程度上创造了让产业引得进来、发展得起来、走得出去的有利条件。

为了充分调动贫困户、贫困村和企业的主体性与能动性，仪陇县实施"强激励"举措。2017年6月8日，印发了《仪陇县建档立卡贫困户就业创业和发展种养业增收奖补实施方案》（仪脱指办〔2017〕18号）。具体奖补标准为：（1）建档立卡贫困户家庭年人均纯收入2000元至3000元（包含3000元）的，由县财政补奖该户600元；（2）建档立卡贫困户家庭年人均纯收入3000元至4000元（包含4000元）的，由县财政补奖该户800元；（3）建档立卡贫困户家庭年人均纯收入4000元以上的，由县财政补奖该户1000元。

除了对贫困户进行奖补之外，仪陇县还对贫困村提供产业扶持基金，助力贫困户发展。如为全县285个贫困村安排了30万元到50万元不等的贫困村产业扶持基金，共计安排8610万元，专项用于支持贫困户发展家庭种植业、养殖业、乡村旅游业、民族手工业、农村电商等增收项目。截至2019年6月，累计使用3935笔，金额4983.64万元。其中，贫困户个人借款3730笔，金额2654.47万元；贫困村集体使用205笔，金额2329.17万元；贫困户借款已回收376笔，金额224.32万元；村集体使用资金已归还专户共18笔，金额96万元。通过产业扶持基金的使用，共带动贫困户6269户，带动贫困人口15520人，贫困人口年均增收1000元以上，村集体年均收入5600元左右。为了破解贫困户产业发展资金短缺难题，仪陇还通过积极向上争取、本级统筹整合等方式，建立扶贫小额信贷风险基金5088万元，为有产业发展意愿的贫困户发放扶贫小额信贷8406笔共计27298万元。其中，每户贫困户可以申请小额信贷资金1万元到5万元，政府给予3年内贴息。

在扶持企业发展方面，早在2015年7月30日，仪陇县委、县政府便发布了《关于加强和改进投资促进工作的若干意见》（仪委发

〔2015〕21 号），对于农业项目给予扶持。具体包括：土地流转补助，钢化大棚补助，养殖用房补助，环保设施补助和种苗及疫苗扶持。以土地流转补助为例，对租用土地（含耕地、林地）连片种植粮、油不低于 30 亩，新栽水果或药材不低于 100 亩，签订 5 年及以上土地承包经营权出租合同的，按照第一年 100 元/亩、第二年 150 元/亩、第三年 200 元/亩的标准给予土地流转补助。

总之，脱贫攻坚期间，仪陇县通过"强激励"的方式"筑巢引凤"，吸引龙头企业到仪陇发展；与此同时，又对贫困户加强财政补贴和金融支持，努力锻造企业和贫困户的"自生能力"。

三、模式探索

仪陇县在进行了详细的政策规划、投入了巨额资金之后，如何在具体的脱贫实践中总结、提炼具体的经验与模式，并适时向全县推广成为摆在仪陇党委和政府面前的重要任务。2015 年 4 月 10 日仪陇县委、县政府发布的《关于扎实推进脱贫攻坚及精准扶贫工作的实施意见》（仪委〔2015〕20 号）提出：大力推广"企业+合作社+农户""支部+合作社+农户"、股份合作等多种经营模式，着力培育扶贫龙头企业、专合组织、家庭农场和新型职业农民，最大限度带动贫困农户发展现代农业，实现快速增收致富。

随着脱贫攻坚实践的不断推进，仪陇县又进行了适时总结。按照"政府引导、农民主体、龙头带动、金融支持、合作社组织"的思路，通过"传、帮、带"三大举措发展脱贫奔康产业，探索出"科技人员+贫困户、专业合作社+贫困户、公司+贫困户、公司+基地+贫困户、公司+家庭农场+贫困户、公司+专业合作社+贫困户"六大扶贫产业组织模式（简称"一传二帮三带"）。

"科技人员+贫困户"传技术。引进农业专家、教授，把仪陇县作为科技成果试验、示范和转化基地；派出农业科技人员，到贫困村、贫困户指导实用技术，提升农户科学种养水平。例如，引进川农大施友均教授在光华乡枣子沟村建樱脆李产业示范园，采取"业主带项目、出资金、出技术，农户出土地，整村连片推进"的方式带动贫困户户均年增收 1.5 万元以上。288 名技术员进村入户、进场入田，了解群众意愿，规划入户产业，开展技术培训，做好现场示范，加大推广力度，把新型实用技术传到田间地头、养殖场所，让群众至少掌握一项实用技术、一项增收产业、一个可以依托的新型经营主体。

"专业合作社+贫困户"帮资金。贫困农户以土地、劳力等入股成立专业合作社，专业合作社以生产设备为抵押贷款发展种养业。专业合作社统一还款，降低贫困农户经营风险。例如，大山绿、川北客家、四颗米等企业创建营销体系，全托管与半托管贫困户土地，建优质粮油基地 8.5 万亩，为贫困户垫资提供农资，实行保底价订单收购，实现粮油产业贫困户全覆盖。市场价高于保护价的部分可以参与二次分红，促进了贫困户稳定增收。全县的"专业合作社+贫困户"模式带动贫困户 0.16 万户，户均增收 0.8 万元左右。

"公司+贫困户"带动贫困户发展。公司通过建立种养示范基地，在立山、瓦子、三河等乡镇与贫困户实行代种、代养、赊种、赊养，合作种养，实行保底价回收，确保贫困农户获得收益。例如，三溪农业发展肉牛、肉羊、稻田鱼、蔬菜、林下鸡和白酒产业，实现了循环种养。全县"公司+贫困户"模式带动贫困户 0.23 万户，户均增收0.5 万元左右。

"公司+基地+贫困户"帮市场。贫困户将土地全托管或半托管给企业，在贫困村建立粮油、水果基地，企业实行基地统建、农资统供、技术统训、病虫统防、产品统销，为贫困户打通销售渠道。例如，马鞍镇险岩村引导 36 户建卡贫困户加入众鑫食用菌专业合作社，以生产设备作抵押，每户贫困户贷款 3 万至 5 万元，合作社统一清偿贷款。专业合作社建生产大棚 80 亩，户均年可生产食用菌 4 吨，年销售收入达 16 万元。全县"公司+基地+贫困户"模式带动了贫困户 0.58 万户，户均增收 0.3 万元左右。

"公司+家庭农场+贫困户"带动贫困户发展。公司带动家庭农场建立标准化生产基地，贫困户以土地、信贷资金入股家庭农场，贫困户通过股本保底分红和务工获得收益。例如，截至 2018 年 6 月，全县已培育温氏生猪养殖家庭农场 302 家，带动贫困户 1050 户，年出栏肉猪 30 万头，户均年增收 1.3 万元左右。全县"公司+家庭农场+贫困户"模式带动贫困户 0.17 万户，户均增收 0.8 万元左右。

"公司+专业合作社+贫困户"带动贫困户发展。公司与贫困户共同组建专业合作社，由公司担保、政府贴息贷款入股，由公司控股建立产品营销渠道，贫困户通过入股保底分红、二次分红、务工等获得收益。例如，中帅果业在全县流转土地 7000 亩，成立专业合作社，发展柑橘、桃、李产业，将部分果园反租倒包、无偿返还给贫困户，贫困户则通过土地出租、务工、果园行间免费利用等方式获得收益，带动贫困户 1162 户，户均增收 0.5 万元以上。全县"公司+专业合作社+贫困户"模式带动贫困户 0.37 万户，户均增收 0.3 万元左右。

四、服务保障

产业扶贫是一项复杂的系统工程，既涉及政府部门之间的"块块"关系，又涉及不同政府层级之间的"条条"关系，还涉及政府—市场—贫困户之间的关系。归根结底，产业扶贫要求产业提质增效、贫困户脱贫解困。为了达成此目标，除了上述举措以外，相关的服务保障措施也必不可少。

（一）夯实科技力量

产业的发展离不开科技的支撑，为此仪陇县派出三支科技力量支援脱贫攻坚。一是驻村农技员。仪陇县农业农村局向全县贫困村选派驻村农技员，结对开展"一对一"技术扶贫行动，实现贫困村农业技术扶贫全覆盖，提升农业产业扶贫的技术支撑能力。二是专家服务团队。共向全县 11 个片区选派专家服务团队 11 个，每个团队 3 人，共计 33 人。2017 年在 2016 年 11 个片区专家服务团队的基础上，增加县级专家团队 4 个（粮油、畜牧、果树、蚕桑），优化调整了人员组成，共计 48 人。2018 年继续优化调整人员组成，增派 21 人，共计 69 人。三是农业技术巡回服务小组。2017 年针对全县 483 个插花贫困村，选派 58 个农业技术巡回服务小组，由农业、畜牧、林业相关人员组成，共计 580 人。2018 年对其中的林业技术人员进行了优化调整。

（二）强化绿色发展

仪陇县始终秉持农业绿色发展的基本理念，推行农牧结合、粮经饲统筹、种养加工一体、一二三产业融合发展，建设种养循环农业示范园区，保护和恢复农业生态，实现县域大循环。先后出台了《仪陇县开展国家畜牧业绿色发展示范县创建活动实施方案》（仪府办发〔2017〕64 号）、《仪陇县畜禽禁养区养殖场关停实施方案》（仪府办发〔2017〕65 号）、《关于进一步强化畜禽养殖污染治理监管长效机制的通知》（仪农牧发〔2018〕55 号）等相关文件。

在污染防治上，仪陇县政府出台了《关于加强农业面源污染防治，实施农业绿色发展七大行动的通知》（仪府办发〔2018〕46 号）。"七大行动"包括：一是畜禽粪污资源化利用行动；二是秸秆资源化利用行动；三是化肥零增长行动；四是农药零增长行动；五是解决农田残膜污染行动；六是水产健康养殖工程行动；七是联合执法综合监管行动。以农药零增长行动为例，《通知》提出：升级完善智能化、网络化有害生物监测预警系统；实施物理防控、生物防控和生物多样性调控等绿色防控技术，利用高效施药器械和安全用药等综合措施，建立示范基地 10 万亩。推进专业化统防统治与绿色防控模式融合，实现化学农药减量控害；对农业铝箔混合袋、塑料瓶、玻璃瓶等废弃物进行分类，生产经营企业负责收集，专业公司负责集中处理，废弃物回收量达到 85% 以上。

2019 年 5 月 5 日，仪陇县人民政府向南充市农业农村局呈报《仪陇县创建国家农业绿色发展先行区项目申报书》（仪府函〔2019〕57 号）。由此可见，仪陇县精准把握了我国农业绿色发展的总趋势，在农业绿色、生态与循环经济的轨道上将农业产业不断推向前进。

（三）创建品牌农业

品牌化是提升产品价值的必要环节，是价值增值的助推剂。只有塑造出产品品牌，并使消费者（购买者）形成对品牌的认同，价值增值才成为可能。仪陇县坚持以市场为导向，严把质量关，加强农畜产品市场检测和例行抽查，创建生态、绿色、循环农产品品牌。截至 2018 年底，仪陇县已完成 63.7 万亩无公害农产品生产基地整体认定和 25 万亩水稻、18 万亩油菜全国绿色食品原料标准化生产基地认证。2018 年创建"三品一标" 21 个，有机大米 1 个、绿色食品 7 个、无公害农产品 13 个。

种植业中，仪陇县高新作物种植农民专业合作社、仪陇县穗庆果树种植农民专业合作社、仪陇县容华水果种植农民专业合作社 3 个产品获无公害农产品认证；四川省旺平食品有限责任公司生产的仪陇酱瓜、仪陇胭脂萝卜、吉星生下饭菜（香辣型、泡菜型）4 个产品获绿色食品认证；四川仪陇大山米业有限公司生产的大山香米、仪陇贡米、仪陇长粒香米 3 个产品获得绿色食品认证。仪陇县四颗米农业开发有限公司生产的四颗米香米 1 个农产品获有机转换认证。此外，养殖业中还有 10 个品牌获得相关认证。

第三节　产业扶贫中的市场带动与贫困户响应

要打赢脱贫攻坚战，仅仅依靠政府唱"独角戏"是远远不够的。除了政府的引领作用之外，市场的带动作用和贫困户响应也不可或缺。对于产业发展，市场是最有效率的资源配置方式。对于一些思想观念落后的贫困户来说，只有他们破除"靠着墙根晒太阳，等着政府送小康"的消极心态，对政府引领和市场带动予以积极响应，通过抱团发展才能汇聚脱贫攻坚的强大力量，产业脱贫之路才更具有可持续性。

一、产业扶贫中的龙头企业带动

与其他地方不同，仪陇县主要通过建立脱贫奔康产业园的方式，引进龙头企业带动贫困户脱贫。通过"筑巢引凤"的方式，招引陕西海升、广东温氏、香港利达丰、浙江中味等 28 家农业龙头企业。联片发展晚熟柑橘 8 万亩；通过改造升级、新发展达标生猪托养场 64 家，总量稳定在 300 家以上，带动全县年出栏生猪 81.5 万头；通过订单种植发展加工型蔬菜 7 万亩；建设有机蚕桑基地 5 万亩。当地不断拓展的基地规模成功吸引大山米业等 23 家农副产品加工企业落户，依托日益壮实的产业基础，仪陇县积极开展国家、省级现代农业园区创建，在一定程度上推动了全县的农业产业振兴，带动了贫困户脱贫增收。

（一）海升集团

海升集团成立于 1996 年，2002 年被评为国家级农业产业化龙头企业，2005年中国海升果汁控股集团公司在香港联交所主板上市。该集团在全国建有果蔬种植基地60余处约10万亩，旗下战略布局加工企业10家，年加工水果能力280万吨。集团拥有品牌果汁饮料系列和果酒、果胶等终端消费产品，是全球最大的浓缩果汁生产企业及出口商，销售网络遍布全球30多个国家和地区。2016年11月，海升集团来仪陇投资成立仪陇海越农业有限公司，计划建设3万亩高标准现代柑橘产业示范园，打造柑橘苗木繁育、果品分选仓储、冷链物流、塑框配套、精深加工、柑研中心于一体的全产业链项目。

海升集团现代柑橘产业园采取"公司+基地+农户"模式，带动园区贫困户及周边群众7136户、21856人（其中贫困户852户、3012人）发展产业，户均实现年增收1万元以上。该产业园带动农户增收的途径主要包括：

（1）返租倒包。公司将果园建好后，承包给农户，由农户按照公司的管理规范和技术要求进行托管：挂果前，按1元/月/株（每亩60株，720元/年/亩），农户按5亩起租，一般农户租管20亩，3600—14400元/年/户。挂果后第一年按1000公斤/亩交产量，每公斤拨管理费2元，超出部分农户与公司4:6分成；第二年按1500公斤/亩交产量，每公斤拨管理费2元，超出部分农户与公司4:6分成；第三年按2000公斤/亩交产量，每公斤拨管理费2元，超出部分农户与公司4:6分成；第四年及以后交基础产量2500公斤/亩交产量，每公斤拨管理费2元，超出部分农户与公司4:6分成。（2）股权量化。对政府投入海升园区基础设施建设资金进行股权量化，当年按每村2万元返还村集体，从第五年起按100元/年/亩返还给村集体作为村集体经济收入。（3）股本分红。贫困户以小额信贷资金入股，每户5万元，年分红1万元。（4）协助农民自建果园。由政府配套基础设施，农户参照海升标准利用坡台地和自留地发展柑橘，由海升提供技术支持和包销服务，收益归农户所有。（5）提供劳务机会。提供当地农户（贫困户优先）到园区和海升陕西基地务工的机会，劳力较好者年收入可达 2 万元。（6）提供租金收入机会。村民土地按 500 元/年/亩流转，每满 5 年，租金上浮 5%。

（二）仪陇中味食品有限公司

仪陇中味食品有限公司坐落于仪陇县工业园内，是一家从事食品酿造业的农产品深加工企业。公司总注册资金为 2088 万元，总资产 18600 万元，占地面积 128 亩。公司加工经营的产品已形成"中味牌"辣椒酱、酱油、酱菜等七大系列，160 多个品种。调味品的年生产能力可达到 5 万吨以上，其中黄樱椒系列产品生产能力已达到 5000 吨。2007 年经中国名牌战略推进委员会评价，中味辣椒制品行业排名全国第二位。2007 年仪陇中味食品有限公司被评为"市级重点骨干农业龙头企业""南充市农业科技型企业"和"省级农产品加工示范企业"，公司连续 5 年被评为"信用 AAA 级企业"。公司的辣椒酱系列产品被评为"国家级无公害农产品""绿色食品"，同时连续两年在西博会上获得"金奖"。

中味食品在仪陇县已培育加工型蔬菜生产大户、家庭农场 73 户、合作社 5 家，已在铜鼓、周河、双胜等 18 个乡镇 132 个村建立订单榨菜基地 5 万亩、辣椒基地 1.5 万亩。发展效果显著的周河镇众合农牧公司生产基地规模达到 5000 亩，双胜镇勇旗蔬菜合作社生产基地规模达到 2000 亩。中味食品发展的基地生产蔬菜产品除部分满足市场鲜销外，可消纳基地生产的加工型蔬菜产品 5 万吨，生产榨菜、辣椒酱、豆瓣酱、料酒等七大系列品牌商品 3 万吨，实现销售收入 1.7 亿元，实现税后利润 1200 万元。

在带动贫困户脱贫上，通过技能培训，中味食品优先录用贫困人口到工厂务工，月收入 1500—2500 元。与此同时，仪陇县中味食品有限公司以"公司+基地+农户"的经营模式在具备条件的贫困村重点发展榨菜和辣椒订单生产，免费为贫困户提供种子、肥料，手把手为农户开展技术指导与培训，帮助 3200 余户贫困户发展加工型蔬菜

7500 亩，形成了"产、加、销"一体化生产经营模式，实现亩均增收 900 余元，脱贫增收效果显著。

（三）仪陇县标准化蚕桑产业基地

仪陇县标准化蚕桑产业基地依托香港利达丰环球控股有限公司（布碧丝）、奥特斯、语山农业，在柴井乡狮子头村等 10 多个村庄流转土地，建成有机蚕桑基地 1.2 万亩，其中有机桑园（含转换期）认证面积新增 5520 亩，现代蚕桑基地扩大到 3.1 万亩，培育养蚕大户 32 户。另外，基地还积极创新帮扶农民特别是贫困户增收的利益协调机制，主要包括以下几个方面：

其一是务工收入。在蚕桑产业生产经营过程中，优先安置贫困家庭劳动力常年务工。生产期间，公司管理及用工达 5000 个工日，农户（含建档立卡贫困户）务工每月收入 1800 元以上。其二是"返租倒包"。公司采取"返租倒包"模式将桑园、蚕房建设好后，再倒包给有意愿、有技术、爱农业的农户（贫困户）管桑养蚕，同时公司对贫困户交售蚕茧时给予保护价收购，或者提供更加优惠的支持力度，吸引贫困户参与产业发展，让贫困户变被动输血为主动造血，增强贫困户的内生动力。其三是帮助农民自建桑园。规划村社范围内蚕桑生产基地以外的其他土地，如有业主大户自愿联合发展蚕桑种养基地的，由公司指导建园，适时提供同质同价种苗，免费进行技术指导，并在符合收购标准情况下提供最低保护价或按市场价格收茧。其四是固定分红。针对部分无劳动力的贫困户，公司采取租金收入、土地入股、扶贫基金入股、专项资金配股等方式进行固定分红。其五是发展村集体经济。公司对村集体经济组织按照从基地开始建设的第五年起，国家投入资金的 1% 每年固定分红给所在村的村集体经济组织，增强村集体经济的发展活力和动力。其六是利润分红。从基地开始建设的第三年起，公司将提取收售茧利润的 10% 支持村集体经济组织和贫困户。其中，1% 分红给所在村的村集体经济组织，2% 作为实施地村集体经济组织扶贫基金积累，7%作为固定分红给当地的贫困户。

（四）仪陇温氏畜牧有限公司

2012年7月，温氏集团正式入驻仪陇，成立了仪陇温氏畜牧有限公司。公司依托30万头生猪产业一体化项目，带动地方投资3.1亿元，建设年出栏肉猪千头以上的家庭农场（托养户）300户以上。双胜仔猪繁育场2014年10月竣工投产，年产仔猪13万头；福临仔猪繁育场于2017年6月建成投产，年产仔猪8万头。仪陇温氏畜牧有限公司采取"公司+家庭农场（托养户）"模式，在各乡镇建设年出栏肉猪千头以上的家庭农场（托养户）302户，标准化圈舍33.8万平方米，极大地促进了当地生猪托养事业的发展。2017年上市肉猪30万头，托养户户均获利20.05万元。

仪陇温氏畜牧有限公司创新融合发展利益机制，采取"公司+家庭农场+贫困户"的运行模式，实行"五包一保证"，即包仔猪、饲料、防疫、技术指导、商品猪销售，保证托养生猪平均利润不低于170元/头。企业不仅承担了家庭农场、专业合作社等养殖业主的流动资金投入，而且帮其规避了市场风险和疫病风险，解决了农户缺资金、无技术、卖猪难的问题，实现了企业、新型经营主体和贫困户的"多赢"目标。具体的帮扶举措包括：（1）包提供猪苗。农户按公司指导和要求建好猪场后，每头猪苗交100元押金，与公司签订委托养殖合同和质量安全承诺书，公司将按养户订苗时间的先后投放猪苗。（2）包提供饲料。在饲养过程中，托养农户通过电脑记账不付现金的方式，在公司领取全价配合饲料，等本批猪出栏后再进行统一结算。（3）包提供药品疫苗。公司提供疫苗和药品，托养农户接受公司管理员的技术指导和服务，按公司的有关规定自觉做好卫生防疫、疫苗注射和饲养管理工作。（4）包提供技术指导。公司安排技术人员对托养农户的猪场建设、肉猪饲养管理、疫病防控等方面进行技术指导，确保技术到位、科学饲养，提高养猪效益。（5）包提供肉猪回收。采用全进全出方式，饲养 5 个月后，整批肉猪全部出栏，公司负责上门收购，三天后到公司财务部进行结算。（6）保证合理利润。公司根据托养农户饲养成绩，进行合理结算，并保证全县托养农户平均结算利润不低于 170 元/头。

在对贫困户的具体帮扶机制上，仪陇温氏畜牧有限公司主要做了三方面的工作。一是企业帮扶发展。公司采取"公司+贫困户"模式，聘用贫困家庭人口 67 名，月人均工资 3000 元以上，带动 64 户贫困户脱贫致富。二是业主帮扶发展。按照"公司+家庭农场+贫困户"的模式，有贫困户 280 人进场务工，月人均工资 2000 元以上。有 162 户贫困户用政府贴息贷款和小额信贷进场入股，按 8%—15%分红。三是贫困户自我发展。贫困户利用公司提供圈舍设施设备和政府贴息贷款自建养殖场 43 个，实现贫困户与贫困户、贫困户与非贫困户共同建厂抱团发展，带动 210 户贫困户增收脱贫。

除了上述龙头企业之外，在仪陇县还有诸多带动贫困户脱贫的典型。例如，四川三溪农业发展有限公司就是能人返乡创业，充分发展绿色循环种养模式，带动贫困户脱贫的典型。随着脱贫攻坚的不断深入，仪陇县已成功探索出——"三收三分"（劳务收入、租金收入、经营收入，固定分红、效益分成、保底分成）与"四个加"（"新型经营主体+贫困户""金融扶贫+贫困户""资产量化+贫困户""技能培训+贫困户"）等利益联结机制。总之，稳定的利益联结机制成为带动贫困户脱贫增收的制胜法宝。

二、产业扶贫中的贫困户响应

要使贫困户摆脱"贫困陷阱"，单靠政府引领和企业带动是远远不够的，贫困户首创精神和主体作用的发挥是关键。如何激发贫困户脱贫致富的首创精神和主体作用，锻造自我发展的内生动力是各地脱贫攻坚中普遍面临的棘手问题。在脱贫攻坚过程中，仪陇县注重典型示范和龙头引领，让贫困户看到实实在在的收益，完成从"要我脱贫"到"我要脱贫"的蜕变。

（一）强化主体参与，跳出思维局限

仪陇县强化示范典型引领，组织贫困群众到脱贫奔康产业园、专业合作社等新型经营主体参观考察，学习交流新型农业生产技术和经营模式，通过现场看、大家评、细算账，让贫困群众亲身感受发展产业带来的好处和收益，激发贫困群众主动发展产业脱贫致富的强烈愿望和内生动力。鼓励新型经营主体与贫困户建立长期稳定的带动关系，引导贫困群众以资金、土地、劳动力等要素入股脱贫奔康产业园、专业合作社，让其成为产业的投资者、生产者、管理者和受益者。通过高效、便捷、长期的利益联结机制，打消群众不敢发展、不会发展产业的顾虑，从而提高群众创业致富的积极性和主动性。通过政府引导和各种形式的利益联结机制，仪陇发动有劳动能力的贫困群众 1.7 万余人发展种养业，其中，以劳动力就业 1.48 万余人，以资金、土地入股专业合作社 8000 余人，自主发展产业 2000 余人。

仪陇建设的脱贫奔康连片柑橘产业园包括赛金镇、五福镇、双胜镇、铜鼓乡、复兴镇等五个乡镇 40 个行政村，其中贫困村 12 个，贫困农户 2745 户，贫困人口 8567 人。以日兴镇黎明村为例，该村柑橘产业园采取"业主+农户"模式，规模化、标准化栽植，培育柑橘产业 1000 亩，带动 27 户贫困户通过土地流转、园区务工、入股分红等途径达到户年均收益 1 万元。黎明村食用菌产业园占地 30 亩，其中建有三栋国内最先进的香菇种植智能控温玻璃大棚，建筑面积 6000 平方米，可容纳 45 万个菌袋、年产 75 万斤香菇，年产值 300 余万元。采取"公司+合作社+农户"模式，由业主带领 27 户贫困户组建，每户贫困户通过扶贫小额信贷入股 5 万元，并参与种植获得收益，仅入股的每年保底分红 7000 元，入股并参与种植的农户每年获得收益 3 万—5 万元。黎明村莲藕产业园 300 亩，采取"业主+农户"模式，村民可入股参加农民合作社，年底分红，也可在该产业园务工，以此带动贫困户增收。

（二）强化企业带动，提高自主发展能力

传统农村产业发展慢、效率低、收益小，主要是因为生产技术、经营模式等方面极为落后。仪陇通过深化龙头企业与贫困户产业对接，将农户的土地资源、人力、物力等生产要素融入龙头企业产业链、效益链和就业链，通过龙头企业规模化、集约化和专业化发展方式，建立高标准的蔬菜、水（干）果、粮油等农产品生产基地，直接带动贫困户实现持续稳定增收。截至 2019 年上半年，全县流转土地 35 万亩，建立标准化种养业生产基地 28.5 万亩，带动 6500 余户贫困群众年户均增收近 5000 元。创新企业与贫困户利益联结机制，利用龙头企业成熟的发展经验、先进的生产技术、完善的管理模式，培育扶持一批脱贫奔康产业园、专业合作社、家庭农场等新型经营主体，间接带动贫困户适度规模自主发展产业，实现了经济效益和自主发展能力的"双提升"。产业园建成后，贫困户通过土地流转、园区务工、入股分红和群众发展自建园等方式，实现户均年增收 1 万元以上，实现脱贫出列目标。通过企业带动，全县组建专业合作社 830 个、家庭农场 705 家，培育种养大户 934 户，极大地提高了农户的自主发展能力。

第四节　产业扶贫的绩效与经验

习近平总书记指出："全面建成小康社会，最艰巨最繁重的任务在农村、特别是在贫困地区。没有农村的小康，特别是没有贫困地区

的小康，就没有全面建成小康社会。"① 产业扶贫是扶贫开发的重点，是实现精准扶贫的重要举措。仪陇县充分认识到产业扶贫的重要地位，大力引进龙头企业，为仪陇脱贫攻坚奠定了坚实的基础。

截至 2019 年年初，仪陇按照"一个龙头企业带动一项产业"的发展思路，依托广东温氏集团，采取"公司+家庭农场（托养户）"模式，建成生猪托养场 302 个；依托陕西海升集团，采取"企业建示范园""农户自建园"的方式建立产业联盟，联片发展晚熟柑橘 3 万亩，带动全县发展 20 万亩；依托浙江中味食品公司，通过订单种植发展加工型蔬菜 5 万亩；依托香港利达丰集团，建设蚕桑基地 3 万亩；依托大山米业，建成有机大米基地 2 万亩。除此之外，还在全县建成标准化果园 8.5 万亩，新改建粮油基地 30 余万亩，辐射带动 22000 余名贫困群众年均纯收入 3000 元以上，为打赢脱贫攻坚战奠定了坚实的基础。

另外，产业扶贫也取得了良好且可持续的效果。比如，温氏养殖业带动模式，海升的示范园与自建园结合模式，中味的加工型订单模式，绿科禽业的扶贫模式，马鞍险岩村食用菌股份合作模式，中帅果业的返租倒包模式，新政石板梁等村"68—30—2"（业主、农户、村集体各占股份 68%、30%、2% 的简称）的青花椒种植分配模式，所有产业都推行期货加保险的风险防控措施，产业扶贫带动参与的贫困户和农户，每月每个劳动力的劳务收入最低 1000 元以上，户均年分红收入 1 万元以上。

仪陇县坚持把创新产业扶贫新模式作为产业发展的重点，全力构建更紧密的利益联结机制，实现了"资源变股权、资金变股金、农民变股东"，带动贫困群众实现稳定增收脱贫。仪陇产业扶贫的基本经验可以概括为如下三个方面：

一是以大带小，龙头帮领增动力。贫困户通过土地经营权租赁、

① 《习近平谈治国理政》第一卷，外文出版社 2018 年版，第 189 页。

作价入股、经营权托管、技术承包服务、就地务工等方式搭上龙头企业发展快车，建立利益共同体，实现企业销售规模与群众收入水平同步增长，从而充分调动群众参与土地集中经营的积极性，有效促进企业发展、群众致富。

二是以强扶弱，订单种植添活力。通过先找市场、再抓生产、产销挂钩、以销定产，通过推广"订单农业"，采取"贫困户与农业产业化龙头企业签订农产品购销合同"的方式，协定产品收购数量、质量和最低保护价，再由企业统一销售，有效避免"谷贱伤民""丰产不丰收"，实现了增产增收又增效。依托绿色食品原料标准化生产基地，引进黑龙江北大荒集团、浙江中味食品公司规模发展订单农业，采取"技术无偿提供、产品保底收购、就业优先安排"等方式，发展优质稻、油菜、蔬菜等订单农业30万余亩，带动1.5万名群众户年均增收4000元以上。

三是以少聚多，产业联盟强实力。龙头企业与农户签订产业联盟协议，农户成为企业的产业联盟成员。企业将农户零散土地租赁后，"小块并大块"连片整合，统一规划后把"大块"土地进行连片种植，实施统一种苗供应、技术培训、农资供应、销售管理，农户不仅可以入园务工赚取收益，同时也能利用企业提供的免费技术培训和包销服务，在自留地发展农业产业，一切收入都归农户所有。比如，以雷家坝村为核心，建成辐射周边20余个乡镇的5万亩柑橘产业园，带动周边2万户群众户均年增收1万元以上。

总之，仪陇县成功地探索出了一条政府主导、市场带动和贫困户响应的产业发展之路，使贫困户实现了可持续脱贫。在仪陇县产业发展实践中，通过比较优势选准发展产业，致力于贫困户"自生能力"的培养。与此同时，不是让贫困户以个体方式来发展生产，也不是简单的政府"输血"，而是在"筑巢引凤"，即通过构筑脱贫奔（小）康产业园来引进龙头企业，再以龙头企业为基地，整合贫困户，以组织化的方式来带动贫困户脱贫。这一模式注重龙头企业的规模优势，又在制度上建立了成熟的生产经营机制和利益联结机制（"三收三分""四个加"），从而较为有效地带动了贫困户脱贫。可以说，仪陇县的产业扶贫充分发挥了政府的"有形之手"、市场的"无形的手"和贫困户的"勤劳之手"，形成了独特的市场体制。[①] 在这一市场体制下，政府的引领是中国特色社会主义制度优势的集中体现。在此基础上，充分发挥市场和贫困户的主体性，构筑起产业脱贫共同体。其中，脱贫奔康产业园、利益联结机制等成为仪陇产业扶贫的独特经验。在此过程中，"两德精神"的红色基因贯穿产业扶贫全过程，成为仪陇产业发展的内生动力。

---

① 符平：《市场体制与产业优势——农业产业化地区差异形成的社会学研究》，《社会学研究》2018 年第 1 期。

第五章

从"需求匹配"到"品牌打造"：锚定贫困劳动力市场的就业扶贫

第一节 贫困人口就业的内外困境

仪陇县是四川地区传统的劳务输出大县，每年输出劳动人口约38 万，其中贫困劳动人口约占 5%。由于这批输出的劳动人口转移就业的途径较为单一，多以"亲靠亲、友靠友"的方式外出务工，因而其所从事的行业同质性相对较高，多以建筑、服装鞋帽加工、数控机械、电子产品生产为主。同时，就当地贫困劳动力而言，技术匮乏和劳务信息不对称是大多数贫困户长期无法脱贫的"根子"，数据表明，除因病因残致贫外，缺技术（技能）是阻碍贫困劳动力脱贫的最主要的因素，此类贫困户占全县贫困户总量的 11.03%。[①]

一、技能匮乏阻碍劳务输出

在 2014 年之前，仪陇县内的贫困劳动力大多受制于技术和能力的匮乏，只具备十分有限的自我发展能力。据该县 2014 年贫困人口统计数据显示，该县 10.03 万贫困人口中具备职业技能的劳动力人口仅有 73 人，占比仅为 0.08%。然而，实际上贫困人口中具

[①] 此处劳务输出数据来自地方县志数据统计，贫困户致贫原因及之后所提及的数据均来自全国扶贫开发信息系统业务管理子系统（2019 库）。

备劳动能力的人数多达 4.58 万，占贫困人口的 47.1%。这两项数据表明，2014 年以前仪陇县虽有近一半贫困人口具备劳动能力，但这些劳动力却普遍不具备专业的技术技能。显而易见，在仪陇县的贫困劳动力中普遍存在着技能匮乏的情况，尽管县里的就业训练中心每年能培训近 9000 人，但实际上可能并未有效地涵盖缺乏技能的贫困人口。

在这些缺乏技能的贫困劳动力中，既有在家务农也有外出务工的贫困人员。事实上，不论是务农抑或是务工，职业农民和技术劳工在市场竞争与劳动增收等方面都比不具备技能的普通农民和劳工有更为明显的优势。[1] 不具备技术（技能）的贫困劳动力在"二元分割"的劳动力市场中，大多都只能从事体力劳动型工作。[2] 他们难以在劳动力市场上与有技术技能的贫困劳动力进行竞争，无法获得同样的工作机会和报酬，因而其总体劳动收入水平明显偏低。[3] 此外，当这些缺乏技能的贫困劳动力在同一市场中与非贫困劳动力竞争时，其本身的种种劣势可能会加剧贫困劳动力在劳动力市场中的困境。诸多既有研究表明，中国农村存在促使贫困劳动力向外流动的"推力"，而城市则具备吸引贫困劳动力向其流动的"拉力"[4]，进城务工是贫困人口改善生活质量的有效途径。但是贫困劳动力在技能上的匮乏降低了其在劳动力市场中的竞争力，因而存在即使外出务工却依然无法获得工作从而陷入困境的风险。在这一背景下，对仪陇县而言，技能的缺失不仅是其贫困劳动力竞争力弱的原因，也是阻碍贫困人口通过就业实现脱贫的重要因素。

---

[1] 王春超：《农村土地流转、劳动力资源配置与农民收入增长：基于中国 17 省份农户调查的实证研究》，《农业技术经济》2011 年第 1 期。

[2] 蔡昉、都阳、王美艳：《农村劳动力流动的政治经济学》，上海三联出版社 2003 年版。

[3] 梁海兵：《议价行为与农民工工资增长："技能资本—社会关系"替代视角》，《农业经济问题》2018 年第 12 期。

[4] 盛来运：《中国农村劳动力外出的影响因素分析》，《中国农村观察》2007 年第 3 期。

二、缺乏健全的贫困人口就业平台

尽管仪陇县是劳务输出的大县，但其贫困人口在劳务输出路径上大多习惯依靠外出务工的亲戚和朋友带动。换言之，贫困劳动力是通过以各种社会关系为基础建立起来的既有路径实现转移就业的，即沿着涵盖血缘、地缘和业缘的人际关系网络向外流动。[1] 这种路径依赖式劳动力输出造成的后果之一是：当地劳动力在所从事的行业、就业信息获取等方面具有较高的同质性。短期来看，依靠人际关系网络找工作的模式可以解决贫困劳动力转移就业的问题，并有利于其劳动增收。但从长远来看，这种模式也有其局限性，主要体现在，一方面是其带来的职业的同质化本身意味着劳动力市场将面临更加激烈的竞争，一旦该行业市场的劳动力需求出现饱和，许多人便会面临失业的风险；另一方面是缺乏技术技能的贫困劳动力难以借助这种方式实现人力资本的提升，相反还会因同质化而将自己局限于低收入、高强度的劳动力市场中，从而不利于自身的发展。那么，仪陇县的劳务输出为何会依赖于人际关系网络的模式而不是通过现有的就业平台实现转移就业呢？

事实上，仪陇县这种劳务输出模式的形成在某种程度上要归因于地方就业平台的不够完善，而该平台之所以未能有效发挥促进贫困劳动力就业的作用，其中一个重要原因便是缺乏精准识别贫困劳动力的技术工具。前文提到，技能的匮乏会限制贫困劳动力的劳务输出，而导致其技能匮乏的一个重要原因便是技能培训的缺位，或者更准确地讲是政府未能精准识别出贫困劳动力的致贫原因以及对于技能的具体需求。其次，在对口帮扶、结对支援的扶贫战略实施前，仪陇县的贫困劳动力市场中一直缺乏能进行长期劳务协作的合作对象，但结对支

---

① 张永丽、黄祖辉：《中国农村劳动力流动研究述评》，《中国农村观察》2008 年第 1 期。

援战略实施后，尤其是2018年与浙江省磐安县在多个方面达成合作共识，并签订了相关的劳务协作协议后，仪陇县不仅实现了县内部分剩余贫困劳动力的转移就业，而且劳动增收效果明显。对于贫困劳动力而言，如果借助政府组织的专场招聘、就业推荐等方式能连接到大企业和优质的就业平台，从而获得较好的就业机会，那么他们在择业时就不会只选择依靠既有人际关系，而更可能是采取混合的方式来寻找工作。因此，是否拥有良好的合作对象对于就业平台的运行而言十分重要。

另外，仪陇县前期对于贫困劳动力的奖补力度不够，除常规的就业培训补贴外，少有鼓励贫困劳动力就业创业的补贴。在脱贫攻坚战开始之后，这类奖补政策便多了起来。以转移就业的交通补贴为例。为推动仪陇县贫困劳动力有效转移，促进在浙江省务工贫困劳动力稳岗就业，仪陇县规定，凡该县户籍16—60周岁在浙江省务工的贫困劳动力，由政府一次性给予单程铁路、公路或水运（路）交通补贴，凭票实名打卡到个人。以上所阐释的三个原因以及前后现状的对比表明，仪陇县在精准扶贫工作开展之前就业平台运行并不完善，导致县内大多数贫困劳动力需借助人际关系来找工作。

总体而言，贫困劳动力在实现就业方面面临着两大困境：缺技术技能和缺平台资源。更准确地讲，一个是自身资源匮乏影响个人就业，另一个是社会资源短缺致使个人无法获得职位。因此，一方面，仪陇县绝大多数贫困劳动力面临着技术技能缺失的问题，如能解决这一部分人技术技能缺失的问题，近一半的贫困人口便可提升人力资本，进而提升其在劳动力市场上的竞争力并增加获得优质工作的机会。另一方面，完善就业服务平台对于实现贫困劳动力转移就业也十分必要。就业平台的完善不仅能让贫困劳动力获取更加全面、及时的就业信息，还能直接连接到企业，给贫困劳动力提供就业的机会。换言之，技能培训与就业服务平台的完善是帮助贫困劳动力实现稳定就业进而脱贫所必须完成的工作。但事实上，贫困劳动力所在的劳动力市场，无法自发地帮助贫困劳动力提升人力资本，也无法自发地实现劳动力这一资源要素的最优配置，解决这一问题需要当地政府的适时介入。

第二节　政府的"扶持之手"与贫困人口就业困境的解决

一、政府的"扶持之手"：角色与效应

在贫困地区，"领导者的责任，主要是解决桥和路的问题。'桥'，即搭桥，为群众发展商品生产疏通渠道，架设桥梁。比如，对全区经济合理布局，正确指导，提供有效服务……至于'路'，就是确定本地经济发展的路子，要从中央和省里的总体部署，从全局工作的大背景、大前提和本地区的实际情况来考虑。"[①] 这就要求贫困地区的地方政府落实好架"桥"造"路"的工作，充分发挥实现资源互通的桥梁作用和引导地方经济发展的作用。对仪陇本地而言，大量劳务输出表明其拥有充足的剩余贫困劳动力，因而帮助剩余贫困劳动力实现高质量的转移就业便成为促进地方经济发展的重要举措，这就要求县主要领导确定经济发展路子时将贫困劳动力这一要素考虑在内。帮助贫困劳动力实现就业，架设劳动力供给与市场需求的一个桥梁，县主要领导者的责任便是修建这一桥梁，充当"扶持之手"的角色，从而确保当地的贫困劳动力顺利实现转移就业。

---

① 习近平：《摆脱贫困》，福建人民出版社 2014 年版，第 58 页。

从实际情况来看，在仪陇县人力资源和社会保障局（以下简称"人社局"）与下属二级单位就业服务管理局（以下简称"就业局"）的努力下，仪陇县开展的就业扶贫工作取得了良好的成效。具体而言，从2016年到2019年，仪陇县每年转移贫困劳动力就业约2.1万人，四年总计转移6.4万人次贫困劳动力（具体数据见图5-1）。以2018年为例，仪陇县充分发挥农民夜校、职业教育等的载体作用，共组织技能培训894人，转移贫困劳动力就业2.2万人，公益性岗位安置贫困劳动力就业879人。由此来看，仪陇县人社局和就业局在架"桥"造"路"工作上落实到位，帮助当地的贫困劳动力实现了就业和劳动增收，进而助其实现了脱贫。

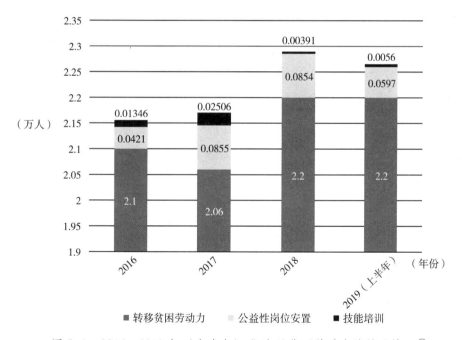

图5-1 2016—2019年（上半年）仪陇县贫困劳动力的就业情况①

具体而言，针对县内贫困劳动力在就业上所面临的两大困境，人社局和就业局积极采取针对性举措，以期充分发挥其架"桥"造

---

① 数据来自仪陇县人社局2016年至2019年（上半年）的就业扶贫工作总结。

"路"的作用。一是完善已有就业平台以满足仪陇县的贫困劳动力就业的实际需求。这一常规做法主要基于就业局在就业咨询、培训方面的基础服务，从而在落实就业扶贫的相关政策过程中起到了"中介"和桥梁的作用。二是整合各类资源帮助贫困劳动力实现就业。这其中最重要的举措便是借助东西部扶贫协作和对口支援的战略部署，最大限度地整合两地就业扶贫的资源，并借此打造具有地方特色的劳动品牌，进而帮助县内贫困劳动力实现高质量就业。为了更好地发挥这两项举措的实际作用，人社局还配套了两项保障机制：一是就业扶贫中专项资金的拨付为各类就业扶贫政策的落实提供了经费保障。比如每年的专项资金约六成用于公益性安置岗位补贴，其余用于就业培训和各类政策奖补（具体数据见图 5-2、图 5-3）。奖补资金的发放依据出台的就业创业方面的奖补激励政策执行，如对吸纳贫困劳动力的企业按照 1000 元/人的标准进行奖补；对在县内创办或领办创业实体的贫困劳动力给予一次性 1 万元创业奖励；公益性安置岗位资金拨付标准为每人 500 元/月；等等。二是仪陇县人社局等部门联合建立了贫困劳动力数据库，用以精准识别贫困人口。精准的信息为就业扶贫政策的落实提供了数据保障，从而能更加有效地帮助贫困人口实现脱贫。

此外，好的政策要发挥出其应有的政策效应，就必须落到实处，要有扎实的政策执行。仪陇县人社局始终坚持以"两德精神"为价值引领，不论是制定政策还是落实政策，都坚持做到"全心全意为人民服务"。在就业培训这一环节，县人社局等部门本着"缺什么补什么，愿意学什么就培训什么"的原则，有针对性地强化对贫困劳动力的技术技能培训，在培训中心开设课程、设立扶贫专班，组织有技能培训需求的贫困劳动力参加培训，并给予交通、餐费等补贴。同时，人社局还组织送"流动课堂"下乡进村，让贫困劳动力能就近进行技能培训。这种一心一意服务群众、始终站在贫困人群角度思考问题的做法，充分体现了"两德精神"在人社局开展就业扶贫工作中的价值引领作用。

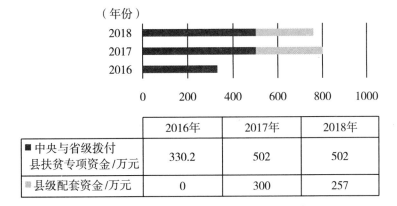

	2016年	2017年	2018年
■中央与省级拨付县扶贫专项资金/万元	330.2	502	502
■县级配套资金/万元	0	300	257

■中央与省级拨付县扶贫专项资金（万元） ■县级配套资金（万元）

图 5-2 2016—2018 年仪陇县就业扶贫专项资金配置情况①

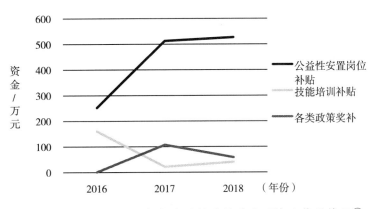

图 5-3 2016—2018 年仪陇县就业扶贫专项资金使用情况②

　　此外，在政策实施环节，县人社局基于县内贫困人口的实际情况，往往能够采取灵活的策略来执行政策。这样既能有效保证上级政策的落实，也能顾及贫困人口的实际需要，确保政策实施真的服务于贫困人口。正是坚持"两德精神"的价值引领和严格的政策执行，仪陇县人社局一步步努力实现了"培训一人、就业一人、脱贫一户、带动一片"的就业扶贫目标。

---

① 数据来自仪陇县人社局 2016 年至 2019 年（上半年）的就业扶贫工作总结。
② 数据来自仪陇县人社局 2016 年至 2019 年（上半年）的就业扶贫工作总结。

二、完善就业平台：精准把握企业需求与劳动力需求

尽管"商品观念、市场观念、竞争观念等对贫困地区来说都是崭新观念"，但贫困地区也要具备这些观念。① 政府"扶持之手"的有效发挥也要求将市场的事交给市场，政府只需负责提供一个良好的营商环境和市场发展平台。考虑到县内就业平台尚不完善的情况，仪陇县人社局首先从完善贫困劳动力就业平台入手，积极做好沟通企业和贫困劳动力的工作，并引入劳动力市场和劳动力竞争等市场要素。一般而言，劳动力市场包括三个行为主体，即企业、政府与劳动力。企业有自己特殊的用工需求，劳动力也有自身的特点，企业要生存就必须保持自己的竞争力，劳动力要获得工作也必须要有足以胜任的能力，政府则在其中扮演牵线搭桥的连接作用。事实上，仪陇县就业扶贫工作之所以能取得显著的成效，一个很大的原因便是县人社局充分协调了企业与劳动力双方的供求关系，并在与企业和贫困劳动力互动的过程当中精准把握了双方各自的多样化需求，从而有效提供了各种实实在在的激励与帮扶措施。

（一）"贫困户—政府"互动：人力资本的提升

县人社局在解决贫困劳动力就业技能匮乏的问题时，主要采取技能培训和就业推荐两种方式。就业技能的培训本质上是对人力资本的提升，正如人力资本理论所强调的，人能够对自身进行投资并产生经济回报。研究表明，人力资本中的教育年限、培训等变量对农民工的工资有显著的正向影响。② 也就是说，对于外出务工的农村劳动力而言，掌握技能比无技能的纯体力劳动获取的工作报酬更高。既然提升

---

① 习近平：《摆脱贫困》，福建人民出版社 2014 年版，第 2 页。
② 刘林平、张春泥：《农民工工资：人力资本、社会资本、企业制度还是社会环境？——珠江三角洲农民工工资的决定模型》，《社会学研究》2007 年第 6 期。

人力资本有利于提高劳动力的劳动报酬，那在帮助贫困劳动力解决就业问题时理应将"如何提升劳动力的人力资本"问题作为重点来解决。正是基于这一考虑，县人社局采取了三种灵活培训的方式，即分别将扶贫专班、定点学校、技能培训送进各村，从而满足贫困人口多元的培训需求，同时将培训的内容由技术（技能）培训拓展至技术、政策培训并直接将岗位匹配到个人。通过上述举措，人社局得以确保每一个贫困家庭劳动者至少掌握一门致富技术（技能），不仅实现了以技能促就业、就业助脱贫的目标，还帮助贫困劳动力提升了人力资本，从而使他们具备更强的市场竞争力。

在与贫困劳动力互动的过程中，县人社局主要采取两种方式来促进贫困劳动力就业，一是就近就业，二是转移就业。但不论是就近就业还是转移就业，县人社局都会帮助贫困劳动力提升人力资本而开展技能培训，并且始终秉承"缺什么补什么，愿意学什么就培训什么"的原则。通过实施"观摩式技术培训"来引导贫困劳动力的技能学习，即努力做到让贫困劳动力亲临现场，通过技术人员的示范开拓贫困劳动力的眼界。单就 2018 年一年，县人社局先后在全县范围内开展扶贫培训 48 期，累计培训人次 4243 人，有效地帮助了贫困劳动力掌握就业技能，受到群众普遍欢迎。①

具体而言，在帮助实现就近就业时，县人社局主要将贫困劳动力分为农业劳动力与非农业劳动力，并按照各自所需技能的不同而提供差异化的培训。对于务农的贫困劳动力而言，职业农民是其发展的方向。为了实现其技能培训，县人社局主要依托各镇政府开设的农民夜校，以此作为培训专业化农民的培训场所。据其中一个镇的农民夜校中心校长讲，农民夜校首先会"对各分校的校长及师资力量进行专题培训，各分校再建立'课程菜单'，内容涵盖种养技术、教育医疗、感恩教育等内容，根据村民'点菜'授课"。主要遵循"农户需

---

① 该数据根据仪陇县人社局提供的统计数据（2014—2018）汇总而来。

要什么学什么，缺什么补什么"原则，只有符合农户的培训预期，课程讲授的内容才有吸引力，才能引导农户真正做到学以致用。①

对于有务工需要的贫困劳动力，县人社局通过上述三种灵活培训的方式，将培训送至各村，确保贫困劳动力就近学习。培训之后，县人社局推荐有能力外出且有外出意愿的贫困劳动力到合作单位就业，同时推荐剩余的贫困劳动力到县内、镇上或村里的产业园、扶贫车间上班。以 2018 年为例，全年通过劳务协作共转移就业 433 人，其中贫困人口 375 人，转移到对口帮扶省份 70 人，本省浙企吸纳就业 80 人。全年共开展技能培训 275 人。② 总之，县人社局根据贫困户的需求提供差异化的培训计划，并组织其实现最为合理的就业。

（二）"政府—企业"互动：用政策扶持企业发展

县人社局在帮助贫困劳动力实现就业时，必然需要动员企业参与其中。为此，县人社局主要是以奖补政策来激发企业和贫困户的就业创业的内生动力，包括对企业吸纳贫困劳动力就业的资金补贴、贫困户创业的奖补等。其中，《四川省财政厅人力资源和社会保障厅关于印发〈就业创业补助资金管理使用办法〉》中规定财政补助资金包括对个人、单位和大学生职业培训和创业等方面，如"中央财政补助资金用于对个人和单位的补贴（包括职业培训补贴、职业技能鉴定补贴、社会保险补贴、公益性岗位补贴、就业见习补贴和求职创业补贴等支出）……还可用于非毕业年度在校大学生职业培训补贴、农民工劳务品牌培训补贴、返乡农民工创业培训补贴、大学生创业补贴"。《四川省人力资源和社会保障厅关于印发就业扶贫"五个办法"的通知》对于专场招聘中吸纳贫困劳动力的企业有着更加具体的奖补措施，如对于吸纳贫困家庭劳动力就业的企业，如果签订了 1 年以

① 访谈内容根据 2019 年 8 月本书编写人员与仪陇县各镇的党委书记座谈记录整理而来。
② 该数据根据仪陇县人社局提供的统计数据（2014—2018）汇总而来。

上劳动合同并参加社会保险的，给予企业 1000 元/人的奖补；对于新吸纳 10 个以上贫困家庭劳动力的可评为扶贫基地，并获得不低于 5 万元的奖励；等等。

具体落实中，县人社局着力落实"四种类型"（即农民合作社、种养大户、家庭农场、农村电商）大户的认定和吸纳贫困劳动力的就业奖补，以及贫困劳动力和贫困大学生创业的认定奖励。以 2018 年为例，县人社局先后奖补生产经营实体及种养吸纳大户 117 户，兑付资金 77.2 万元；兑现贫困家庭大学生创业奖励 4 万元，奖补就业扶贫基地 5 万元，扶贫车间 2 万元。[①] 从奖补政策落实情况看，县人社局在动员企业吸纳贫困劳动力和鼓励贫困劳动力创业方面效果较为显著。除了奖补政策外，县人社局同时在全县开展"示范建设"，期望树立典型企业、创业园区来带动更多的企业和园区的建设，并充分调动它们在吸纳贫困劳动力方面的积极性。

总之，县人社局主要以奖补政策鼓励县内的龙头企业、产业园区、种养大户、农民合作社积极吸纳贫困劳动力，一来能解决贫困劳动力的就业问题，二来能满足企业的用工需求。

（三）"贫困户—政府—企业"互动：解决贫困人口就业问题

县人社局在与贫困户、企业互动过程中主要扮演着"桥梁"的角色，一方面将县内贫困劳动力就业与企业用工的需求串联起来，另一方面还为贫困劳动力市场提供制度支持，如上述奖补政策。换言之，企业用工需求和贫困劳动力就业之间的信息匹配是借助县人社局完成的。那么，如何实现二者之间信息匹配？

首先，建立和完善"农村贫困劳动力实名制登记数据库"，并做好贫困劳动力数据的更新工作。县人社局着力摸清全县贫困劳动力基

---

① 该数据根据仪陇县人社局提供的统计数据（2014—2018）汇总而来。

本信息，并通过层层上报的情况收集和比对扶贫移民局数据库里的贫困劳动力信息，进而建立"农村贫困劳动力实名制登记数据库"和"贫困家庭劳动者信息名单、就业培训名单、创业名单、转移就业名单、公益性岗位安置名单"。建立了数据库之后，人社局还会定时更新贫困劳动力的就业情况，确保数据精准、真实。截至 2018 年 5 月，全县共实名制登记贫困劳动力数据 62669 条，坚持了基本信息每季度更新，更新率居全市前列。[①] 基于这一数据库，县人社局得以精准识别县内贫困劳动力及其在就业方面的需求，为提供针对性的技能培训和就业推荐提供了数据支撑。

其次，为贫困劳动力也提供了一套奖励和兜底政策。就奖补政策而言，对贫困户通过务工、就业创业实现增收，家庭年人均纯收入达到 2000 元以上的按户给予 600 元到 1000 元的奖励（其中，家庭年人均纯收入 2000 元到 3000 元的，奖 600 元；家庭年人均纯收入 3000 元到 4000 元的，奖 800 元；人均纯收入 4000 元以上的，奖 1000 元）。通过这一奖补政策，县人社局有效激发了贫困劳动力的内生动力。此外，县人社局通过开发公益性岗位的方式，对贫困劳动力实施兜底援助。根据《南充市人力资源和社会保障局关于进一步做好贫困村公益性岗位援助就业有关问题的通知》的文件精神，公益性安置岗位主要针对贫困户中 16—60 岁的具备劳动能力和有劳动意愿的家庭成员，并按照"总量控制，严格程序，规范管理"要求，对当年出列贫困村按每村 5 个、其余贫困村每村 2 个，每月待遇 500 元的标准开发了产业管护、社会治安协管、乡村道路保洁等工作内容的公益性岗位。严格资金拨付，采取按季度预拨乡镇，乡镇村考核后打卡直发个人方式发放到位。总的来看，县人社局通过实施公益性岗位安置在政策上实现了对贫困劳动力兜底，再辅之以奖补政策，有效激发了贫困劳动力的内生动力。

---

① 该数据根据仪陇县人社局提供的统计数据（2014—2018）汇总而来。

最后，建立和完善就业平台。原来，地方招商引资十分困难，对贫困劳动力的识别也不够精准，导致就业服务管理局这一就业平台未能有效地利用。后来，县人社局在精准识别贫困劳动力前提下，充分利用就业服务管理局这一就业平台。具体而言，一是组织就业扶贫专场招聘，促进农村剩余贫困劳动力转移就业。在专场招聘会中，县人社局和就业服务管理局将企业和贫困劳动力置于同一平台，双方得以充分沟通，从而达成双向选择。二是深化与发达地区劳务协作，有序组织劳务输出就业。县人社局通过与发达地区签订劳务协议，既能保证贫困劳动力实现就业，也能最大限度保障其合法权益，如避免拖欠工资等。三是给予外出务工的贫困劳动力交通补贴，对贫困劳动力参加有组织跨省劳务输出的，一次性给予单程铁路、公路或水运（路）交通补贴，促进转移就业。

总之，县人社局借助就业平台充分发挥起"桥梁"的作用，实现了企业用工需求和贫困劳动力就业之间的信息匹配，帮助贫困劳动力实现了就业。

三、打造劳动品牌：剩余贫困劳动力资源的开发

除了架"桥"，贫困地区的地方政府还需要根据地方特色和中央及省级的工作部署为当地造一条适合自身发展的"路"。由于仅仅依靠市场难以形成本土的劳动品牌，因而县人社局在通过职业技能培训以提升贫困劳动力的人力资本的同时，也试图打造具有本土特色的劳动品牌，以期通过品牌效应帮助转移就业的贫困劳动力获得更多的劳动溢价，从而帮助贫困劳动力实现高质量的就业。依此目标，仪陇县人社局借助东西部协作和结对支援战略部署的东风，努力打造具有仪陇特色的劳动力输出品牌，从而进一步巩固提升脱贫成效。

（一）借政策东风：结对支援与就业扶贫

习近平总书记在东西部扶贫协作座谈会上曾指出，东西部扶贫协作和对口支援的战略规划旨在促进区域协同发展、共同发展。同时，习总书记对于如何进一步做好东西部协作和对口支援工作时提出了几点要求，其中包括完善结对、深化帮扶和精准聚焦。具体而言，完善结对要求工作开展过程中要完善省际结对关系，并在此基础上着力推动县域间的精准对接；精准聚焦主要是着眼于增加就业，建立和完善劳务输出对接机制，提高劳务输出脱贫的组织化程度。[1] 在此战略规划背景下，作为县域间东西部协作和结对支援的结对关系，浙江省磐安县和四川省仪陇县双方按照"资源共享、优势互补、友好协商、协作共赢"的原则，全领域、全时段、全方位、全覆盖交流合作，找准合作共赢切入点，强化人才引领，走出了一条符合仪陇磐安两地地方特色的东西部扶贫协作之路。[2]

地方经济的协同发展得益于双方优势资源的互补，因而如何让两地的优势资源实现互通、互补便是两地合作首先需要解决的问题。为此，协作双方需要组织好精准对接，通过充分沟通，在把东部发达地区的优势资源利用好的同时，也要把西部贫困地区的优势资源开发好。2018年，仪陇、磐安两县确定了结对关系，双方均成立了以县委、县政府主要负责同志任"双组长"的东西部扶贫协作工作领导小组，并先后多次派出党政代表团进行互访。在互访过程中，双方逐步明确了各自发展优势，并在产业发展和就业帮扶带动脱贫等方面达成了战略合作意愿。仪陇县县域内可资利用的非耕地资源广阔，且气候、土壤都较为适合中药材的种植，而磐安县内的

---

[1] 《习近平在东西部扶贫协作座谈会上强调　认清形势聚焦精准深化帮扶确保实效　切实做好新形势下东西部扶贫协作工作》，《人民日报》2016年7月22日。

[2] 南充人民政府：《东西部协作：磐安仪陇携手念好"人才经"》，"四川在线"2018年12月13日。

传统优势产业正是中药材产业，得天独厚的自然条件使其成为"天然的中药材资源宝库"，并被国务院发展研究中心等单位命名为"中国药材之乡"。种植中药材可实现结对支援的两县资源优势的互补。换言之，在陇县发展道地药材的种植产业以及衍生产业的潜力巨大。

基于上述资源的互补，结对支援的两县在整合各自资源的过程中逐步明确了"点药成金"的扶贫思路，即发展中药材产业及其衍生的产业助力仪陇县的贫困人口实现脱贫。仪陇县人社局依循"点药成金"的扶贫思路，从"药"出发帮助贫困劳动力实现就业，进而实现脱贫。就中药材种植产业而言，有着专业种植技术的职业农民必不可少，因而需要对务农的贫困劳动力进行技能培训。在接受中药材种植技术培训后，这批职业农民便可开展中药材的种植工作，从而自然实现了就近就业，并由此获得劳动增收。这一批从事药材种植技术培训的人才队伍主要由磐安县人社局等部门牵头负责组织，而贫困人口的信息收集和培训组织工作则由更为熟悉贫困户情况的仪陇县人社局负责。除却从土地中直接获得收益，两县也积极探索如何发展与中药材相关的服务产业，以此带动更多的贫困劳动力就业，这其中最具品牌特色的项目便是由双方人社局牵头组织的"药乡月嫂"培训计划。简要而言，该培训计划是培训同时具备中药材知识和家政服务的新型月嫂，一个是为了实现县内闲置劳动力的充分就业，另一个则能够提高劳动力在同类市场中的竞争力。正是在"点药成金"的结对支援思路指导下，仪陇县人社局与磐安县人社局等部门针对当地从事农业和服务业的贫困劳动力的实际需要，主动提供与中药材相关的技能培训，帮助其实现就业。

总之，仪陇县借助与磐安县结对支援的契机，共同协作探索出了"点药扶贫"的扶贫思路，并在这一思路的指导下开展了中药材种植及衍生服务的技能培训工作。这批接受技能培训的贫困劳动力基本都实现了就业，劳动增收效果明显，最终都达到了脱贫的标准。

（二）挖掘本土劳动力优势："药乡月嫂"的品牌打造

2018 年，仪陇县与磐安县成为东西部扶贫协作结对县，仪陇县人社局在综合考虑本县贫困人口的结构性特征和结对县发展优势的情况下，与磐安县人社局合作打造了"药乡月嫂"培训就业扶贫品牌。该培训主要锚定县内贫困人口中的剩余劳动力，并选择将其转移至家政服务行业以实现就业。具体做法是先组织技能培训以提升贫困劳动力的人力资本，并在劳务输出过程中打造职业能人的正向品牌形象，从而带动县内剩余劳动力的就业。

仪陇县之所以选择与磐安县在家政服务行业进行合作，其中一个原因是考虑到县内剩余劳动力的结构性特征，这一特征既包括贫困人口也有非贫困人口。现实中，随着农村青壮年大量涌入城市，中国农村普遍存在着人力资源空心化的现象，许多农村已然成为一个个"空心村"。在外出人口中，多以 18—60 周岁人员为主，有些村的外出人口甚至全部是青壮年。正是由于农村青壮年劳动力的流出，农村留守的多是无法外出的老弱妇幼。[①] 同时，从农村人口的结构性特征来看，在占中国人口总数三分之二以上的农业人口中，妇女本就占了"半边天"。因而从农业劳动力来说，伴随越来越多男性就地或异地非农转移，农业主劳力的女性化从来没有像今天这么凸显。[②] 当然，仪陇县也存在人力资源空心化的问题，且贫困人口中的情况也是如此。据当地人社局的相关部门负责人介绍，仪陇县内剩余的贫困劳动力基本都是妇女和老人。[③] 换言之，仪陇县内剩余的贫困劳动力以女

---

① 胡玉坤：《转型期中国的"三农"危机与社会性别问题——基于全球化视角的探究》，《清华大学学报》（哲学社会科学版）2009 年第 6 期。

② 边燕杰、张文宏：《经济体制、社会网络与职业流动》，《中国社会科学》2001 年第 2 期。

③ 在对仪陇县相关部门负责人访谈中了解到，该地贫困劳动力中 40—60 周岁的妇女因为专业技能匮乏而无法外出就业的情况十分普遍，也正是考虑到这一现实，仪陇县人社局在与磐安县寻求劳务协作时更加偏向于留守的女性贫困劳动力。

性劳动力为主。贫困劳动力以妇女和老人为主的结构性特征既是其基本县情，也可视作其发展的特色资源，依此培育本土特色的劳动人才，进而打造本土劳动品牌。按照这一路径，如能解决县内剩余贫困劳动力的就业问题，不仅能帮助留守县内的贫困劳动力实现劳动增收，也为其他地区提供了可供借鉴的经验和做法。

针对县内剩余贫困劳动力以妇女和老人为主这一事实，仪陇县人社局"以就业带脱贫"的工作目标有一部分便具体化为"如何精准帮扶农村贫困人口中的弱势群体实现就业"。需要指出的是，由于对县内无劳动力或弱劳动力的贫困人口的帮扶主要是通过补贴、补助等方式实现政策兜底，因而这里要解决的弱势群体的就业问题实际上是指贫困人口中具备劳动能力的妇女和老人的就业问题。当然，这一问题的解决其实也是打赢脱贫攻坚战的必要之举。

《中共中央 国务院关于打赢脱贫攻坚战的决定》（中发〔2015〕34 号）中指出，需要健全留守儿童、留守妇女、留守老人和残疾人关爱服务体系。对农村"三留守"人员和残疾人进行全面摸底排查，建立翔实完备、动态更新的信息管理系统……对低保家庭中的老年人、未成年人、重度残疾人等重点救助对象，提高救助水平，确保基本生活。这里的信息管理系统的建立旨在强调精准识别的重要性，希望地方政府能够精准识别这部分劳动力的致贫原因，从而针对留守群体内部的差异化需求采取更加契合的扶贫举措。综合考虑下，为帮助这部分剩余贫困劳动力实现就业，仪陇县分别采取了不同的帮扶措施。其中，在帮扶贫困人口中有劳动能力的妇女群体时，人社局主要通过技能培训和推荐就业的方式帮助其更好地就业，而对于贫困人口中的老人群体，人社局主要通过公益性岗位安置的方式帮助其就业。

在解决妇女贫困劳动力的转移就业问题上，仪陇县与磐安县共同打造的"药乡月嫂"培训计划取得了不错的效果。在 2018 年 10 月下旬，仪陇县和磐安县借着东西部扶贫协作、结对支援的战略合作机会，在仪陇开展了首期"药乡月嫂"定向培训活动。首期活动中一共有 42 名本地留守妇女参加免费培训，其中，33 名月嫂获得母婴护理（初级）证书，并成功在合作的浙江二级甲等以上医院上岗；另有 8 名优秀学员被送到浙江省东阳市的妇幼保健院进行实操培训，培训后有 6 人通过考核并顺利与当地的月嫂公司签订劳动合同，平均月工资达到 6000 元。最重要的是，首期培训的妇女中还有一名建档立卡贫困户，其在浙江执证上岗一年后便跻身当地的"十佳月嫂"，月薪最高时达到 12000 元。该贫困户的成功事例表明，通过技能培训实现贫困劳动力的就业进而实现脱贫的扶贫举措是可行的、有效的。从培训的结果来看，"药乡月嫂"培训计划对于实现剩余劳动力的转移就业是十分有帮助的。尽管县内剩余贫困劳动力在首期活动中参与人数少，但是其成效十分显著，不仅帮助贫困户实现脱贫，也为其他贫困劳动力提供了脱贫的鲜活榜样，正如仪陇县就业局的一位负责人所谈及的，"通过第一批月嫂培训后就业的示范效果，尤其是建档立卡贫困户借此成功脱贫的案例，越来越多的仪陇妇女（贫困）劳动力想参加这一培训"。

　　首期"药乡月嫂"培训的成功开展得益于仪陇县与磐安县两地在市场供需关系上的高度契合。一方面，仪陇县县内剩余的贫困劳动力以女性为主，而磐安县已先行探索一条能够结合中药材和月嫂培训的人才培育之路，即培育一批以"中医药保健+母婴护理"为特色的月嫂。换言之，仪陇有较为充足的劳动力，而磐安正好需要一批劳动力来完成培训计划，因而两地在人才培育方面恰能实现互补。另一方面，月嫂作为家政服务的重要组成部分，在当下有着庞大的市场需求，月嫂越来越成为紧缺型人才。有数据显示，在南京、无锡、广州、佛山四地的家政服务行业中，月嫂收入是最高的，月工资平均达到 10311 元。但与此同时，在职业技能培训方面，月嫂或育儿嫂接受过母婴护理、育婴师等照料培训的比例仅约五成。[1] 在此市场需求

---

[1] 数据来自南京大学社会学院"互联网时代家政工人雇佣关系研究"课题组撰写的《2019 南京、无锡、广州、佛山家政工人问卷调查报告》。

下，"药乡月嫂"培训不仅培训月嫂的基本技能，还能将其培育成具备药膳知识的专业型人才，提升了其在月嫂市场的竞争力，因而该培训所供给的技能恰好满足月嫂市场的需求。

此外，两地在劳务协作上有着明确的分工，而这一分工能够确保"药乡月嫂"培训长期有效地开展。根据劳务协作规定，仪陇县人社局主要负责就业扶贫政策的落实工作，具体做好与贫困劳动者就业企业沟通衔接，共同维护贫困劳动者合法权益。磐安县人社局主要负责和仪陇县合作培养"药乡月嫂"，并推介培训学员来磐安及浙江其他地方就业，且确保月工资不低于4000元。正是由于结对支援的双方在资源上的互补，且培训的人才契合市场需求，"药乡月嫂"培训才得以顺利开展，并逐步成为具有当地特色的服务人才培训品牌。经此培训的贫困劳动力的增收效果明显，实现了高收入、有保障的就业。

概言之，仪陇县人社局通过技能培训、政策奖补和推荐就业的举措帮助绝大多数贫困劳动力实现了转移就业，又通过"药乡月嫂"的技能培训帮助剩余的贫困劳动力实现就业。在这一过程中，仪陇县人社局充分发挥了"桥梁"的作用，利用就业平台帮助有用工需求的企业和贫困劳动力实现了合理匹配。此外，通过结合本地贫困劳动力结构性特征和劳动力市场的实际需要，仪陇县人社局打造出以"药乡月嫂"项目为代表的劳动力品牌。这一品牌不仅在本地对于还未实现就业的贫困劳动力起到了示范带动作用，也为后续的贫困劳动力输出提供了良好的就业平台。从这个意义上来说，仪陇县人社局与就业服务管理局起到了架"桥"造"路"的作用，借此帮助贫困劳动力特别是女性贫困劳动力实现了就业。

第三节 就业扶贫下贫困劳动力市场的
培育与完善

一、地方政府角色与劳动力市场完善

扶贫攻坚工作中，"贫困地区完全可能利用自身的努力、政策、长处、优势在特定领域'先飞'，以弥补贫困带来的劣势"①。由于仪陇县内的贫困人口普遍面临着技术（技能）匮乏和就业平台不完善的困境，加之县内并未形成能够有效实现资源配置的贫困劳动力市场，因而闲置了许多贫困劳动力，而这些劳动力所具有的发展潜力如能充分发挥，对于实现脱贫具有重要作用。因此，仪陇县人社局面临的首要任务便是实现剩余贫困劳动力的充分就业，进而帮助贫困人口实现脱贫。

正如前文提及，仪陇县作为一个劳务输出大县，劳务输出的主要途径是依靠个人的社会关系网络，即"亲靠亲、友靠友"。事实上，改革开放之后，中国农村社会普遍存在着农民利用个人的社会关系网络实现转移就业的情况。具体而言，在农村劳动力流动的过程中，农村劳动力主要是依靠其亲属或社会关系寻找外出务工的机会，很少会借助地方政府提供的就业平台进行劳务输出。

就社会关系网络而言，目前学界对于社会关系网络之于劳动力市场的作用有着较为一致的意见，即都认为社会网络会影响个体求职的结果及其他的经济回报，但在认识社会网络中关系强弱的实际作用方面仍存在分歧。这种分歧大致可分为两类：一类强调社会关系网络中

---

① 习近平：《摆脱贫困》，福建人民出版社 2014 年版，第 2 页。

的"弱关系优势"。持此观点的学者认为社会关系网络是信息传递的桥梁，而在市场中存在信息不对称的情况下，社会网络作为一种群体间的联系纽带，传递着异质性的职位信息，因而增加了劳动者找到工作的概率①。在此基础上，格兰诺维特（Mark Granovetter）提出了"弱关系假设"，认为具备"认识时间短、互动频率低、亲密性弱和互惠性内容少"等特征的弱关系（如相识的人之间的关系）作为沟通不同群体的信息桥在求职过程中起着更大的作用。② 另一类则是强调"强关系优势"的社会资源和社会资本理论。③ 对强关系优势（如亲属、熟人间的关系）的强调主要是考虑到中国社会中人情文化（资源）在信息传递方面的重要作用，因而认为"弱关系优势"的解释过于强调松散的社会关系网络在异质性信息传播上的作用，而忽略了人情在运用信息中发挥的重要影响。④ 实际上，不论是"弱关系优势"还是"强关系优势"都是在讨论建立的关系本身，从而有意无意地忽视了建立关系的主体间的社会特征之于关系本身的影响。就关系主体的社会特征的同质性程度（社会地位、价值观等相近的程度）而言，同质性程度高个体间更可能是强关系发挥作用，而异质性程度高的个体间则强关系可能难以发挥作用。⑤ 总之，个人的社会关系网络不论强弱都对于其获得职位有帮助，但这种帮助的效果取决于其他因素。

---

① Granovetter, Mark, "The Strength of Weak Ties", *American Journal of Sociology*, Vol.78, No.6（1973）, pp.1360-1380.

② Bian, Yanjie, "Bringing Strong Ties Back in: Indirect Ties, Network Bridges, and Job Searches in China", *American Sociological Review*, Vol.62, No.3（1997）, pp.366-385.

③ 根据林南（2003）的观点，社会资源与社会资本理论二者是平行发展的关系。从广义上来看，社会资本主要指社会网络中的资源及其对资源的工具性使用，而社会资源指涉依附于社会特定位置的有价值的资源，分为个人资源和社会资源（个人借用社会网络的他人资源的能力和机会），因而二者具有一定的亲和性。相关研究参见林南、俞弘强：《社会网络与地位获得》，《马克思主义与现实》2003年第2期。

④ 邱泽奇、乔天宇：《强弱关系，还是关系人的特征同质性？》，《社会学评论》2018年第1期。

⑤ Van Brabant, Jozef M., "The Grabbing Hand——Government Pathologies and Their Cures", *Comparative Economic Studies*, Vol.42, No.3（2000）, pp.126-129.

从就业平台来看，平台在发挥匹配劳动力与职位的作用上主要取决于地方政府的角色扮演效果。为分析的便利性，以仪陇县内的贫困劳动力市场为例，其可被化约为三个行动主体：一个是企业或其他提供就业岗位的组织，一个是贫困劳动力，还有一个是地方政府。在贫困劳动力市场中，当贫困劳动力在企业等组织中实现就业时，贫困劳动力能够获得较为稳定的经济收入，从而实现经济上的脱贫。但需要注意的是，双方要实现劳动力就业首先需要克服两大困境——缺技术技能和缺平台资源。前者会因自身劳动力资源的匮乏而影响个人就业，后者则因市场中社会资源短缺致使劳动力与职位之间难以自行实现最优配置。事实上，平台资源的缺失部分表明市场在资源配置时出现了失灵的情况，而要解决市场的失灵则需要地方政府适时地介入以弥补市场的缺位。那么，地方政府如何介入市场才能称之为适宜呢？就市场与政府关系而言，地方政府应充当"扶持之手"的角色，从而弥补市场失灵。①

研究表明，地方政府需要顺势而为、提供制度上的激励机制，才能形成政府与市场的良性互动。② 也就是说，地方政府作为外在于市场的制度环境，若能充当好适应发展的"扶持之手"的角色，方可为市场正常运作提供制度保障，此时便可算是适时地介入市场。就业扶贫背景下，地方政府在其中主要是帮助培育和完善贫困劳动力市场，确保就业信息借助就业平台实现有效传播，从而实现劳动力和市场职位间的合理匹配，进而帮助贫困劳动力实现就业、实现脱贫。概言之，社会关系网络和就业平台所具备的链接信息资源的作用是实现劳动力与职位之间的匹配关键，即强关系、弱关系和就业平台都是实现信息匹配的渠道。因此，若能有效地将三者结合起来，便可以为劳

---

① 符平：《地方市场发展中的适应型政府——中山市个案分析》，《人文杂志》2014 年第 2 期。

② 中共中央党史和文献研究院：《习近平扶贫论述摘编》，中央文献出版社 2008 年版，第 104 页。

动力实现就业提供更稳固的制度支撑。

2016 年，四川省开始统一安排就业扶贫工作，仪陇县政府各部门始终坚持做到"把扶贫开发工作抓紧抓紧再抓紧、做实做实再做实，真正使贫困地区群众不断得到真实惠"[①]。县内就业扶贫工作主要由人力资源和社会保障局牵头落实，而为达到"培训一人、就业一人、脱贫一户"的目标，其主要采取两类方式帮助贫困劳动力实现就业和脱贫：一是为依靠"亲靠亲、友靠友"的社会关系网络实现就业的贫困劳动力提供政策帮扶，通过技能培训、政策补贴等一系列方式为贫困劳动力提供帮助；二是基于县内剩余贫困劳动力的结构性特点打造适宜的就业服务平台，帮助剩余劳动力实现高质量就业，形成劳动力的品牌竞争力，从而完善贫困劳动力市场。

二、动态统筹把脉贫困劳动力市场

在贫困劳动力市场中，如何准确、有效地实现劳动力和市场职位之间的信息匹配是一个首先需要解决的问题。仪陇县人社局所采取的策略是用数据引导信息间的匹配，一方面是通过收集贫困劳动力的基本信息，再结合市场用工需求，给予贫困劳动力实用的技能培训；另一方面是通过奖补当地企业以激励其吸纳贫困劳动力，从而解决贫困劳动力就业问题。

（一）贫困劳动力数据的收集与更新

为动态掌握贫困劳动力的基本情况、技能水平和就业愿望，并有针对性地组织开展就业培训、促进转移就业和安置公益性岗位，从而有效实现就业扶贫，四川省人社厅于 2016 年便下发了《四川省人力资源和社会保障厅关于印发就业扶贫"五个办法"的通知》，旨在组

---

① 胡荣：《社会经济地位与网络资源》，《社会学研究》2003 年第 5 期。

织推动建立贫困劳动力实名登记的数据库，该库中包括贫困劳动力的基础信息、就业培训、转移就业、自主创业、公益性岗位安置等五类人员名单，当地称之为"一库五名单"。

自 2016 年开展贫困劳动力数据库建设工作以来，仪陇县每年都会对县内贫困劳动力进行数据比对和全面摸查。具体做法是：首先，由贫困村"第一书记"、劳动保障协理员进村入户开展入户调查，收集贫困劳动力的基本信息并录入数据库。其次，将数据录入数据库系统之后由县人社局开展数据比对工作，从而精准识别贫困劳动力的基本情况、就业需求等信息，并为后续就业扶贫的工作提供数据支撑。此外，贫困村"第一书记"、劳动保障协理员还需要及时更新所统计的贫困劳动力的信息，确保数据的准确性和实效性。最后是将就业补助资金内的部分专项经费用于建立和更新"一库五名单"的相关工作，以此保障贫困劳动力的数据收集和更新工作的开展。借助对比"一库五名单"内的动态数据，仪陇县人社局等部门得以及时调整就业扶贫工作着力的方向，从而更精准地提供贫困劳动力生存和发展所需的各类资源，如提供更符合地方劳动力市场需要的技能培训、专场招聘、公益性安置岗位等。

从仪陇县统计的贫困劳动力数据来看，截至 2018 年 11 月，该县有贫困劳动力 2.47 万人，其中外出务工 22478 人、赋闲在家 2254 人（120 人有转移就业意愿）。另有统计数据表明，2016 年到 2018 年，仪陇县每年转移贫困劳动力就业的人数都在 2 万人左右，总共实现 6.2 万人次的转移就业。[①] 这表明，仪陇县在转移贫困劳动力就业方面基本能够全面实现贫困劳动力的转移就业。此外，仪陇县人社局还会收集未就业的贫困劳动力的就业意愿，希望通过进一步开展技能培训和专场招聘活动来帮助赋闲劳动力实现就业。因此，仪陇县人社局等部门对定期收集的贫困劳动力数据的分析和利用，在实现贫困劳动

---

① 两项统计数据皆是根据仪陇县人社局提供的统计数据（2014—2018）汇总而来。

力的转移就业方面作用十分显著。

（二）因地制宜落实就业扶贫政策

除精确和实效的数据收集和利用外，仪陇县人社局在政策执行过程中灵活、务实的工作方法是有效促进贫困劳动力就业的又一法宝。以公益岗位安置政策的落实为例。四川省内从省到市分别下发了《中共四川省委办公厅、四川省人民政府办公厅关于印发17个扶贫专项2016工作计划的通知》（川委厅〔2016〕9号）、《南充市人力资源和社会保障局关于印发〈南充市就业精准扶贫实施方案〉的通知》（南人社通〔2016〕91号）和《南充市人力资源和社会保障局关于进一步做好贫困村公益性岗位援助就业有关问题的通知》等文件，主要针对贫困户中16—60岁的具备劳动能力的家庭成员，以期通过实施公益性岗位安置解决他们的就业问题，从而帮助贫困户脱贫。但实际上，2014年之前，仪陇县剩余的贫困人口中无劳动力的有4.2万人，占全县贫困人口42.63%。其中，60岁以上贫困人口有3.1万人，占无劳动力人口的73.6%，其在总贫困人口中占比也高达31.4%。从这一人口结构来看，全县60岁以上的贫困人口数量庞大。相较于弱劳动力和半劳动力贫困人口，无劳动力的贫困人口更难以通过就业来实现脱贫，加之前面这些政策文件中规定的援助就业的年龄划分与县里贫困人口的年龄结构存在较大的差距，因而如何用好援助就业政策让这一庞大的群体脱贫是仪陇县面临的又一难题。

为解决这一难题，仪陇县根据自身贫困人口的结构性特征灵活执行公益性岗位安置政策。在推进精准脱贫的具体工作中，县人社局主要按照"五加五"模式实施公益性岗位安置政策，即对拟出列的贫困村托底安置5个公益性岗位，每个公益性岗位就业人员每月待遇不低于500元。主要以贫困村孤寡老人和留守儿童看护、社会治安协管、乡村道路维护、乡村环卫等公益性岗位为托底安置。同时，县人社局在安置公益性岗位时也有意将贫困户中家庭成员的年龄适当放宽，从而让数量庞大的 60 岁以上的老年贫困人口得以获得公益性岗位的援助，如此一来便能有效地实现无技术、无劳动能力的贫困人员脱贫。① 总之，通过这种灵活的方式落实政策，不仅帮扶了政策范围内的 60 岁以下有劳动能力的贫困户中的家庭成员，也兼顾到了现实中 60 岁以上无劳动力的贫困户中的家庭成员，因而在政策上真正做到了精准识别贫困人口。

另一个方面是对于吸纳贫困劳动力就业的扶贫基地所实施的奖补政策。原则上，该政策规定新吸纳 10 个以上贫困家庭劳动力才能被认定为扶贫基地，从而才可获得不低于 5 万元的奖励。但在实际情况中，小本经营的企业或商户难以吸纳 10 个及以上的贫困劳动力，一是镇上或村子里的贫困劳动力本身数量不多（多数外出就业），二是这些企业本身难以负担 10 个甚至更多的劳动力。基于此，仪陇县人社局在认定扶贫基地时会根据企业的实际以及镇上或村中贫困劳动力的情况适当放宽认定条件，从而保证贫困劳动力顺利实现就业。

总体而言，建立贫困劳动力实名制数据库和灵活落实就业帮扶政策是相辅相成的两个环节。只有在准确把握县内贫困劳动力的基本情况之后，仪陇县人社局才能调整就业帮扶的相关政策，从而更加有效地帮助贫困劳动力实现就业。

三、品牌打造助力贫困劳动力发展

摸清贫困劳动力及其市场的基本情况是开展就业扶贫工作的必要之举，只有达到精准识别才能做到有效帮扶。而如何巩固就业扶贫成果则是扶贫工作的创新之举，同时也是稳定脱贫的"压舱石"，只有形成长期稳定的帮扶机制才能巩固提升脱贫成效。为此，仪陇

---

① 据当地农业农村局一位党组成员描述，实际上当地"凡是在家的 50—80 岁居民，身体健康的话都可以就近挣钱"。

县人社局借助东西部协作和结对支援战略部署的东风，不仅帮助贫困劳动力实现就业，还借此努力打造具有仪陇特色的劳动力输出品牌，以此提高贫困劳动力的就业质量，从而进一步巩固提升脱贫成效。

近些年，中国农村普遍存在着人力资源空心化的现象。就农业而言，主要劳动力的女性化现象越来越普遍，仪陇县也不例外。此外，男性和女性在个人社会关系网络的构成上有较大差异，其中，女性与亲属的联系较多；而男性则与同事的联系较多。换言之，女性较少能够运用个人关系网络资源达到求职等目的，因而在帮扶贫困人口中的妇女群体时，更多地需要借助平台的力量。

此外，对于有劳动能力的贫困户可以通过转移就业、技能培训和公益性岗位安置等方式帮助就业，而对于无劳动力或弱劳动力的贫困户主要通过补贴、补助等方式实现政策兜底。对仪陇县人社局而言，要帮助这一贫困劳动力群体实现脱贫，首先需要精准识别出该群体的就业需求，且所采取的帮扶措施还需要契合该群体的差异化需求。仪陇县对此的一个重要经验是针对贫困劳动力的需求进行多样化技能培训，而培训的方式也多种多样，包括设立扶贫专班、开展流动课堂和借助农民夜校平台等方式，遵循"缺啥补啥"的原则，为贫困劳动力提供最合适的技能培训。正是在此背景下，仪陇县人社局与磐安县人社局借助结对支援的机会达成合作，并共同组织开展了"药乡月嫂"的技能培训活动，旨在帮助贫困劳动力实现高质量就业，同时打造地方劳动品牌。

事实上，从供需关系来看，双方具备结对支援、深度合作的良好条件。仪陇县作为磐安县结对支援的对象，县内有部分女性贫困劳动力未能实现充分就业，而磐安县正在探索一条结合中药材和月嫂培训的人才培育方式，该计划旨在通过免费培训、定向培养等途径，培育一批以"中医药保健+母婴护理"为特色的月嫂，并定向安排其到浙江一带就业。为此，仪陇县人社局与磐安县人社局就"药乡月嫂"

培训事宜彼此互访、考察，并最终达成劳动协作意向。根据劳务协作协议规定，仪陇县人社局主要负责就业扶贫政策的落实工作，负责共建仪陇在磐安当地的劳务协作工作站，具体做好与贫困劳动者就业企业沟通衔接的工作，共同维护贫困劳动者合法权益。磐安县人社局主要负责组建仪陇在磐安的就业人员服务站，负责和仪陇合作培养"药乡月嫂"，并推介培训学员来磐安或浙江其他地方就业，且确保月工资不低于 4000 元。通过双方的合作，"药乡月嫂"已成为当地特色的服务人才培训品牌，培训后的贫困劳动力增收效果明显，实现了高收入、有保障的就业。

品牌战略多用于研究企业发展，在这里主要是借鉴其发展的策略和机制来类比仪陇县帮助贫困劳动力发展的做法和经验。品牌战略主要涉及品牌知名度和美誉度的提升，其中，知名度提升讲究以精准划分市场的方式来确定自身的地位，而美誉度则强调服务质量和品牌形象。[①]"药乡月嫂"培训计划针对的是近年来需求较大的家政服务行业，同时兼顾人们日益看重的健康、养生问题，因而市场潜力巨大。2018 年 10 月下旬开展了第一批技能培训后，其中的一名建档立卡户在浙江上岗一年便跻身当地"十佳月嫂"，这为"药乡月嫂"这一品牌树立了良好的品牌形象。贫困劳动力通过培训输出不仅实现了自身的劳动增收，还借此带动了其他贫困劳动力的就业积极性。同时，第一批输出的贫困劳动力所树立的良好品牌形象也为之后的贫困劳动力输出破除了市场壁垒、积累了口碑。为了打造贫困劳动力的品牌，仪陇县人社局还提供了许多制度保障，如为了鼓励贫困劳动力的转移就业而提供的培训补贴、交通补贴等。总之，仪陇县人社局通过"药乡月嫂"的技能培训帮助剩余的贫困劳动力实现了就业，同时又依靠这一批贫困劳动力的劳务输出在就业地积累了口碑和美誉，形成了

---

① 张新锐、杨晓铮：《品牌阶梯——品牌知名度、美誉度、忠诚度》，《经济管理》2002 年第 21 期。

本土的劳动力品牌，为当地未就业的贫困劳动力提供了可供借鉴的模板，很好地发挥了政府扶持之手的作用。

综上所述，由于市场局限性的存在，其在实现资源要素的最优配置上存在缺陷，因而政府需要适时介入以弥补市场失灵，而这一做法正是政府发挥"扶持之手"作用的体现。因而可以说，仪陇县县政府和人社局等相关部门在就业扶贫方面所取得的成就离不开其"扶持之手"作用的发挥，离不开其在就业扶贫过程中起到的架"桥"造"路"的作用的发挥。具体而言，尽管贫困劳动力实现就业的渠道有两类——个人社会关系网络和就业平台，但其逻辑的起点仍然是实现信息匹配。因而，对于仪陇县人社局而言，如何有效整合贫困劳动力的社会关系网络和就业平台所涵盖的资源来帮助贫困劳动力实现就业是其工作的重心。为此，一方面，仪陇县人社局建立起贫困劳动力的信息数据库，以此精准地识别贫困劳动力的关系资源及其就业需求，并在此基础上采取灵活方式落实政策，帮助贫困劳动力实现就业；另一方面，县人社局努力完善已有的就业平台，不仅搭上结对支援的列车来帮助本土未就业的贫困劳动力实现转移就业，还借此打造具有良好口碑的劳动品牌。基于此，仪陇县相关部门培育和完善了地方贫困劳动力市场，实现了贫困劳动力与就业市场的合理匹配，兑现了"培训一个、就业一个、脱贫一户"的就业扶贫目标。

第六章

从恶性循环到身心健康：
除"病根"拔"穷根"的健康扶贫

第一节　健康扶贫的理论与实践

一、健康扶贫的理论基础

（一）疾病与贫困的关系

疾病与幸福感之间存在高度关系。研究表明，疾病主要通过两种路径影响幸福感：一是疾病产生的生理痛苦直接影响幸福感；二是生理疾病产生的心理压力影响幸福感，如出现焦虑、抑郁等心理问题。[1] 生理痛苦和心理压力还可能发生交互而形成恶性循环，最终共同影响个体的幸福感。[2] 联合国开发计划署（UNDP）的《人类发展报告（1990）》指出，人类发展所要扩展的三大最关键的选择是：长寿且健康的生活，获得教育，以及获得确保体面生活所必需的资料。这说明对于个人而言，健康是人类最基本的生存和发展需求。健康对幸福感有显著影响，更差的身体状况与更低的幸福感相联系[3]，身体健康状况对幸福感的影响比收入还要大[4]。

疾病也与贫困的产生高度关联。贫困是指缺乏维持个人或家庭最低生活水准的能力。[5] 一些弱势群体由于能力薄弱、制度缺陷、政

---

① 杨智辉、王建平：《癌症患者情绪状况及其影响因素分析》，《中国临床心理学杂志》2011 年第 1 期。

② 王玉婷、朱熊兆、唐利立等：《焦虑敏感指数—3 中文版在乳腺癌患者中的应用》，《中国临床心理学杂志》2013 年第 6 期；史继红、王昆、李成文：《慢性广泛性疼痛患者的临床特征、焦虑抑郁及述情障碍》，《中国临床心理学杂志》2014 年第 1 期。

③ John,F.Helliwell,"How's Life? Combining Individual and National Variables to Explain Subjective Well-Being",Cambridge,MA:*Economic Modeling*,2002,pp.331-360.

④ Graham,C."Happiness and Health:Lessons and Questions for Public Policy",Maryland:*Health Affairs*,2008,pp.72-87.

⑤ 关信平：《中国城市贫困问题研究》，湖南人民出版社 1999 年版，第 25 页。

策倾斜等原因，某些社会权利缺失，他们在资源分配、就业机会、社会保障等方面无法获得平等的机会和权利，从而丧失了维持基本生活水平的能力，最终陷入贫困。① 目前，疾病导致的健康权利的缺失是贫困产生的重要原因。有学者对中国农村的研究发现，家庭成员的健康状况不佳是导致一个家庭长期贫困的重要因素。② 疾病会导致一个家庭治疗费用增加，甚至丧失劳动力，从而收入降低，使得原本有收入的成员变成家庭负担。贫困和疾病一般通过多重联结相互影响，形成"贫困—疾病—贫困"的恶性循环，表现为因贫致病、因病致贫、因病返贫三种形式的相互作用、循环影响。要解决因病返贫的难题，就得拔掉"穷根"、根治"病根"，厘清疾病与贫困问题的生成机制，实现可持续健康扶贫的源头和过程管理。

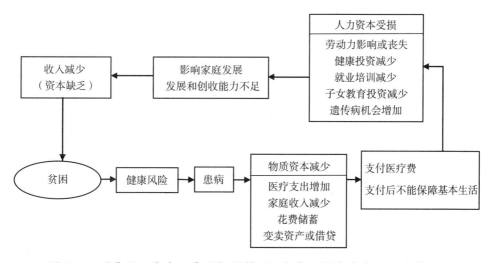

图 6-1 "贫困—疾病—贫困"恶性循环框架（根据文献及访谈整理）

---

① 任田、张娟：《与贫困和疾病有关的健康扶贫政策分析》，《中国医疗管理科学》2017年第6期。

② Jalan, J. Martin R., *Determinants of Transient and Chronic Poverty：Evidence from Rural China*, *Social Science Electronic Publishing*, 2016, Doi：http://dx.doi.org/.

（二）健康与发展的关系

经济发展在很大程度上可以促进健康水平的提高。经济的发展能够促进医疗卫生资源配置和医疗保险投入增多，为健康提供客观基础条件。首先，经济发展促进医院相关资源配置更均等化。病床数量增多、医护工作者数量扩大、医护人员受教育程度提高、医疗事业的发展、先进机器设备的引入等有利条件的出现，都依赖于经济的发展。其次，经济发展促进公共卫生的投入力度加大。而公共卫生的投入水平与经济发展水平紧密相关。此外，经济发展能促进医疗保险投入增多，扩大覆盖范围。以新农合为例，该制度自 2003 年初试点以来，无论是筹资水平还是覆盖面都有较大提高，截至 2014 年，新农合覆盖 8.02 亿人，农村人口基本覆盖。[①] 政府在新农合制度的筹资上承担了大部分责任，这就需要政府有充足的资金作后盾。在保障机制上，新农合以大病统筹为主，有效促进了农民自己互助共济，在保障农民获得基本卫生服务、缓解农村人民因病致贫和因病返贫方面发挥了重要的作用，真正促进了农村健康水平的提高。

经济发展能够推动其他条件的改善，间接促进健康水平提高。[②]一方面，经济发展促进基础设施尤其是交通的发展，为健康创造有利环境。在交通不便的农村，交通可达性成了制约就医的关键因素。尤其在山区农村，村卫生所和乡镇卫生院遇到无法治疗的紧急病例时，由于交通受限会错过治疗的最佳时机。另一方面，经济发展通过教育间接影响健康。经济发展水平高的地区，人们接受教育水平更高，对健康的认知水平也更高，更利于养成健康行为和培养

---

① 中国网：http://news.china.com.cn/2014lianghui/2014-03/06/content_31697696.htm，2020年 3 月 8 日。财政部、国家卫生计生委、人力资源社会保障部 2014 年发布《关于提高2014 年新型农村合作医疗和城镇居民基本医疗保险筹资标准的通知》，城镇居民基本医疗保险和新型农村合作医疗逐渐合并为城乡居民医疗保险。

② 张颢：《经济发展与健康的关系初探》，《经济视角（中旬）》2012 年第 4 期。

健康的意识和生活方式，而且收入水平越高，承担医疗费用的能力越强。

与此同时，健康对经济具有正向促进作用。人均寿命的增长能增加社会劳动力。健康水平的提高能够促进人平均寿命的增长，经济发展就有了更多的劳动力保障。退休年龄的提高，也能够为企业提供更多经验丰富的一线工作人员，相对节约新员工的培训费，减少了繁杂的人员调动带来的误工费。此外，健康水平的提高也能减少社会对老年人的抚养费，资金就可以投入其他方面而带来经济收益。据人力资源和社会保障部测算：延迟退休 1 年可以使我国养老统筹基金增加 40 亿元、减支 160 亿元，减缓基金缺口约 200亿元。①

国民的健康是推动经济发展的重要力量。20 世纪 50—70 年代，日本和德国经济的腾飞跟两国人身体素质过硬不无关系。诺贝尔经济学奖获得者罗伯特·福格尔认为：在 1790 年至 1980 年间，西欧人均经济增长的贡献中，有 30% 以上来自健康方面的改善。美国经济学家丹尼森、西奥多·舒尔茨等发现，健康的人力资源作为一种生产要素对美国经济增长的贡献超过了其他一切形态的资源。②

二、健康扶贫背景与仪陇理念

（一）健康扶贫的背景

"健康扶贫"是在脱贫攻坚的背景下，国家为了解决大量"因病致贫"和"因病返贫"问题而提出的一项贫困治理方案，同时也是"健康中国 2030 战略"在农村地区布局的重要组成部分，是为了实

---

① 李珍：《社会保障理论》，中国劳动社会保障出版社 2007 年版，第 97 页。
② 程晓明：《卫生经济学》（第 2 版），人民卫生出版社 2007 年版，第 78 页。

现"2020 年全面建成小康社会"的伟大目标而实施的重大扶贫工程。农村健康扶贫政策的实现不仅有利于巩固"精准扶贫"的脱贫效果，同时也能助推"健康中国"这一重大战略部署的发展。

从中央到地方各级党委政府对健康扶贫均高度重视。2016 年 6 月，经国务院同意，国家卫计委等 15 个部门联合印发了《关于实施健康扶贫工程的指导意见》。2017 年 2 月 21 日，中央政治局就我国脱贫攻坚形势和更好实施精准扶贫进行第 39 次集体学习，习近平总书记强调："要落实教育扶贫和健康扶贫政策，突出解决贫困家庭大病、慢性病和学生上学等问题。"同年，四川省委一号文件也提出了"深入推进健康扶贫行动"。南充市在 2016 年发布的《南充市医疗卫生计生脱贫攻坚政策措施》文件中，对基层医疗服务、医疗救助、控费等方面作出规定，要求贫困人口在县域内住院自付费用控制在 10% 以内，这大大减轻了贫困人口的就医负担。近年来，仪陇县在脱贫攻坚工作中，紧紧围绕提高贫困人口健康水平、切实减轻群众看病就医负担这一问题，以医疗扶贫为支点撬动了精准扶贫工作。

仪陇县独特的气候地貌条件是其健康扶贫不可忽视的背景条件。首先，由于山地地形导致的信息闭塞、交通不便，居住在山区内的居民即使患了病，也无法得到及时的救治，延迟治疗又会导致疾病恶化，带来更大的医疗费用负担。其次，干旱等自然灾害和山区易发地质灾害易引起各类疾病如肠道传染病的爆发，影响仪陇县人民的健康状况。另外，仪陇县地处偏僻，很多人生活方式不科学，健康素养不高，因病致贫返贫比例较高。

（二）仪陇县健康扶贫的治理理念

仪陇县健康扶贫的治理理念可以概括为三个主要方面。其一是以人民健康为中心的新发展模式。2016 年，习近平总书记在全国卫生与健康大会发表重要讲话，强调没有全民健康，就没有全面小康，此举将"健康中国"上升为国策。鉴于社会主要矛盾的转化，新时代人民生活的逐渐富裕，老百姓现在最关心的是怎么能够健康，关注空气、水、食品等和健康相关联的所有领域。党和政府把握民意、顺应时代潮流，将"健康中国"上升至优先发展战略。"健康中国"是新的发展理念，即无论是经济发展还是社会建设，都要以健康为标杆，要有健康的考核。这标志着治国理政一个新篇章的到来。以人民健康为中心的新发展模式，也是卫生健康领域贯彻落实以人民为中心执政理念的必然要求。

其二是将健康融入所有政策的管理模式。"健康中国"的概念不只是治病，更是全方位、全领域的发展战略。在健康中国建设和健康扶贫实践中，党和政府动员的力度和广度之大是前所未有的。推动健康融入所有的政策，以健康作为政府经济、社会、文化、生态发展的一个新的考核指标，将健康作为制定实施各项公共政策的重要考量因素。仪陇县秉承将健康融入所有政策的管理模式，普及健康生活、优化健康服务、完善健康保障、建设健康环境、发展健康产业，努力全方位、全周期保障人民健康。把政策重点放在保障每个居民获得安全饮用水、卫生设施、均衡营养以及疾病预防控制措施等与健康相关的社会政策方面，开辟了一条符合仪陇县情的卫生与健康发展道路。结合仪陇县区域与资源优势，加大探索山区医养项目，消除体制机制障碍，催生更多健康新产业、新业态、新模式。

其三是视全民幸福为目标的服务理念。我国广大卫生与健康工作者弘扬"敬佑生命、救死扶伤、甘于奉献、大爱无疆"的精神，全心全意为人民服务。在过去，特别是在面对重大传染病威胁、抗击重大自然灾害时，广大卫生与健康工作者临危不惧、义无反顾、勇往直前、舍己救人，赢得了全社会赞誉。以习近平同志为核心的党中央提出，新时期新的卫生与健康方针是以基层为重点。基层就是全体百姓，以基层为重点就是基本医疗卫生、基本卫生服务要全民共享。仪陇县的健康扶贫工作就是坚持基本医疗卫生事业的公益性，坚守党和政府对人民的承诺，即以基层为重点，政府不仅投入资金，更重要的是视百姓幸福为目标的服务理念，仪陇县的健康工作者用医者仁心来保障老百姓的健康和幸福，让每个人得到基本医疗卫生服务。

其四是针对因病致贫精准干预的理念。仪陇县健康扶贫治理以"摸清因病致贫逻辑情境—判别因病致贫情形—发现可干预点—采取适当措施"的路径来制定相关措施。一般情况下，贫困的条件更容易引起其他家庭成员发生疾病，或者家庭因为贫困减少了家庭成员营养、子女教育等的投入，陷入"贫困—疾病—贫困"的持续循环。从大病致贫的逻辑情境图可以确定在大病致贫情境中的可干预之处（见图6-2）。图中标出的序号即为可干预点。干预点1指疾病发生前，提高健康常识、养成健康行为和改善健康环境能减少疾病的发生。干预点2指疾病发生后，在小病到大病过程中，健康教育、健康意识和及时治疗可以避免疾病的恶化。尤其是针对由于对费用的忧虑及周围类似疾病患者死亡而产生的恐惧，不选择直接治疗而选择偏方的人群。干预点3指提高本地医疗服务能力，减少其外出就诊产生的费用。干预点4指针对外出就诊报销比例低的情况，通过异地医保报销结算来干预。干预点5指创造或增加家庭生活来源，如鼓励病患家属参与适合的工作，联合就业扶贫进行干预。干预点6指报销后仍然发生较高的医疗费用，可进一步完善救助体系，减少医疗自付费用。干预点7针对后期门诊治疗压力大的情形，此部分也是健康扶贫可以干预之处。干预点8指帮助家庭提高抵抗风险的能力，例如意外事故的防范宣传、鼓励购买意外保险等。干预点9指帮助治愈患者返回劳动岗位，联合产业扶贫对接干预。

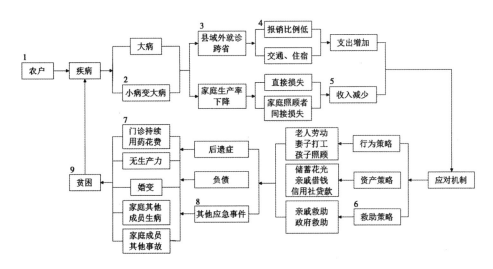

图 6-2 因病致贫逻辑情境与可干预之处（根据文献①及实地访谈整理）

第二节 健康扶贫的治理体系与运行机制

一、健康扶贫的治理体系

仪陇县在健康扶贫过程中，抢抓"健康中国"建设契机，政府、社会、个人齐发力，从医疗健康业供需失衡的主要问题出发，充分利用各级力量，从需求群体、就医通道、供给体系、运行保障等角度出发，构建仪陇县的健康治理体系。

（一）以公平为导向的需求群体全覆盖

公平正义理论是基本公共服务均等化的社会学理论基础，基本公

① 陈楚、潘杰：《健康扶贫政策目标与因病致贫情境的确认评价——以贵州省赤水市健康扶贫实践为例》，《中国卫生政策研究》2019 年第 4 期。

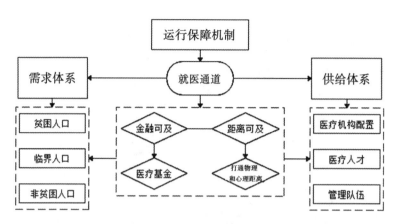

图 6-3　仪陇县健康治理体系的逻辑

共服务均等化就是社会公平公正的具体体现。[①] 公平公正是健康中国的重要原则。公平是指公共服务或者公共资源分配公平，居民能够享受同等的公共服务，强调权利。健康贫困意味着参与医疗保障和享受基本公共卫生服务的机会丧失、健康水平下降、参与经济活动的能力被剥夺以及随之而来贫困发生或加剧。[②] 所以，在减轻贫困医疗负担的同时，应提升医疗服务公平性。我国由于东中西部地区发展条件差异巨大，地区面临的发展机会是不平等的，形成了差异化的地区发展水平。在健康扶贫中必须改变这种差异化的不平等，更好地满足偏远地区、贫困地区人口的医疗需求，才能更加体现健康中国战略和健康扶贫政策的公平公正和共建共享原则。

　　健康贫困的形成原因是多方面的，其主要原因是民众健康素养总体偏低。新时期，在公平原则为导向的前提下，要更加注重环境公正和社会公平，关注不同空间、不同群体之间的需求问题，注重弱势群体的公共服务需求。健康扶贫要面向贫困人口、临界人口和非贫困人口全覆盖。对于贫困人口来说，其贫困本来就可能是患有重大疾病，

① ［美］涛慕思·博格：《罗尔斯：生平与正义理论》，顾肃、刘雪梅译，中国人民大学出版社 2010 年版。
② 王三秀、刘亚孔：《论我国农村健康扶贫策略之重构》，《苏州大学学报（哲学社会科学版）》2018 年第 11 期。

因重大疾病而致贫，又因重大疾病而难以脱贫。因此需要将普遍支持的政策和项目向贫困人口和贫困人口所患的重点病种倾斜，优先考虑贫困人口重点疾病补偿。针对临界人口，建立专门的医疗救助政策防止其因病致贫，保障其享有针对性的医疗救助。非贫困人口虽然在现有条件下没有达到贫困户的标准，但也可能在面对大病时因病致贫，要考虑其大病医疗救助的需求。

（二）以均等化为目的的供给资源配置

均等化是一个关于平等的概念，对公共服务均等化简单的理解就是人人都能享受公共服务，享受的机会是平等的。[①] 主要特征包括如下一些方面：公共服务均等化不是平均主义，不是完全等同，而是大体上的相等和可比较，差异不影响社会公平和公正；承认客观差异前提下的均等化；发展必须有所侧重，在保证社会居民基本健康和生存的前提下更加关注弱势群体。[②] 均等化是在承认地区、城乡、人群存在差别的前提下，保障所有公民都享有一定标准之上的基本公共服务，体现更多的是机会均等、制度共享的概念。在当今中国农村公共医疗设施服务供给质量失衡情况下，医疗资源供给均等化成为衡量健康扶贫成效的重要指标，医疗资源的质量均等化成为提升农村居民尤其是农村贫困人口获得感的重要方面。医疗资源配置均等化也是促进社会公平，逐步缩小城乡、地区、人群间的差异，实现全民健康覆盖的必然要求。

国家在基本医疗卫生制度筹资方面，使更多的卫生资源转移到贫困地区，以缩小地区之间医疗卫生服务和健康差距，促进基本医疗卫生服务均等化的有效实现。公共医疗资源均等化供给包括医疗设备供

[①] 中国（海南）改革发展研究院：《民生之路——惠及 13 亿人的基本公共服务》，中国经济出版社 2008 年版，第 3—29 页。

[②] 田玲玲：《江汉平原农村基本公共服务均等化与空间优化研究——以仙桃市为例》，华中师范大学博士学位论文，2017 年。

给、医疗技术提升、医疗人才供给、医疗服务和医疗救助等多方面内容。就医疗设备而言，需要为贫困地区配置针对贫困地区的特殊慢性疾病和重大疾病的医疗设备，在增加医疗设备数量的同时，提高医疗设备质量，通过东西部医疗协作对口援助的方式帮助实现。医疗技术的提升主要通过医疗设备的提升和医疗人才的引进实现。对于医疗人才供给，贫困地区除了要加快医疗人才的培养，各级医疗机构相互协作，实现医疗人才的适时流动外，也要加强自身的人才培养和人才引进。在医疗救助方面，即形成多渠道、多形式、多种类的医疗救助体系，为贫困人口医疗救助提供全方位的保护网。

（三）以人为本的一条龙服务体系设计

以人为本的一体化卫生服务（People‐Centered and Integrated Health Care，PCIC）最早是由世界卫生组织（WHO）在 2015 年提出的，指将促进健康、疾病的预防和治疗等在内的医疗卫生服务管理和服务进行整合，协调各级各类医疗机构为患者提供连贯的服务。[①] 2016 年 7 月，我国财政部、卫生健康委员会、人力资源和社会保障部发布医改联合研究报告，提出一系列的改革措施，措施大量涉及以人为本的一体化卫生服务。《"健康中国 2030"规划纲要》也提到 2030 年要建立优质高效的医疗卫生服务体系。健康是人类的基本权利，是促进人的全面发展的必然要求，是经济社会发展的基础条件。明确提出以显著提高人均健康预期寿命，降低婴儿死亡率和孕妇死亡率等为具体目标，重点突出了对人本身健康和可持续发展的关注。以人为本就是要不断满足人的全面需求、促进人的全面发展，在健康扶贫中融入以人为本的理念也回应了我国精准扶贫和精准脱贫的出发点和落脚点。

在仪陇县健康扶贫中，制定了一系列以人为本的"卫生服务计

---

① World Health Organization：*WHO Global Strategy on People‐Centered and Integrated Health Services：Interim Report*，2015 年 6 月 10 日，参见 https://apps.who.int/iris/handle/10665/155002，最后访问日期：2020 年 3 月 8 日。

划"，包括贫困人群急症管理服务、对特殊疾病建立标准化服务流程、成立村或个人的康复支持团队等。另外实施一些配套项目，包括建立电子医疗档案系统、电子转诊系统、与四川省级和南充市等地的医疗服务机构建立联盟等。以人为本的一条龙服务体系设计使患者和农村家庭对医疗服务的满意度提高，与服务供给方即医疗机构和政府管理人员的关系更为密切，帮助人民群众提高健康素养以及健康相关的自我决策能力、参与服务制定的能力等，另外也积极帮助基层队伍增强主人翁意识和业务技能水平。

（四）以可持续为目标的保障机制设置

健康扶贫不是简单地减轻贫困者的医疗负担，而应从根本上消除其健康贫困问题。因贫致病、因病致贫是一个循环往复的过程，为了切断恶性循环的链条，要设置以可持续为目标的保障机制，防止因病再次返贫现象的出现。健康扶贫在可持续方面面临诸多考验。例如，在健康扶贫实践过程中"先天不足"却"超能力"实施救助政策，导致后期在扶贫对象、尺度和效果上后劲不足。

可持续的保障机制是指一方面要切断因病致贫、因病返贫的恶性循环链，另一方面要建立健康保障链，从时间的角度对医疗保障体系进行时序管理，从空间的角度又为农民提供了不同层次的医疗保障。仪陇县以可持续为目标的保障机制包括疾病预防机制、疾病救治机制、医疗补助机制和后期康复机制等一系列的机制，以保障健康扶贫的每一个环节。疾病预防机制包括培育正确的健康观念，养成良好的卫生习惯和健康生活方式，形成安全健康的生产生活环境等；疾病救治机制包括疾病应急救助、大病救治、慢性病救治等；医疗补助机制主要指基本医疗保险、大病保险、补充保险、民政医疗救助、临时救助、慈善救助等；后期康复机制包括各级医院提供的康复治疗、社会福利机构提供的康复救助和个体自身的康复行为等。

二、健康扶贫的运行机制

（一）顶层设计

"因病致贫、因病返贫"是很多贫困地区存在的普遍现象，"因病致贫、因贫致病"形成的恶性循环是实现精准脱贫的严重阻碍。因此实施健康扶贫工程，对于保障农村贫困人口享有基本医疗卫生服务，推进健康中国建设，防止因病致贫、因病返贫，实现到 2020 年让农村贫困人口摆脱贫困目标具有重要意义。按照党中央、国务院决策部署，坚持精准扶贫、精准脱贫基本方略，与深化医药卫生体制改革紧密结合，针对农村贫困人口因病致贫、因病返贫问题，突出重点地区、重点人群、重点病种，加强统筹协调和资源整合，采取有效措施提升农村贫困人口医疗保障水平和贫困地区医疗卫生服务能力，全面提高农村贫困人口健康水平，为农村贫困人口与全国人民一道迈入全面小康社会提供健康保障。[1]

仪陇县为贯彻落实党中央、国务院关于打赢脱贫攻坚战的重要战略部署，贯彻落实《关于实施健康扶贫工程的指导意见》和《"健康中国 2030"规划纲要》的指导思想，打造了结合仪陇县精准脱贫实际情况的顶层设计。脱贫攻坚阶段，县委、县政府始终将健康扶贫纳入总体扶贫规划，统一部署、统一实施、统一考核、统一督查。人大、政协围绕健康扶贫多次开展调研，乡镇党委政府和全县卫计系统上下齐抓共管，重视程度和资金投入为历史之最，形成了强大的健康扶贫攻坚合力。仪陇县专门成立了县长任组长，县委、县政府分管领导为副组长，县级相关部门为成员的健康扶贫工程暨示范创建工作领导小组，压实相关部门责任，制定了部门联席会议制度，

---

[1] 《关于实施健康扶贫工程的指导意见（国卫财务发〔2016〕26 号）》，见 http://www.gov.cn/xinwen/2016-06/21/content_5084195.htm，2020 年 3 月 8 日。

把健康扶贫任务分解至各乡镇，代表南充市创建省级"健康扶贫工程示范县"。

（二）部门协调机制

健康扶贫是一项重大的系统工程，需要各部门的沟通协作，需各部门将"健康中国"建设纳入重要议事日程，健全领导体制和工作机制，形成促进健康和实现脱贫的合力。卫生计生部门和扶贫办负责统筹协调、督促落实健康扶贫工程实施工作，制定具体方案和考核办法，定期组织考核评估。卫生计生健康部门、医疗保障部门和人力资源社会保障部门负责全面开展医疗救助工作，是健康扶贫的主力部门。扶贫、民政和卫计部门负责开展农村贫困人口因病致贫、因病返贫情况核实核准工作。民政部门负责制定完善医疗救助政策，全面开展重特大疾病医疗救助工作，提高贫困地区医疗救助水平。财政部门根据工作需要和财力可能，通过现行渠道对健康扶贫工程提供资金支持。公立医院、社区卫生服务中心、乡镇卫生院、村卫生室是健康扶贫的前沿阵地，主要负责提供最直接的医疗服务救助。各部门的工作都是健康扶贫中不可或缺的重要环节，各部门职责的落实是打赢脱贫攻坚战的有力保障。

健康扶贫工作开展期间，仪陇县卫计局牵头揽总，与县人社局、县医保局、县民政局、县财政局等相关部门召开联席会议，共同研究解决健康扶贫中存在的具体问题。县委组织部牵头统一制定全县人才引进优惠政策，加大了高层次、紧缺人才招引力度。县级公立医疗机构完成了硬件设施与等级达标建设，有力促进了全县医疗质效提高、医技水平提升、人民群众看病就医普惠。乡镇卫生院、村卫生室多管齐下提升医疗服务能力，最大限度满足贫困人口就医需求，为贫困群众提供免费健康检查，开展了摸排建档立卡贫困人口 11 种慢性疾病门诊维持治疗和 21 种可在门诊治疗的重大疾病等工作。农民夜校构筑起了乡村农户的健康知识传播链，带动引导每个家庭合理就医、合理用药、合理膳食等，共同维护全民健康。

（三）多方联动

　　健康扶贫不能仅仅依靠政府的行政和财政力量，还要充分动员社会力量。鼓励企业、社会组织、公民个人参与健康扶贫工程，支持各类企业进行社会捐赠、基金会设立专项基金参与健康扶贫，鼓励更多社会资本投向贫困地区。整合社会资本、人才技术等资源要素，为贫困地区送医、送药、送温暖。通过团体、市场以及社会慈善力量等延长健康扶贫的保障链，包括引进社会福利机构、民营医疗机构、商业保险企业和设立医药爱心基金、卫生扶贫救助基金等。社会福利机构为老年人、残疾人、孤儿等提供康复、托管等服务，为患有慢性疾病的孤寡老人、儿童提供更长期稳定的生活照料服务、膳食服务、护理服务和心理精神支持服务等，以弥补纯粹医疗救治的不足。民营医疗机构充分发挥其市场化优势，扶持基层民间医疗机构，对健康扶贫参与者适当给予补贴和奖励，利用其先进的设备和技术填补公立医疗机构的空缺，增大医疗救助的覆盖面。

　　仪陇县积极引进了多方力量，共同助力仪陇县脱贫攻坚和医疗扶贫。在实施健康扶贫的过程中，仪陇县争取到了中国社会福利院捐赠的医疗设备，整合了民营医疗机构为仪陇县增加床位数，有力地提升了全县医疗能力。仪陇县建立起集基本医疗保险、大病保险和补充保险等于一体的医疗保险体系，其中的商业保险延长了贫困户的医疗保障链。贫困户在县外就医除了享受基本医疗保险外，还可以享受大病保险、商业补充医疗保险、民政医疗救助和卫生扶贫基金救助。健康扶贫补充保险增加了贫困人口就医的实际资金补助，为贫困人口看病就医实行兜底保障，更切实地切断了贫困户因大病而难以脱贫和因大病而返贫的可能。

（四）全民共建共享

全民健康是建设健康中国的根本目的，"共建共享、全民健康"，是建设健康中国的基本路径和战略主题，全民共建共享是健康扶贫的根本出发点。《中国农村扶贫开发纲要（2011—2020 年)》中明确提到了充分发挥贫困地区、扶贫对象的主动性和创造性，尊重扶贫对象的主体地位，提高其自我管理水平和发展能力，立足自身实现脱贫致富。《关于实施健康扶贫工程的指导意见》指出，坚持精准扶贫、分类施策，在核准农村贫困人口因病致贫、因病返贫情况的基础上，采取一地一策、一户一档、一人一卡，精确到户、精准到人，实施分类救治，增强健康扶贫的针对性和有效性。健康中国战略和健康扶贫都要求关注每一个需要帮助的个体，满足个体的差异化需求，要切实保障每一个个体的共享权和参与权。

脱贫攻坚期间，根据仪陇县委的统一安排部署，仪陇卫计局大力实施健康普及工程，充分利用农民夜校这个有效载体，引导贫困群众养成好习惯、形成好风气，有力推动健康扶贫。仪陇县组织各种医疗机构专家团队，到全县每个片区进行健康教育巡回宣讲，组织共同参与的活动，拉近群众距离，激发了老百姓的参与热情。仪陇县开展的健康教育宣传活动覆盖面广、形式多样、内容接地气，充分调动了群众的参与性和积极性，取得了有效的健康扶贫作用，真正做到了全民共建共享。

第三节　健康扶贫的治理手段

一、确定差异合理的全覆盖兜底

仪陇县针对不同人群、不同病种制定了差异化的全覆盖兜底政策，从源头上避免了非贫临界人口、贫困人口、非贫人口因病致贫返贫，贫困人口因病更贫的局面。

对于贫困人口，采取精准管理方法。在多次入户调查的基础上，仪陇县摸清了贫困人口患病情况，逐户分类建档，形成县乡村三级台账，实现贫困人口精准识别和就医信息精准管理。针对贫困人口，仪陇县制定了建档立卡贫困患者医疗费用个人支付比例10%以上的可申请卫生扶贫救助基金的政策。2014年至2018年，所有建档立卡贫困人口参加基本医保的个人缴费部分，由县财政全额代缴，实现贫困人口参保100%、参加大病保险100%；贫困人口县域内住院个人支付费用控制在10%以内，11种慢性门诊和21种重大疾病门诊报销90%。仪陇还针对贫困人口开展免费体检活动。全县建档立卡贫困户在脱贫期间将免费接受一次健康体检，以各乡镇卫生院、社区卫生服务中心为主，无体检设备的委托中心卫生院或联系包片的县级医疗机构实施，确保贫困人口免费健康体检达100%。

对于非贫临界贫困人口，仪陇也采取了预防举措。非贫临界贫困人口一般是指位于贫困线以上或基本持平，但整体仍处于欠发达的生产或生活状态的人口。与贫困户相比，处于"临界贫困"的群体较少受到脱贫政策的惠及。然而非贫临界贫困人口同样容易受到疾病的冲击而致贫。针对非贫临界贫困人口，仪陇县推出了精准防贫工程，为两类重点人群购买保险：一是处于贫困边缘的农村低收入户（简称"非贫困难户"）；二是收入不稳定、持续增收能力不强的脱贫户（简称"非高标准脱贫户"）。县级财政安排400万作为防贫保险金，按照每人每年50元保费标准为全县10%的农业户籍人口购买防贫保险。针对"非贫困难户"和"非高标准脱贫户"，按照合规自付医疗费用（减去大病医疗救助、"两癌救助"等）设置不同标准的起付线。

仪陇县防贫保险政策

仪陇县针对"非贫困难户"，按照合规自付医疗费用（减去大病医疗救助、"两癌救助"等）2 万元设置起付线，经查勘认定符合条件的按以下标准执行：年度合规自付费用超出部分在 5 万元以下的（含 5 万），按 30% 兑付防贫保险金；5 万元至 10 万元的（含 10 万）的，按 40% 兑付防贫保险金；10 万元以上的，按 50% 兑付防贫保险金。属于"非高标准脱贫户"的，按照合规自付医疗费用（减去大病医疗救助、"两癌救助"、卫生扶贫救助基金）0.5 万元设置起付线，经查勘认定符合条件的按以下标准执行：年度合规自付费用超出部分在 1 万元以下的（含 1 万），按 30% 兑付防贫保险金；1 万元至 3 万元的（含 3 万），按 40% 兑付防贫保险金；3 万元以上的，按 50% 兑付防贫保险金。[①]

除了贫困人口和非贫临界人口，仪陇县针对非贫人口也出台了兜底政策，保证医疗救助政策全覆盖，杜绝因病致贫。对户籍在本县的重大疾病患者，享受现有医保政策后，个人医疗费用仍在 3 万元以上的非贫困户，经 5 个以上群众代表公认、乡镇村调查核实确无支付能力的，对其进行适当医疗救助。个人自付 3 万元至 6 万元的按 15% 救助、6 万元以上的按 20% 救助，每年每户最高不超过 3 万元，有效破解因病致贫返贫难题，进一步增强人民群众的获得感。

仪陇县强化精准施策，通过分病种的差异化治疗方案，准确掌握了患病贫困户的健康状况。在家贫困人口免费健康体检 100%、建立电子档案 100%、色标管理 100%，外出贫困人口建立基本信息档案 100%、告知 100%。摸清建档立卡贫困人口患病底数，建立贫困人口患病台账，对患重大疾病、慢性疾病、一般疾病的建档立卡贫困户实施动态化管理、实行精准治疗。另外，对疾病实施分类施治，分为一

---

① 摘自仪陇县健康扶贫简报。

次性救助、不可逆转维持治疗、慢性病持续救助三大类；具体救助措施为专家下基层救助一次性治愈的疾病，设立扶贫病床定点收治需要维持治疗的贫困人口，对需要长期治疗和健康管理的贫困患者采取精准治疗、远程诊疗、中医入村等其他救助方式。

表 6-1　仪陇县健康扶贫医疗差异化政策

类型	类　别	标　准
医疗保障	县域内住院	个人支付占比控制在 10% 以内。
	县域外住院	（1）乡镇卫生院县外市内、市外起付线 150 元，县外市内报销比例 85%、市外省内报销比例 75%、省外 50%；（2）中心卫生院、其他一级及以下医院县外市内、市外起付线 250 元，县外市内报销比例 80%、市外省内报销比例 70%、省外 50%；（3）二级医院县外市内、市外起付线 450 元，县外市内报销比例 75%、市外省内报销比例 65%、省外 50%；（4）县级三级医院县外市内起付线 550 元，市外起付线 1200 元，县外市内报销比例 70%、市外省内报销比例 60%、省外 50%；（5）市级及以上三级医院市内起付线 800 元，市外起付线 1200 元，市内报销比例 60%、市外省内报销比例 50%、省外 50%。
		13 种疾病在上述报销比例的基础上再提高 5%：（1）精神分裂症；（2）恶性肿瘤；（3）慢性肾功能衰竭；（4）艾滋病；（5）狼疮性肾病；（6）帕金森综合征；（7）再生障碍性贫血；（8）血友病；（9）骨髓增生异常综合征；（10）瘫痪；（11）器官移植抗排斥药物治疗；（12）植物人维持治疗；（13）未成年人脑瘫治疗。 未成年人治疗先天性心脏病和白血病医保政策范围内的医疗费用，医保基金报销比例为 100%。
		县域外住院贫困患者可享受大病保险、补充保险、民政医疗救助、卫生扶贫救助基金等。
	大病保险	起付线 5000 元，报销比例提高 5%：（1）0.5 万—3 万元报销比例 55%；（2）3 万—6 万元报销比例 65%；（3）6 万—10 万元报销比例 75%；（4）10 万元以上的报销比例 85%。
	补充保险	合规费用：（1）0—3 万元报销比例 30%；（2）3 万—6 万元报销比例 20%；（3）6 万—10 万元报销比例 10%；（4）10 万元以上的不报销。
	门诊统筹	每人每年 50 元，报销比例 100%，家庭成员可以共享。
	11 种门诊慢性病	报销比例 90%，封顶线为每人每年 6000 元。
	21 种门诊重大疾病	报销比例 90%。

续表

类型	类别	标准
分级诊疗	转诊程序	基层医疗机构→县级公立医院→市级医院→省级医院。
	转诊手续	转诊医疗机构开具转诊单，科室负责人签字、医疗机构医保办签字、县卫计局领导签字（主要是县外），完成转诊手续（转诊手续作为报销的重要依据）。
卫生扶贫救助基金	救助对象	户籍在本县的建档立卡贫困患者个人支付费用在10%以上的，可申请救助。
	救助内容	县域内门诊、县域外住院的（县域内住院、县外门诊、在药店开具药品的，不属于救助内容）。
	救助标准	医保报销结算单据显示个人支付总费用在3万元以下的，按15%救助；医保报销结算单据显示个人支付总费用在3万元以上的，按20%救助；门诊救助每户每年1000元以内。

二、配置均等高质的医疗资源

在服务机构配置方面，仪陇主要有三方面的举措。第一个方面是推动乡村达标建设。2016年至2018年6月，仪陇县共启动实施了55个建制乡镇卫生院、2个社区卫生服务中心与130个贫困村卫生室的达标建设。分别对乡镇卫生院、贫困村卫生室、社区卫生服务中心设立达标标准，标准涉及卫生院建筑面积、床位数、医护人员、医疗设备等多方面，十分详细，实现了真正的可操作、可核查。

第二个方面是优化医院就医环境。仪陇县各医疗机构对医院进行全面改造，营造整洁、干净、温馨的就医环境，在大厅配备候诊椅、饮水机等，所有医务人员亮牌上岗，对每位患者实行"首诊、首问负责制"，坚持做到合理检查、合理用药、合理治疗，组织服务礼节培训，切实改变工作态度，加强对贫困患者的人文关怀，切实做到耐心、细心、热心、爱心、诚心。

第三个方面是加快推进专科医院能力建设。仪陇县加强临床薄弱专科、临床核心专科建设，加强数字化医院建设，提升远程医疗服务能力和水平。另外，仪陇县加强健全一级诊疗科目，促进县级医院上等升级；依托省级优质康复资源，加强县医院和康复医疗机构能力建设，提高残疾人医疗康复能力，远程会诊系统开展网络医疗服务达75％以上。

在服务设备配置上，仪陇县投入大量资金，完善基层医疗设施。对全县各乡镇卫生院实行统一规划、统一职能、统一标准、统一风貌、统一标识、统一配置，实现了乡镇卫生院基本设施齐全、人员配置合理、服务功能完善、监督管理规范。仪陇县借助中国社会福利基金会捐赠设备的契机，为基层医疗机构添置了检验、影像方面的设备，大幅提高了基层医疗机构的诊疗能力，进一步加强了农村医疗服务体系建设。

同时，为了全方位提高全县医疗服务水平，仪陇县建立健全了医疗人才培养机制，具体包括四个方面内容：第一，实施本土人才培养。基层医疗机构采取推选或自愿的方式，组织医院医护人员到县级公立医院免费进修、培训，尤其是检验、影像、康复理疗等紧缺型专业人才。第二，建立对口帮扶制度。县级公立医院按照片区划分，分别对基层医疗机构进行对口帮扶，负责教学指导、手术示例、医院管理等，落实人员名单、划片包干制度，制定对口帮扶计划与实施方案，局脱贫办不定期、不定点、不定时进行抽查，对未开展、不知晓、行动慢、无实效的单位主要负责人进行全县通报，对片区划片包干相关人员督促医院按照相关制度处理，处理结果报局脱贫办备查。第三，推行中医适宜技术。充分发挥中医医疗预防保健特色优势，加强中医药人才队伍建设，不断推广运用针灸、推拿、按摩、刮痧、火罐、蜡疗、中药熏蒸等中医技术。第四，加强医师团队管理。实施医师服务团队签约行动，县级公立医院成立"仪陇县健康扶贫医师服务团队小分队"，每个团队成员至少有5名以上，基层医疗机构、村卫生室负责协助县级公立医院开展工作，小分队进院、进村、入户面对面开展工作，通过合作不断提高医师团队能力。

仪陇县"311"工程助力健康扶贫

仪陇县充分利用农民夜校阵地，另辟蹊径，有效破解因病致贫返贫难题。在每个乡镇卫生院确定一名农民夜校授课人员（公卫人员或驻村医生），在每个村确定一名健康管理员（村医），在每个家庭确定一名健康明白人，构筑起了乡村户的三级健康知识传播链，带动引导每个家庭合理就医、合理用药、合理膳食，共同维护全民健康。编制健康教科书；结合农村现状，编印易懂易记易会的顺口溜。组建巡讲团：组织县级医疗机构专家12人，到全县每个片区进行健康教育巡回宣讲。在宣讲中，采取专家与老百姓互动、回答问题赠送礼品，发放印有健康知识的围裙、手袋、脸盆、肥皂、洗手液等宣传品，发放宣传资料等多种形式，激发了老百姓参与热情，在各地起到了示范作用。①

三、打造便利快捷的就医通道

仪陇县打通就医通道的途径之一是加强预防。具体举措包括三个方面。其一是构建疾病预防体系。加强艾滋病、结核病防治。摸清艾滋病、结核病贫困患者数量，建立贫困人群重大疾病数据库。科学有序扩大检测，重心下沉基层，落实随访管理，健全医防结合机制，推行"检测—发现—随访—干预—治疗—救助"一条链服务模式，强化精准防治，提高防治质量。建立"四季常见病、传染病"常规化防控机制，倡导科学健康的生活方式，通过多渠道、多形式宣传方式，加大重大疾病、传染病、慢性病预防知识等宣传力度，规范预防接种门诊工作制度，全面加强免疫规划和预防接种、妇幼健康管理工

---

① 摘自仪陇县健康扶贫简报。

作，对高风险人群采取早期防治措施，从源头上降低重大疾病的发病率。其二是全民免费健康体检。对所有建档立卡贫困户开展免费的健康体检，建立健康档案，并用色标标识，部分无检验人员的基层医疗机构，由中心卫生院组织力量完成健康体检工作，保证健康档案的真实性，对工作开展滞后、延迟的单位进行全县通报，公卫年终目标考核扣减相应分数。其三是开展习惯养成活动。县级公立医院、基层医疗机构、贫困村卫生室负责具体实施，有 2 个贫困村以上的每季度开展两次，1 个贫困村的每季度开展一次，创新宣传方式与活动手段。

途径之二是缩短就医物理距离和心理距离。具体举措也主要体现在三个方面。第一方面，是实现家庭医生签约服务全覆盖。仪陇县各级基层医疗单位、村卫生室负责协助县公立医院开展工作，贫困人口中常住人口家庭医生签约率达 100%，与居民建立稳定的契约服务关系，引导居民形成以家庭医生首诊为基础的分级诊疗就医格局。各基层医疗机构以"家庭医生服务团队"为依托，充分发挥签约家庭医生的优势，进一步落实基本公共卫生服务项目，健全基础数据，着力加强 0—6 岁儿童、孕产妇、老年人、高血压、糖尿病、残疾人、贫困人口、计划生育特殊家庭等重点人群签约服务覆盖面，着力规范管理，提高项目管理质量，提高受众群体的获得感和满意度。

仪陇县健康扶贫"感动南充 2018"新闻人物唐学明

唐学明是一位最基层的健康守门人，已经从事村医工作 35 年，治愈的患者不计其数。2016 年，健康扶贫打响了攻坚战，唐学明经常利用村委会、坝坝会为贫困人口宣传政策，上门提供家庭签约服务，为每位村民建立了健康档案。对行动不便的、急诊急救的，唐学明都是随叫随到。因为贴近群众，想群众所想、急群众所急，唐学明得到了全体村民的充分认可和肯定，为筑牢基层健康保障树立了榜样，作出了表率。

第二方面是开展健康扶贫慰问活动。一是解决落实健康扶贫政策"最后一公里"问题，提高贫困群众获得感。在县、乡、村三级医疗机构组建医疗扶贫小分队，组建护理志愿者、义诊志愿者、专家志愿者服务队，深入各社区、片区卫生院、敬老院、学校、社区、村镇、居民家中进行巡诊、免费体检、业务指导、健康教育、赠送药品、义务献血，并邀请三甲医院专家为贫困户看诊，对相应扶贫联系村村民进行免费健康体检，建立健康体检个人档案。二是开展"习惯养成"活动，提倡健康生活方式，推动贫困群众生活水平再提档升级。充分利用广播、电视、手机短信、微信公众平台等现代通信工具，广泛传播医疗保障政策。创新宣传手段，编印群众喜闻乐见的宣传画册及健康生活方式宣传手册，印制医疗保障政策宣传展板、宣传条幅，采取"一对一""面对面"等方式进村入户宣传。

第三方面是进行信息化建设。2017年，仪陇县实现乡村信息化达标建设全覆盖。县人民医院五大远程诊疗中心投入运用，与基层医疗机构实现信息远程对接，对县、乡、村医疗机构配备了远程诊断设备，建成了县、乡、村三级网络医院，建立了以仪陇县人民医院为龙头、乡镇卫生院为枢纽、村卫生室为基础的县域医疗联合体，夯实了"基层首诊、双向转诊、急慢分治、上下联动"的分级诊疗制度基础。仪陇真正实现了"小病不出乡，大病不出县"目标，有效解决了群众看病难、看病贵的问题。

四、设立稳定有效的保障体系

仪陇县在健康扶贫领域的保障体系主要包括三个层面。第一是财务保障层面，仪陇县积极探索建立财政扶贫资金使用管理良性循环的长效机制，以县级财政、卫生计生部门作为卫生基金筹集主体。通过省级财政补助、市县财政预算安排，社会捐赠资金，对口支援资金，省医药爱心扶贫基金、慈善救助基金，基金收益和其他合规资金等，保证卫生基金的募资规模不低于 300 万元，当基金余额低于 50 万元时，启动限时补充机制及时补充。仪陇县采取"三个一点"方式（财政给一点、自筹一点、社会捐赠一点）发展壮大了卫生扶贫基金，每年保证 200 万元的教育医疗补充基金。通过整合涉农资金，加大健康扶贫财政投入，重点支持卫生院建设与贫困村卫生室达标建设，建立健康扶贫补充保险，为贫困人口看病就医实行兜底保障。

仪陇卫生和计划生育局扶贫基金救助项目案例

仪陇县采取了一系列"健康扶贫"惠民政策，缓解建档立卡贫困户因病造成的经济负担，带动建档立卡贫困家庭事业健康发展。其中典型案例是仪陇县卫计局对五福镇筏子村二组邓昌清进行的卫计扶贫基金救助。

家住仪陇县五福镇筏子村二组的邓昌清患糖尿病 12 年，一直口服降血糖药物，其家属长期患有多种慢病。在了解卫生扶贫救助基金政策后，邓昌清主动申请了卫生扶贫救助基金。村委会、乡镇人民政府认真核实和公示，县卫计局仔细复核后确定邓昌清为卫生扶贫救助基金救助对象。根据救助标准，直接打卡拨付邓昌清卫生扶贫救助基金 3000 元。卫生扶贫救助基金的及时发放，切实缓解了邓昌清家庭的经济压力。

第二是制度管理层面。仪陇县通过"五步"工作法，保证健康扶贫落到实处。第一步是查参保人员。对 2014—2018 年贫困人口参保情况入户核查，未补录及时补录，保证全员参保。第二步是落实医疗扶持。通过抽查医疗机构医保报销系统单据和走访贫困户，现场核查医疗扶持政策是否落实到位。第三步是保证医疗机构达标。对照基层医疗机构和村卫生室达标验收标准。第四步是审查人员资格。现场审查村医年龄和是否取得乡村医生资格证，发现村医老龄化和未取得乡村医生资格证的，基层医疗机构负责派驻医生到该村协助村医工作，变更执业地点。第五步是清点医疗设备配置。对照村卫生室设备清单逐一、逐项现场清点，确保设备达到验收要求。另一方面，仪陇县还实施了分片包干督查制度、建立综合巡查制度，着力发现医药购销领域和医疗服务方面存在的突出问题；成立健康扶贫绩效管理考核工作小组，制定严格的医疗卫生单位绩效考核办法，例如将院长的绩效与健康扶贫工作实绩紧密结合考核；实行一票否决，凡有健康扶贫工作不过关、不力等情形，一律不评先评优。坚持平时考核和集中考核相结合，注重激励、严格奖惩，充分发挥考核的激励和约束作用，为健康扶贫建设提供了坚实的保障。

第三是实施试点—推广模式。仪陇县在日兴镇、度门镇、赛金镇开展了村医试点通工作，依托互联网技术平台，搭建村医通系统平台，解决卫生信息"最后一公里"的难题。通过手机 APP，进行体检、随访等数据的实时录入以及开展特殊人员管理；综合运用信息化技术，探索建立移动医疗新模式，通过手机 APP 看病就诊，并以家庭为单位，与村医进行绑定，实现家庭医生签约服务，制定健康教育学习计划，定期推送权威的、适合村医学习的健康教育知识；村医通平台与医保平台对接，实现手机 APP 看病就诊之后的一键报销服务。仪陇县通过村医通系统平台的试点，逐步实现基本公共卫生服务、基本医疗服务、家庭医生签约服务、医保实时报销服务和健康教育服务信息化。仪陇县还积极打造样板试点，坚持示范引领。以银山卫生院、新政镇安溪潮村、亮垭村、双胜镇踊跃村、果园村、永远村、永久村、度门镇王家店村为示范点，打造健康扶贫样板，形成可操作、可总结、可复制的经验，在全县推广。通过试点—推广模式，仪陇县逐步实施医疗扶贫政策，其做法在南充市、四川省都产生了深远影响，为健康战略的实施提供了可借鉴的经验。

第四节　健康扶贫的仪陇模式与政策启示

一、健康扶贫的仪陇模式

（一）因人制宜：以人为本是拔"穷根"的关键

对于贫困地区的人民而言，不解决生存权与发展权问题，其他一切都没有意义。仪陇县的健康扶贫诠释了以切实尊重和保障人权为依归的中国式扶贫。仪陇县的健康扶贫将以人为本作为拔"穷根"的关键，其基本理念就是人人都应享有社会发展的成果，人人都应享有公平的健康权，尊重每一个人的生存权和发展权。

在社会主义市场经济条件下，社会的发展调动了所有社会成员的积极性和创造性，不断促进生产力的发展。但在市场竞争的过程中，由于每个人的成长背景、所处环境和个人能力的不同，每个人所享受的经济和社会成果有所不同，但这绝不意味着可消解社会成员所应有有均衡的权利和义务，更不意味着可以忽略一些弱势群体的存在。社会发展是由历史的合力所组成，不同的阶层、不同的个人都对社会发展起着共同促进的作用。在扶贫攻坚的道路上，由于不同群体和不同阶层的贫困原因和贫困程度不同，除了直接增加扶贫收益之外，还需要消除众多导致获得感偏低的客观因素和社会心理因素。

仪陇县健康扶贫取得不菲成就的关键就是因人制宜。根据贫困人口类别，对绝对贫困、低收入、因病致贫人群实行差异化救助。同时，探索按病种救助，提高重大疾病的保障力度。慢性病、重大疾病是贫困人口的主要疾病负担。在筹资增长有限的情况下，按病种实施医疗救助，重点提高贫困人口慢性病、重大疾病的保障水平，如针对贫困人口的重性精神疾病、白内障、儿童先天疾病等给予专项救助，大幅提高救助水平，切实减轻了患者疾病经济负担。

（二）医民融合：协同共生是除"病根"的攻坚利剑

医患关系失谐是当前医疗领域迫切需要解决的顽疾。据相关研究，医患纠纷中有 40% 以上同医务人员缺少爱心、同情心、责任心以及沟通能力差、法律意识淡薄有关。[①] 医生和患者的冲突在实质上是社会互动层面群际冲突的表现形式之一，有其特有的社会心理发生机制。当代社会中的医患互动进入了从"以疾病为中心"的生物医学模式向"以患者为中心"的生物—心理—社会医学模式转变的阶段。

仪陇县的健康扶贫一大亮点就是打造了和谐的医患关系，建立了医民融合共生的协同机制。其和谐医患社会关系的建立主要依托医疗舆情传播的积极导向，以及医疗制度信任的共同塑造。一是在舆论引导作用下，医患之间各自的利益诉求相互感染，包括仪陇县定期的健康扶贫信息报送、优秀医疗工作者的事迹报道以及正向医患关系事件报道等；另一方面，医疗制度信任是和谐医患关系的基本保障，包括对符合制度规定行为的认可与鼓励，对违反制度规定行为的惩戒，引导患者树立正确的行为观念规范等，进而大大减少了医患关系的紧张对立和医闹风险，促使医患之间形成稳定和谐的信任关系。医民融合保证了健康扶贫政策的顺利实施，帮助群众逐渐完成了"被动脱贫—主动脱贫—联动脱贫"的转变。

（三）基金护航：财政稳固是可持续发展的硬核保障

由于大病和慢性病具有难根除和易再发的特性，农村贫困户应对

[①] 梁海心、何志红：《提高人文素质营造人文氛围是缓解医患矛盾的良方》，《中国卫生事业管理》2004 年第 1 期。

此类疾病具有天然脆弱性，因病致贫返贫成为一个长期存在的难题，需要可持续健康扶贫。为尽快完成脱贫目标，部分地区"超能力"实施救助，在政策和扶贫机制方面存在脱离实际能力竞相比"力度"的做法，难以长久维系。仪陇县贫困地区囿于地理条件、资源禀赋等自然因素影响，经济发展落后，财政存量不足，随着政策的持续推进，医保基金触底风险凸显，贫困县财政压力巨大。为此仪陇县通过设立医疗基金的政策和措施，高效运转政府财政资金、筹集社会组织基金，动员各界人士捐赠资金。脱贫攻坚，资金投入是保障，仪陇县增加金融资金对健康扶贫的投放，发挥资本市场作用，吸引社会资金广泛参与医保基金，形成了仪陇县健康扶贫资金多渠道、多样化投入的模式。通过综合管理政府医疗基金，加上市场商业保险的补充，建立医疗救助制度稳定的筹资增长机制，逐步取消救助对象的就医起付线、封顶线等保险化制度设计，实现按需救助，既保证了政府投入的持续性，也保证了社会力量运转的持续性。

仪陇县将扶贫重点放在产业扶贫，通过夯实经济基础、提高财政收入来提高政府医疗救助，优先保证因病致贫家庭的就业和造血功能，提高防范和对抗疾病经济风险的能力，从而推进可持续健康扶贫和提高公共卫生的兜底能力。在医疗基金运行过程中，仪陇县建立了严格的监管制度，确保扶贫资金可持续使用。及时纠正因实施高额医疗兜底保障以致医保基金触底、贫困人口过度福利依赖的现象，确保医保基金的安全和可持续性。

二、仪陇县健康扶贫的政策启示

（一）在发展中解决问题

对于仪陇县的贫困人口来说，"两不愁三保障"的基本目标已经实现。但相比较来说，教育问题具有阶段性，住房问题具有单次性，而疾病问题则更具有不确定性和长期性。换句话说，疾病"问题"更多地表现为伴随个体或家庭一生的疾病"风险"。解决因病致贫问题，不仅需要解决短期内患病人口的巨额医疗支出问题，还需要在长期内考虑让个体少生病、不生病，降低患病风险。经历过大病、重病的贫困人口，如果没有完整和健全的康复过程，则有可能会使自身在相当长的一段时间，甚至是永久处在一个较低的劳动能力水平上。尤其是农村居民，他们面临着更高的健康脆弱性、经济脆弱性与社会脆弱性，多重脆弱性交织作用会导致他们面临更大的健康风险。

鉴于疾病问题的不确定性和长期性，因病致贫因此就可能具有反复性和长期性。基于社会发展的差异化、健康机会的不均等化，健康扶贫的作用逻辑主要体现在通过降低农村居民的健康脆弱性、经济脆弱性与社会脆弱性，斩断"健康风险发生—健康存量下降—健康机会缺失—经济脆弱性加深—健康能力持续下降—贫困程度继续加深"的健康贫困恶性循环传递链条，化解因病致贫返贫的现实困境。因此，要可持续地解决这一问题就需要在发展的过程中解决。经济社会的发展本身也是一个不断解决问题的过程。

回顾新中国70多年历史，我们曾经面对很多看似难以克服的问题，诸如，不断出现的严重传染病如何控制？几亿文盲如何扫除？几亿贫困人口如何脱贫？……实践证明，我们不仅有效解决了这些问题，而且实现了更好的发展。站在新的历史起点上，我们还会面临这样那样的风险挑战，甚至会遇到难以想象的惊涛骇浪，唯有发展才是硬道理。贫困地区之所以贫困，根本原因就是生产力的发展不足，因此脱贫的关键就是发展生产力，包括通过乡村振兴战略和健康中国战略规划来促进农村地区的经济社会发展水平，提高就医系统中需求方的抗风险能力，普及科学合理的健康理念，增强就医系统中供给方的医疗供给能力和服务能力，制定和完善发展型的政策体系等。

（二）预防与治疗相结合，降低健康风险以减少致贫风险

健康风险的发生是诱发健康贫困的逻辑起点，具体表现在，贫困人口健康资源占有不足、收入低下以及获取健康资源成本等障碍，导致了健康脆弱性、经济脆弱性和社会脆弱性的链式反应。其中，健康脆弱性包括农村医疗卫生资源的落后与不均，导致农村居民面临健康风险冲击的概率更大；经济脆弱性包括农村居民处于经济收入弱势地位，应对疾病经济负担能力弱；社会脆弱性包括农村居民由于受教育程度落后、农村本身社会因素导致其获取健康资源的成本较大。经济脆弱性和社会脆弱性共同导致农村居民的健康机会缺失，应对健康风险冲击的能力不足。这些风险既可以单独诱发农村居民发生健康贫困，又可以耦合叠加，导致农村居民陷入更深层次的健康贫困状态。仪陇县健康扶贫正是剖析了这样的链式反应，以预防与治疗相结合，通过降低健康风险以减少致贫风险。

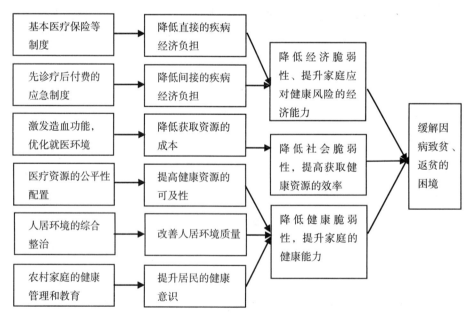

图 6-4　健康扶贫降低健康风险措施作用机制图

（三）精神扶贫与健康扶贫并重

扶贫应是物质扶贫与精神扶贫的统一体。因病致贫的人群除了身体上的疾病以外，往往会伴随出现一些心理问题。在贫困人群中，最明显的心理不健康现象有过度自卑、逆反、贪便宜等，这些既不利于其树立脱贫的主体意识，也不利于精准扶贫政策的良好实施。仪陇县实施了与本地实际情况相符合的政策举措，达到了精神扶贫与身体健康的双重效果，值得借鉴。仪陇县给予各乡镇、各村组织充分的自主决策与发展的空间，鼓励各地主动发现问题、制定对策、解决问题，从而建立起稳固的内生发展机制，形成以"两德精神"渲染并带动贫困人群主动脱贫，以四川人民特有的豪爽务实的文化特色来号召贫困人群之间、贫困人口与扶贫主体之间互帮互扶的健康扶贫文化。1948 年世界卫生组织成立时，就在宪章中把健康定义为："健康乃是一种生理、心理和社会适应都臻于完满的状态，而不仅仅是没有疾病和虚弱的状态"。因此，身体健康不是真正的健康，健康扶贫要走"身体健康—心理健康—社会健康"模式，精神扶贫与健康扶贫并重，才能真正消除贫困、振兴乡村。

第七章

从"贫困牢笼"到"多面发展"：
仪陇脱贫攻坚凸显成效

仪陇县在1986年、2001年和2011年先后被国务院确定为对中国革命作出特殊贡献的革命老根据地贫困县、国家扶贫开发工作重点县和国家新一轮集中连片扶贫开发工作重点县。仪陇不仅面临底子薄、欠账多、起步晚、发展滞后等全国贫困县普遍存在的问题，还具有贫困人口基数特别大、分布面积特别广、因病因残致贫比例特别高等特点。应当说，贫困成了贫困户与贫困地区的"牢笼"，严重束缚了贫困户与贫困地区的发展，只有打破"贫困牢笼"才能促进贫困地区的"全面发展"。

脱贫攻坚期间，仪陇不断凝心聚力和创新工作方式方法，有计划、分步骤地完成了脱贫攻坚任务，取得了"户脱贫、村退出、县摘帽"的巨大成效，有效解决了困难群众的"两不愁三保障"问题，并创新了基层社会治理体制，大幅改善了基础设施，优化了产业结构和提升了社会服务水平，将仪陇的"绿水青山"转化为"金山银山"，开创了社会、经济、生态"多面发展"的新格局，为乡村振兴和全面小康奠定了坚实基础。

本章将首先分阶段概述仪陇脱贫攻坚任务的完成情况，接着重点描述解决"两不愁三保障"的突出成效，最后论述由脱贫攻坚工作形成的全县"多面发展"格局。

第一节 统筹推进：脱贫攻坚的三个阶段

从 2014 年启动脱贫攻坚之后，仪陇分三个阶段顺利完成了脱贫攻坚任务。第一阶段为 2014—2015 年，主要完成了贫困户的信息收集与精准识别、各项工作规划的编制、工作平台的搭建、工作机制的创立和一部分贫困人口的脱贫等前期工作。第二阶段为 2016—2018 年，脱贫攻坚要求不断提高、任务不断明确、力度也不断加大，仪陇加快了脱贫攻坚进度，在 2018 年顺利通过了国检评估，实现了贫困县摘帽。2019 年至 2020 年为第三阶段，主要聚焦脱贫攻坚的巩固提升工作，继续解决各项突出问题，为实现全面小康、对接乡村振兴打下坚实基础。

一、第一阶段：前期实施（2014—2015 年）

2014—2015 年为仪陇脱贫攻坚的前期实施阶段，主要解决贫困人口的信息收集、各项工作计划的编制、工作平台的搭建和工作机制的创立等前期问题，完成了一部分难度相对较小的贫困人口的脱贫工作。

首先，本阶段完成了贫困对象的建档立卡、精准识别等信息收集工作。2014 年，仪陇根据《四川省扶贫开发建档立卡工作实施方案》，结合本县实际，共识别建档立卡贫困人口 3.41 万户、10.03 万人，贫困村 285 个。[①] 这些贫困人口分布在全县 883 个村（居），贫困村占全县村（居）总数的 30.5%，贫困发生率为 10.6%，其中因

---

① 仪陇县脱贫攻坚指挥部：《仪陇县脱贫攻坚建档立卡情况》，2019 年 8 月。

病和因残致贫的比例分别高达 70.22% 和 12.68%。① 在此基础上，2015 年仪陇进一步对贫困人口进行分类和核查，确定全县贫困户中有 2.98 万户为一般贫困户、0.43 万户为重点贫困户，还摸排出 0.51 万户未建档立卡的因灾致贫困难户。②

其次，本阶段编制出脱贫攻坚的初步工作规划。围绕当时提出的"四年脱贫攻坚、两年巩固提高"的脱贫攻坚目标，仪陇于 2015 年分别编制了全县扶贫开发总体规划、路水电土等基础设施建设规划以及专门针对贫困户的发展保障规划。③

再次，本阶段还初步搭建了以脱贫攻坚指挥部为工作平台、以驻村帮扶为工作渠道和以争取资金、发展产业和开展基础设施建设等扶贫项目为工作内容的脱贫攻坚工作机制。由于县扶贫和移民工作局的人员和工作力量难以应对要求日益提高的脱贫攻坚工作，仪陇于 2015 年底从各方抽掉骨干力量成立了脱贫攻坚指挥部，统一协调各项脱贫攻坚工作，初步搭建了脱贫攻坚的工作平台。2015 年还向 285 个贫困村派驻了驻村工作队，选派了以驻村干部、"第一书记"和帮扶责任人为主体的扶贫队伍进入村庄和贫困户家庭，实现了全县 3.41 万户贫困户的全覆盖，④ 形成了深入一线的工作渠道。本阶段还紧抓以争取资金、发展产业和实施基础设施建设为内容的扶贫工作，争取了一定数量的扶贫资金，推进了公路、生产便道、水利等基础设施建设，并培植了若干扶贫产业。

经过第一阶段（2014—2015 年）的脱贫攻坚努力，仪陇完成了大部分困难相对较小的贫困户的脱贫工作。其中，2014 年脱贫 6468 户、20468 人；2015 年脱贫 6744 户、21914 人（见图 7-1）。

① 此外，因缺技术、缺学识、缺劳力和缺资金致贫的比例分别为 11.03%、1.8%、1.73% 和 1.24%，其他为 1.29%。具体见仪陇县脱贫攻坚指挥部：《仪陇县贫困基础数据库》，2019 年 8 月。
② 《仪陇县扶贫和移民工作局 2015 年工作总结暨 2016 年工作要点》。
③ 《仪陇县扶贫和移民工作局 2015 年工作总结暨 2016 年工作要点》。
④ 《仪陇县扶贫和移民工作局 2015 年工作总结暨 2016 年工作要点》。

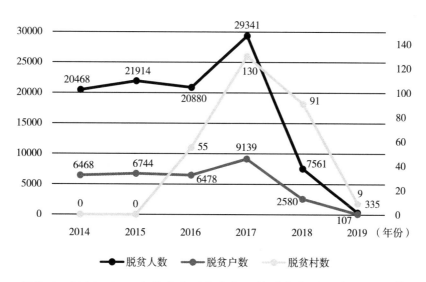

图 7-1 2014—2019 年仪陇贫困户和贫困村脱贫数量（单位：个）①

二、第二阶段：加快推进（2016—2018 年）

2016—2018 年，随着全国脱贫攻坚要求的不断提高，仪陇脱贫攻坚工作进入加速推进阶段。在本阶段，仪陇将脱贫攻坚作为全县责任最重、时间最紧的中心工作，举全县之力整合各方资源，不断搭建工作平台和创新工作方法，在 2018 年顺利通过了国检，成功完成了贫困县摘帽的脱贫攻坚任务。

首先，在贫困户精准识别方面，仪陇完善了"八步工作法"，根据脱贫攻坚进程对贫困户进行动态管理。2016—2018 年，仪陇严格按照"八步工作法"② 评定贫困对象，并出台"贫困对象有序进出管理办法"，根据脱贫工作进程和人口自然增减情况对贫困对象及时进行动态调整，于 2016 年和 2018 年分别新增贫困户 105 户、384 人和

---

① 数据来自仪陇县脱贫攻坚指挥部：《仪陇县贫困基础数据库》，2019 年 8 月。
② 即"对象申请、群众评议、首榜公示、乡镇审核、二榜公示、部门比对、发布公告、建档立卡"的工作步骤。

62户、204人，并将国检重点考核的非贫困村和非贫困户纳入摸排范围，力求做到对贫困对象的精准识别。该精准识别方式得到国检第三方评估组的"零漏评、零错退"的高度肯定。①

其次，在工作规划方面，仪陇深化和细化了脱贫攻坚项目的统筹规划，形成了一套包含各层面、各项目的统筹规划体系。该体系包括"3年达标、4年脱贫、5年小康"的"345"总体脱贫攻坚思路，"1个总体规划、1张作战图、1份责任分解表+1份倒排工期表+1份资金统筹表"的"113"脱贫攻坚作战书，涵盖基础设施建设和产业发展等各项内容的22个专项脱贫规划以及"1村1方案、1户1计划、1类1举措"的"1对1"问题解决措施。② 在该总体与专项相结合、宏观与微观相结合的统筹规划体系的指导下，各项扶贫项目得到了有序实施、复合和督查，确保了复杂、多维、艰巨的脱贫攻坚任务有条不紊地向前推进。

再次，在脱贫攻坚项目的实施方面，本阶段大力筹集和整合资金，确保了住房、医疗、教育、基础设施建设、产业发展、就业培训等支撑脱贫攻坚任务完成的各项项目顺利推进。从图7-2可以看出，随着脱贫攻坚从2016年开始加速推进，筹集和整合资金的数量大幅上升，其中2016年和2017年脱贫攻坚资金分别超过10亿元和20亿元，为完成各项脱贫攻坚项目提供了强大的经济支撑。

接下来，在脱贫攻坚的加速推进阶段，仪陇创新了一系列工作方式方法，形成了许多特色鲜明的工作机制，促进了脱贫攻坚工作的有力推进。这些工作机制包括：以指挥部整合行政资源的指挥运行机制、"432"问题摸排解决机制、"4多"贫困户增收利益联结机制、"N+1"监督机制等。③ 这些特色鲜明的工作机制得到省市和国家相关部门的高度肯定，中央电视台、《人民日报》和四川省内媒体多次

---

① 《仪陇县脱贫攻坚领导小组2018年脱贫攻坚工作总结》。
② 中共仪陇县委、仪陇县人民政府：《仪陇县工作报告》，2018年6月8日。
③ 《仪陇县脱贫攻坚领导小组关于2017年度减贫计划完成情况及工作成效的报告》。

对此进行报道,[①] 甘肃宕昌、湖北十堰、四川巴中南江等省内外 40
余个县市区先后到仪陇考察交流脱贫攻坚经验, 县委主要领导于
2018 年先后两次受邀在浦东干部学院贫困县党政正职脱贫攻坚专题
培训班上就脱贫摘帽仪陇做法进行交流。[②]

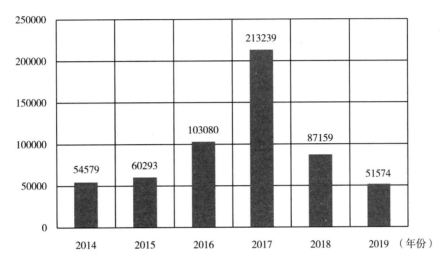

图 7-2　2014—2019 年仪陇脱贫攻坚统筹整合资金情况（单位：万元）[③]

　　以上述精准识别方式、统筹规划体系、巨额脱贫攻坚资金和特色
鲜明的工作机制为基础，仪陇紧紧围绕"贫困户、村退出、县摘帽"
的相关目标要求，分年度快速完成了脱贫任务。其中，2016 年、
2017 年和 2018 年分别实现 55 村 6478 户 20880 人、130 村 9139 户
29341 人和 90 村 2580 户 7561 人的脱贫攻坚目标（见图 7-1）；贫困
人口数量从 2013 年的 10.03 万人下降到 2018 年的 335 人，贫困村数
量从 2013 年的 285 个下降到 2018 年的 9 个，贫困发生率从 2013 年的
10.6%下降到 2018 年的 0.04%（见图 7-3）。[④] 由图 7-1 和图 7-3 可

---

①　仪陇县脱贫攻坚指挥部：《仪陇县脱贫攻坚文件资料汇编》，2018 年 12 月。

②　《仪陇县脱贫攻坚领导小组 2018 年脱贫攻坚工作总结》。

③　仪陇县脱贫攻坚指挥部：《仪陇县 2014—2019 年脱贫攻坚统筹整合情况按用途情况统计
表》，2019 年 8 月。

④　仪陇县脱贫攻坚指挥部：《仪陇县贫困基础数据库》，2019 年 8 月。

以看出，2016—2018 年是仪陇脱贫攻坚的加快推进阶段，"户脱贫"目标的主体任务在本阶段完成，"村退出"目标在本阶段实现绝大多数，"县摘帽"目标也在 2018 年以国检评估组的"零漏评、零错退，群众认可度 98.68%"的高标准顺利实现，仪陇完成了脱贫攻坚工作的巨大飞跃。

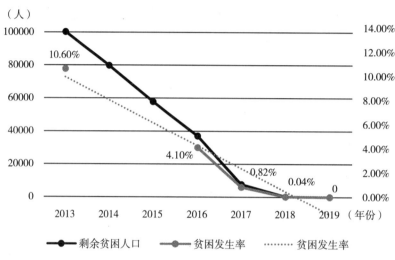

图 7-3　2013—2019 年仪陇贫困人口数量和贫困发生率递减情况

三、第三阶段：巩固提升（2019—2020 年）

根据习近平总书记"防止返贫和继续攻坚同样重要"的指示要求，2019 年之后，仪陇脱贫攻坚工作进入继续攻坚与巩固提升并重阶段，不仅将剩余少量贫困户和贫困村的继续脱贫作为工作重点，还将已脱贫人口的防止返贫和巩固提升作为未来工作重心，确保 2020 年与全省全国同步全面小康。

一方面，本阶段仪陇加大了继续脱贫攻坚的力度，确保剩余少量贫困户和贫困村在 2019 年全部脱贫。经过前一阶段的加速脱贫工作，2019 年仪陇只剩下 107 户、335 人、9 个村的脱贫减贫任务。对这个最后脱贫的关键群体，仪陇牢记习近平总书记"脱贫攻坚不获全胜，决不收兵"的重要指示，继续细化帮扶标准、叠加帮扶政策、落实救助措施，确保全面小康"不漏一户、不落一人"。①

另一方面，2019 年之后，仪陇脱贫攻坚的工作重心逐渐转向已脱贫人口的防止返贫和巩固提升。2018 年年底，仪陇制定了《持续巩固脱贫成效三年行动计划》，从七个方面明确了后续脱贫攻坚工作的方向，并着手编制"稳定脱贫全面小康"的 24 个专项扶贫计划和各乡镇的脱贫计划。② 进入 2019 年，仪陇按照"扶上马、送一程"的精神，进一步提出"四个不摘"（即不摘责任、不摘政策、不摘帮扶、不摘监管）的工作要求，从完善贫困对象动态监测、排查突出问题、落实到户到人政策、注重生产生活等方面推进巩固提升工作，确保已脱贫对象"稳得住、能发展、可致富"。③

第二节　凸显成效："两不愁三保障"脱贫任务顺利完成

"两不愁三保障"（即不愁吃、不愁穿，义务教育、基本医疗和住房安全有保障）是检验贫困户能否脱贫、贫困村能否退出和贫困县能否摘帽的重要指标，是判断一个地区脱贫攻坚工作成效的根本标准。经过 2014—2018 年三个阶段的脱贫攻坚工作，仪陇有效解决了"两不愁三保障"问题，实现了建档立卡贫困群众"吃穿不愁、病有所医、住有所居、幼有所教"的脱贫攻坚目标，为顺利完成脱贫攻坚任务和实现全面小康打下了坚实基础。

---

① 中共仪陇县委、仪陇县人民政府：《仪陇县工作汇报》，2019 年 8 月 26 日。
② 《仪陇县脱贫攻坚领导小组 2018 年脱贫攻坚工作总结》。
③ 中共仪陇县委、仪陇县人民政府：《仪陇县工作汇报》，2019 年 8 月 26 日。

一、吃穿不愁：解决"两不愁"问题的成效

2014 年，仪陇 10.03 万建档立卡贫困人口中有技能的劳动力仅为 73 人，占全县贫困人口的 0.08%；普通劳动力 45842 人，占全县贫困人口的 47.1%；弱劳动力或半劳动力 6080 人，占全县贫困人口的 6.25%；丧失劳动力或无劳动力 45329 人，占全县贫困人口的 46.57%。[①] 针对贫困人口这一劳动力状况，仪陇采取发展产业增收、扩展就业帮扶、低保兜底救助等途径，分类、分批解决"两不愁"问题，取得了贫困群众"吃穿不愁"的脱贫成效。

（一）发展产业增收

自 2014 年开展脱贫攻坚，尤其是进入 2016—2018 年的加速推进阶段之后，仪陇举全县之力开展产业扶贫，整合和投入巨额产业发展资金，打造了一张产业扶贫网，通过一套独特的利益联结机制，带动贫困户发展产业增加收入。

2014—2019 年，仪陇统筹整合了规模总量达 6.94 亿的产业发展资金（见图 7-4），打造了一张"县有'种植、养殖、加工'三大支柱产业、村有脱贫奔康产业园、户有庭院经济"的产业扶贫网。在县级层面，仪陇引进了海升、温氏、中味等 28 家大型农业龙头企业和大山大米等 23 家农业产品深加工企业落户；在村级层面，引导龙头企业、业主大户、专业合作组织等新型经营主体与贫困群众共建脱贫产业奔康园；在贫困户层面，发放到户产业发展资金，支持贫困群众发展小果园、小菜园、小家禽等庭院经济。[②] 截至 2018 年 6 月，农业龙头企业在仪陇建成柑橘产业园 3.1 万亩、加工型蔬菜产业园 8.2

---

① 仪陇县脱贫攻坚指挥部：《仪陇县贫困基础数据库》，2019 年 8 月。
② 中共仪陇县委、仪陇县人民政府：《仪陇县工作汇报》，2019 年 8 月 26 日。

万亩、生猪托养场 302 个；建立脱贫奔康产业园 285 个，形成了贫困村"村村建园"、贫困户"户户入园"的产业格局①；共发放到户产业资金 263 万②，支持贫困户发展庭院经济。

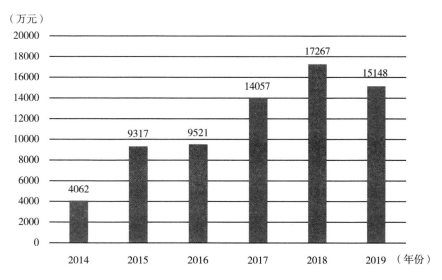

（万元）

图 7-4　2014—2019 年仪陇脱贫攻坚统筹整合产业发展资金情况③

以上述产业扶贫网为基础，仪陇探索出产业扶贫的"四多"利益联结机制，通过发展产业促进贫困群众增收。该做法是：通过多业支撑（工业、农业、商业、脱贫奔康产业园、庭院经济等）、多方联动（公司+合作社+贫困户、龙头企业+基地+贫困户、业主大户+贫困户、归雁经济+贫困户、帮扶力量+贫困户等）、多元投入（财政投入、金融扶持、工商资本、社会资金等），最终带动贫困户多重受益，即获得劳务收入、租金收入、经营收入、固定分红、效益分成以及保底分红等。④

2014—2018 年，上述产业扶贫网和"四多"利益联结机制共带动

---

① 中共仪陇县委、仪陇县人民政府：《仪陇县工作汇报》，2019 年 8 月 26 日。
② 该数据应为 2018 年底的到户产业资金数量。具体见《仪陇县脱贫攻坚领导小组 2018 年脱贫攻坚工作总结》。
③ 《仪陇县脱贫攻坚领导小组关于 2017 年度减贫计划完成情况及工作成效的报告》。
④ 《仪陇县脱贫攻坚领导小组关于 2017 年度减贫计划完成情况及工作成效的报告》。

1.38 万贫困户、2.73 万贫困群众发展种植和养殖业，其中，1.48 万余人以劳动力就业，9500 余人以资金、土地入股专业合作社，3000 余人自主发展产业，总共带动贫困户年均收入增加 6000 元以上。[①]

（二）扩展就业帮扶

在发展产业增加贫困群众收入的同时，仪陇还大力扩展就业渠道，通过就业帮扶解决"两不愁"问题。

随着脱贫攻坚进入快速推进阶段，从 2016 年起，仪陇全力整合就业扶贫资金，创新就业扶贫工作方法，针对不同劳动力状况的贫困群众采取技能培训、转移就业、公益岗位安置等就业帮扶渠道，促进贫困群众通过就业实现增收（见表 7-1）。

首先，从 2016 年到 2018 年 4 月，仪陇通过扶贫专班、定点学校、培训进村等渠道，采取"实体观摩+技术培训"的引导式培训方式，对有意愿参与培训的贫困劳动力开展技术、政策和相关岗位的培训。全县 3 年时间累计开展扶贫培训 48 期、共培训 4746 人次，有效帮助了贫困劳动力掌握就业技能。[②]

表 7-1　2016 年至 2018 年 4 月仪陇就业扶贫的主要成效

就业扶贫年度	就业扶贫资金（万元）	培训贫困劳动力（人次）	转移贫困劳动力（万人次）	公益岗位安置贫困劳动力（人次）	各项奖补资金（万元）
2016	330.2	1346	2.1	421	1
2017	802	2506	2.06	855	107.2
2018	759	894	2.2	879	58.4
总计	1891.2	4746	6.36	2155	166.6

资料来源：仪陇县就业服务管理局：《仪陇县就业扶贫工作开展情况》，2018 年 5 月 28 日。

---

① 仪陇县农牧业局：《仪陇县农业产业扶贫工作总结》，2018 年 6 月。
② 仪陇县就业服务管理局：《仪陇县就业扶贫工作开展情况》，2018 年 5 月 28 日。

其次，在同一时期，仪陇还通过开展就业扶贫专场招聘、深化与发达地区的劳务协作、给予外出务工交通补贴等方式，促进贫困劳动力就业。2016—2018 年，全县开展就业扶贫专场招聘会近百场，与浙江磐安签订了劳务合作协议，依托商务部"百城万村"家政扶贫项目和四川省家政服务发展示范项目培训家政工，并对接北京、成都等地的家政劳务公司，① 对参加有组织的跨省贫困劳动力给予一次性单程交通补贴，3 年累计转移贫困劳动力达 6.36 万人次，② 极大地促进了贫困户的就业和增收，为解决"两不愁"问题提供了坚实基础。

再次，仪陇还在贫困村开发公益性岗位，进一步安置贫困劳动力就业。按照 2018 年出列贫困村每村 5 个、其余贫困村每村 2 个的数量标准和每个岗位每月 500 元的待遇标准，设置产业管护、社会治安协管、乡村道路保洁等工作内容的公益性岗位。③ 2016—2018 年，累计安置 2155 人次的贫困劳动力，实现了部分贫困群众的托底安置就业。

此外，仪陇还进一步出台了一系列奖补政策，鼓励各种生产经营实体吸纳贫困劳动力就业和鼓励贫困劳动力与贫困大学生创业。2016—2018 年，仪陇先后奖补了 117 户吸纳贫困劳动力就业的生产经营实体和种养大户，奖补了一批就业扶贫示范村、扶贫基地、扶贫车间以及参与创业的贫困大学生和通过发展种养增收的贫困户，累计发放奖补资金 166.6 万元，促进了一部分贫困劳动力的就业和增收。④

通过上述技能培训、转移就业、公益岗位安置和吸纳就业奖补等途径，仪陇有力促进了贫困劳动力的就业，带动了有劳动力贫困户家

① 仪陇县商务局：《仪陇县 2018 年商务扶贫工作总结》。
② 仪陇县就业服务管理局：《仪陇县就业扶贫工作开展情况》，2018 年 5 月 28 日。
③ 《仪陇县就业服务管理局 2018 年就业扶贫工作总结》。
④ 仪陇县就业服务管理局：《仪陇县就业扶贫工作开展情况》，2018 年 5 月 28 日。

庭的增收，为解决"两不愁"问题打下了坚实的经济基础。

（三）社会兜底保障

对于无法通过产业扶持增加收入和就业帮扶实现就业的贫困群众①，仪陇通过低保兜底、残疾人补助、城乡养老保险等社会兜底保障渠道，进一步解决"两不愁"问题。

脱贫攻坚期间，仪陇在四川省内率先实现农村低保线与贫困线"两线合一"，不断扩大低保兜底救助的贫困户范围，不断增加低保兜底金额，将低保兜底救助与贫困群众的脱贫有效衔接起来。2014—2018年，仪陇的农村最低生活保障标准不断提高，2018年达到每人每月310元，已高于动态调整后的国家扶贫标准。按照收入核实、精准认定、科学补差、动态管理的工作方法，仪陇在脱贫攻坚期间逐年扩大了贫困低保户数，5年时间累计对74119户贫困户进行了低保兜底救助，共发放补助资金10490.56万元，有效解决了绝大多数丧失或缺乏劳动力贫困群众的"两不愁"问题（见表7-2）。

在低保兜底救助渠道之外，仪陇还采取发放特殊补助资金、发放贫困残疾人生活费补贴和困难补贴、代缴贫困户城乡居民养老保险等方式，进一步帮助贫困人口中的特困人员、残疾人、老人等群体，通过织密扎牢社会保障"安全网"，确保丧失或缺乏劳动力的贫困群众的"吃穿不愁"问题得到有效解决。②

通过上述发展产业增收、扩展就业帮扶和社会兜底保障的举措，以及住房改造、易地搬迁、健康与教育扶贫和提升农村电网、饮水、网络等工程的基础设施建设项目，仪陇彻底解决了"两不愁"问题，保障了贫困群众真正过上"吃穿不愁"的生活。

---

① 仪陇贫困群众中丧失劳动力或无劳动力的数量高达45329人，占全县贫困人口的46.57%。具体见仪陇县脱贫攻坚指挥部：《仪陇县贫困基础数据库》2014年贫困基础数据。
② 《仪陇县2018年社会保障扶贫工作总结》。

表7-2 仪陇低保兜底扶贫的主要成效①

年度 低保兜底	最低生活保障标准（元/人、年）	贫困低保户数（户）	补助资金（万元）	特殊补助资金（万元）
2014	2200	8528	297.65	——
2015	2280	9909	1276.47	——
2016	2880	17946	2058.85	317.03
2017	3360	18716	3664.59	——
2018	3720	19020	3193	——
总计	——	74119	10490.56	317.03

数据来源：《仪陇县民政局低保"兜底"扶贫工作总结》（2018年6月）、《仪陇县2018年社会保障扶贫工作总结》。

二、病有所医：健康扶贫的成效

2014年，仪陇因病致贫的贫困户高达2.15万户，占全县贫困户的68.3%。其中，患长期慢性病的26728人，占全县贫困人口的27.46%；患有大病的3913人，占全县贫困人口的4.02%。② 因此，通过健康扶贫让贫困人口"病有所医"，是脱贫攻坚的关键任务，也是实现"两不愁三保障"目标的关键内容。

从2014年起，尤其是进入脱贫攻坚的加速推进阶段之后，仪陇大力整合资金，加强医疗服务体系和公共卫生体系建设，不断创新健康扶贫的工作方式和方法，通过"先诊疗后结算"、"九免二补助"、大病专项治疗等制度和措施，建构了"五重医疗保障网"和"100%

---

① 其中2018年为1—3季度的数据。

② 此外，贫困人口中健康的60554人，占全县贫困人口的62.22%；残疾的7414人，占全县贫困人口的7.61%。仪陇县脱贫攻坚指挥部：《仪陇县贫困基础数据库》2014年贫困基础数据。

公共卫生覆盖网"，达到了"三个一批"（即"大病集中救治一批、重病兜底一批、慢性病签约一批"）的健康扶贫目标，在健康扶贫领域取得了良好成效，让贫困群众"病有所医"。

首先，在医疗服务体系建设方面，仪陇构建了县、乡镇、贫困村三级医疗服务平台，提升了医疗服务水平。2014—2018 年，仪陇县级公立医院实现了院区新迁和硬件升级，建筑面积达 15.7 万平方米，床位数达 2010 张，占全县床位总数的 44.7%；57 个乡镇、285 个贫困村分别全部建成硬件达标的卫生院和卫生室，基层医疗机构床位数达 1226 张；还引进一批高层次、紧缺型医疗人才，组建 11 个专门对基层医疗机构进行技术指导的医疗小分队，并给每个贫困村配备一名合格村医。[①] 三级医疗服务平台的建立和服务水平的提升为贫困群众"病有所医"打下了坚实基础。

其次，以上述医疗服务体系为基础，仪陇出台了"先诊疗后结算"、"九免二补助"、大病专项治疗等制度和措施，[②] 构筑起健康扶贫的"五重医疗保障网"，对贫困人口的参保、住院、慢性疾病和重病门诊等进行全方位保障。[③] 在"五重医疗保障网"（即城乡医疗保险基金、大病保险基金、补充医疗商业保险基金、民政医疗救助基金、卫生扶贫救助基金）的组合和叠加保障下，贫困人口的医疗参保率达 100%，县域内住院、11 种慢性病和 21 种大病门诊的报销比例超过 90%，[④] 极大地减轻了贫困人口的医疗负担，确保贫困群众"病有所医"。

再次，仪陇还建构了贫困人口健康体检和家庭医生签约的"100%基本公共卫生覆盖网"，为贫困人口提供基本公共卫生服务，从源头上发现疾病和减少疾病。在健康体检方面，仪陇为贫困人口提

---

① 仪陇县卫生健康局：《仪陇县健康扶贫总结》，2018 年 6 月。
② 《仪陇县健康扶贫专项 2017 年实施方案》。
③ 《仪陇县健康扶贫政策简介》。
④ 仪陇县卫生健康局：《仪陇县健康扶贫总结》，2018 年 6 月。

供免费健康体检，做到在家贫困人口免费健康体检率100%，电子健康档案建档率100%，外出务工人员基本信息档案建档率100%，色标管理100%，外出人员回家后立即补齐体检项目100%；① 在家庭医生签约方面，仪陇组建了130个家庭医生签约服务团队，实施了"1+3+1"（即一个县级医院医生+一个乡镇卫生院医生、一个护士、一个公共卫生人员+一个村医）签约服务模式，与贫困村和贫困常住重点人口的签约率均达100%。②

通过建构上述三级医疗服务平台、"五重医疗保障网"和"100%基本公共卫生覆盖网"，仪陇健康扶贫取得了显著成效。其中，从2016年至2018年4月，仪陇贫困人口县域内住院的报销总数达82352人次，报销费用达35621.35万元，平均报销比例达97.2%；从2017年至2018年4月，11种慢性病和21种重大疾病门诊的报销人次为2192人，报销费用为437.2万元，报销比例超过90.04%（见表7-3）。

表7-3 2016年至2018年4月仪陇健康扶贫的住院和门诊报销情况③

医疗保障 年度	县域内住院			11种慢性病和21种重大疾病门诊		
	报销 人次	报销费用 （万元）	报销 比例	报销 人次	报销费用 （万元）	报销 比例
2016	26394	10828.48	100%	/	/	/
2017	42751	19026.19	95.82%	1724	392.4	90.04%
2018	13207	5766.68	95.78%	468	44.8	90.05%
总计	82352	35621.35	97.2%④	2192	437.2	90.04%⑤

资料来源：仪陇县卫生健康局：《仪陇县健康扶贫总结》，2018年6月。

---

① 仪陇县卫生健康局：《仪陇县健康扶贫总结》，2018年6月。
② 仪陇县卫生健康局：《仪陇县健康扶贫总结》，2018年6月。
③ 2018年的数据为该年1—4月的健康扶贫成效数据。
④ 该数据为2016年至2018年4月的住院平均报销比例。
⑤ 该数据为2016年至2018年4月的门诊平均报销比例。

　　与此同时，从 2015 年至 2018 年 4 月，仪陇民政医疗救助基金共救助 26.64 万人次，发放救助资金达 9461.55 万元，其中资助参保参合 21.62 万人次，发放资金 1616.93 万元（见图 7-5）。

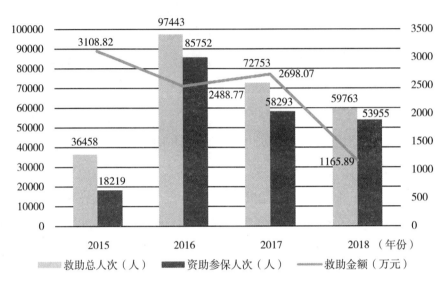

图 7-5　2015 年至 2018 年 4 月仪陇民政医疗救助人次和救助资金情况①

　　此外，自脱贫攻坚开始至 2019 年初，仪陇卫生扶贫救助基金共救助 7252 人，救助金额达 460 万元；其中门诊救助 6492 人，共 375.149 万元；住院救助 760 人，共 129.851 万元。2017 年和 2018 年分别完成贫困人口免费健康体检 58122 人和 61381 人，2019 年预计完成贫困人口免费健康体检 42849 人。②

　　仪陇健康扶贫在上述参保参合、住院、慢性病和大病门诊、免费健康体检等方面取得的成效打通了贫困人口的就医渠道，有力地减轻了贫困人口的医疗负担，极大地降低了因病致贫的贫困人口比例，显著提高了贫困人口的健康水平，实现了"病有所医"的脱贫攻坚目标。

①　仪陇县卫生健康局：《仪陇县健康扶贫总结》，2018 年 6 月。
②　仪陇县卫生健康局：《仪陇县健康扶贫政策简介》。

三、住有所居：住房保障的扶贫成效

住房保障是"两不愁三保障"的核心内容之一，让贫困群众"住有所居"是实现脱贫攻坚目标的最重要的一个方面。脱贫攻坚开展以前，仪陇上万户贫困群众存在住房不稳固、人居环境差、居住地极为偏远落后等一系列住房问题，严重制约了贫困群众脱贫致富。从2014年起，尤其是进入脱贫攻坚加速推进阶段之后，仪陇大力筹集资金，创新工作方式方法，通过危房改造、易地扶贫搬迁等途径，全面解决了贫困群众的住房问题，实现了"住有所居"的脱贫攻坚目标。

2014—2018年，仪陇举全县之力多方筹集整合资金，开创了"五个三"工作法，通过危房改造、易地搬迁等途径，分类、分批解决贫困群众的住房问题。如表7-4所示，在脱贫攻坚的前期实施和加速推进阶段，仪陇整合了高达12.9418亿元的巨额资金，用于解决贫困群众的住房问题。

在具体解决贫困群众的住房问题的过程中，仪陇开创了"五个三"工作法，即以县住房安全保障指挥部、乡镇住房工作领导小组和贫困村建房小组为架构的"三级"组织机制，涵盖全县统筹、全员动员、全程指导的"三全"实施方式，以锁定对象、制定改建方式、确定补助标准为核心的"三定"实施策略，以保障制度、保障标准、保障资金为内容的"三保"工作推进方法，以及包括巡查、抽查、督查"三查"的工程监管模式，确保了危房改造和易地搬迁的有效实施。①

以上述资金和"五个三"工作法为基础，经过5年脱贫攻坚的艰苦努力，仪陇在危房改造和易地搬迁两个方面取得了巨大成效。在

---

① 《仪陇县住房和城乡建设规划局2018年农村危房改造工作总结》。

危房改造方面，2014—2018 年，仪陇共完成 37855 户（套）危房改造任务，其中为建档立卡贫困户改造住房 13878 户，包括维修加固住房 7035 户、新建住房 5660 户、提升改造住房 1183 户，为非贫困户改造住房 23977 户。① 在易地搬迁方面，共完成 9503 户贫困户的易地搬迁（见表 7-4）。

表 7-4　仪陇住房保障的资金投入和主要成效

年度　　　　住房保障	住房保障资金投入（万元）	危房改造数量（户）	易地搬迁数量（户）
2014	3964	4028	0
2015	10309	11211	0
2016	20882	8000	1903
2017	77904	14616	3625
2018	16359	0	3975
总计	129418	37855	9503

资料来源：《2014—2019 仪陇脱贫攻坚整合使用资金情况统计表》《牢记使命建好房　倾力助推摘穷帽——仪陇县脱贫攻坚农村住房安全保障危房改造工作总结》《仪陇县住房和城乡建设规划局 2018 年农村危房改造工作总结》《仪陇县易地扶贫搬迁工作情况汇报》《仪陇县发展和改革局 2018 年易地扶贫搬迁工作总结》。

经过上述危房改造和易地搬迁，仪陇全面解决了贫困群众的住房困难问题，改善了人居环境，为其他方面的脱贫攻坚打下了坚实基础。通过危房改造和易地搬迁，贫困群众的住房结构更加安全，住房功能更加齐全，新（改）建房屋实现了生产与生活分离、宿舍与餐厅分离、厨房与卫生间分离，前庭后院得到了整治，配建了便民路，维修了排水沟，设置了生活垃圾处理设施，美化了乡村容貌，农村人居环境得到了彻底改善。② 与此同时，易地搬迁也使一部分贫困群众

---

① 仪陇县住房和城乡建设局：《牢记使命建好房　倾力助推摘穷帽——仪陇县脱贫攻坚农村住房安全保障危房改造工作总结》，2018 年 6 月。

② 仪陇县住房和城乡建设局：《牢记使命建好房　倾力助推摘穷帽——仪陇县脱贫攻坚农村住房安全保障危房改造工作总结》，2018 年 6 月。

从极端偏远落后和自然灾害频发的农村集中到小城镇，让这部分贫困群众得以摆脱住房、就医、教育、饮水、行路、用电"六难"问题的困扰，并通过新的产业发展和就业途径走向脱贫致富之路。[①] 经过脱贫攻坚"安得广厦千万间"，仪陇全面解决了贫困群众的住房困难问题，实现了"住有所居"的脱贫攻坚目标。

四、幼有所教：教育扶贫的成效

2014 年，仪陇共有各级各类建档立卡贫困生 17384 人，其中义务教育阶段贫困生 11637 人，[②] 学前教育阶段贫困生 1850 人，高中、职中阶段贫困生 2825 人，大学及以上贫困生 1863 人。[③]

为了达到"两不愁三保障"中"义务教育有保障"的脱贫攻坚目标，仪陇针对全县上述建档立卡贫困生的状况，不断创新工作方式方法，大力整合各级各类资金，通过持续的教育扶贫努力，做到义务教育阶段建档立卡贫困生无一人因贫辍学、失学，确保了所有贫困家庭子女"幼有所教"，从根本上阻断了贫困的代际传递。[④]

首先，仪陇创新了一系列控辍保学机制，确保义务教育阶段的建档立卡贫困生不因贫、因学习困难等因素辍学和失学。这些机制包括"3 类 4 级"保学平台、"2345"保学方式和"123"师生结对帮扶措施。其中，"3 类 4 级"保学平台是指通过电子平台对 3 类人员的相关信息（即建档立卡贫困生的入学情况、资助情况和义务教育阶段适龄儿童的入学情况）建立县、乡、村、校 4 级台账，对建档立卡贫困生和义务教育阶段学生的信息进行精准管理；"2345"保学方式是

---

① 仪陇县脱贫攻坚指挥部：《仪陇县易地扶贫搬迁工作情况汇报》，2018 年 6 月。
② 仪陇县教育局：《仪陇县教育扶贫 2018 年度工作总结》。
③ 仪陇县脱贫攻坚指挥部：《仪陇县贫困基础数据》（2014 年仪陇县贫困基础数据），2019 年 8 月。
④ 中共仪陇县委、仪陇县人民政府：《仪陇县工作汇报》，2019 年 8 月 26 日。

指明确行政系统与教育系统"双线"联控联保、① 做到影响辍学因素的"三避免"②、抓住导致失学事件的"四重点"③、压实"五长"（即县长、乡镇长、校长、村长、家长）的控辍保学责任，确保适龄儿童和少年均有机会接受义务教育；"123"师生结对帮扶模式是指对每名特殊群体学生至少配1名教师结对、教师每月至少对该生开展2次学习和心理辅导、每学期至少进行3次家访，全面掌握学生的学习动态，及时疏导可能的厌学情绪，确保学生劝得来、留得住。④

其次，在创新控辍保学机制的同时，仪陇还筹集整合了巨额资金，建立了一套涵盖各级各类贫困生的教育扶贫资助体系，从经济上保障了贫困家庭子女"幼有所教"。如图7-6所示，2014—2019年，仪陇用于教育扶贫的资金超过2亿元。

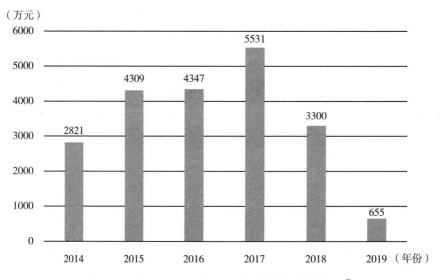

（万元）

图7-6　2014—2019年仪陇教育扶贫资金情况⑤

① 即"乡镇—村社—家庭"线和"县级教育部门—片区教育督导组—学校"线。
② 即避免因贫失学、辍学，避免因学习困难或厌学而辍学，避免因上学远、上学难而辍学。
③ 即重点时段：3月和9月，重点地区：边远、贫困和流动人口集中区，重点学段：初中，重点群体：贫困家庭等特殊群体。
④ 仪陇县教育局：《仪陇县贫困家庭子女义务教育保障工作汇报》，2018年5月28日。
⑤ 数据来自《2014—2019年脱贫攻坚统筹整合情况按用途情况统计表》。

以上述巨额资金为基础，仪陇建立了一套涵盖各级各类建档立卡贫困生的教育扶贫资助体系，从各教育阶段和各教育层面对贫困生进行全方位资助。其中，从2014年至2018年4月，仪陇共资助各级各类建档立卡学生（含部分非建档立卡经济困难生）达33.0211万人次，资助总金额高达2.5626亿元。值得特别注意的是，在幼儿保教费、义务教育阶段寄宿生生活补贴、高中和中职阶段减免学费和发放助学金、大学及研究生阶段生源地贷款等常规化的资助之外，仪陇还专门设立了教育扶贫资助基金和特别资助基金，分别对家庭经济极度困难的建档立卡贫困生和需要特别资助的本专科、中职贫困生进行专项资助。从2014年至2018年4月，教育扶贫基金共资助家庭经济极度困难的建档立卡学生5306人，资助金额达344.683万元；特别资助资金共资助特殊建档立卡学生2792人，资助金额达549.45万元。这些专项资助在教育扶贫工作中体现了"精准扶贫"的要义，确保了特别困难和有特殊需求的贫困家庭子女得到专项资助，有力地减轻了这些贫困家庭子女的教育经济负担（见表7-5）。

表7-5 2014年至2018年4月仪陇教育扶贫资助体系和主要成效

教育扶贫内容 资助对象	资助内容 （项目）	资助人次 （万人）	资助金额 （万元）
贫困幼儿及部分非建档立卡困难"三儿"①	免除保教费	4.3461	1872.414
贫困义务教育阶段寄宿生	寄宿生生活补助	13.9112	8007.325
贫困普通高中生	免除学费	4.7668	1662.234
	国家助学金	5.8193	5437.735
贫困中职生	免除或减免学费	1.3612	1496.14
	国家助学金	1.3509	1141.925

---

① 即孤儿、残疾儿童和家庭经济困难儿童。

续表

资助对象 ＼ 教育扶贫内容	资助内容（项目）	资助人次（万人）	资助金额（万元）
家庭经济困难的本专科生及研究生	国家生源地助学贷款	0.6558	5114.32
家庭经济极度困难的建档立卡学生	教育扶贫资金救助	0.5306	344.683
需特别资助的建档立卡本专科生和中职生	建档立卡特别资助	0.2792	549.45
总计	——	33.0211	25626.226

资料来源：《仪陇县贫困家庭子女义务教育保障工资汇报》。

再次，仪陇在教育扶贫工作中还启动了"薄弱学校改造项目""乡村教师提升计划"等乡村教育质量提升工程，着力提升贫困家庭子女入读的学校的教育质量，较大力度地削减城乡之间的教育质量差距，提高了义务教育阶段贫困家庭子女的受教育质量。经过长达5年的脱贫攻坚工作，仪陇达到了"乡乡有标准中心校"的目标，完成了数万人次的乡村教师培训，缩小了城乡之间的教育差距，促使义务教育阶段的贫困家庭子女从"不失学、有学上、能升学"向"学得好、上好学、有发展"的"三提升"教育目标转变。

通过上述创新控辍保学机制、建立教育扶贫资助体系和提升乡村教育质量等一系列教育扶贫工作①，仪陇不仅实现了义务教育阶段贫困家庭子女无一例因贫、因学习困难辍学和失学的目标，还极大地减轻了贫困家庭子女受教育的经济负担，并且大幅提高了多数贫困家庭子女入读的乡村学校的教育质量，缩小了城乡之间的教育差距，实现了贫困家庭子女"义务教育有保障"和"学得好、上好学、有发展"的"幼有所教"脱贫攻坚目标。

---

① 其他教育扶贫工作包括对156名不宜和无法进入学校就读的重度残疾和多重残疾适龄儿童的"送教上门"、加强对县特殊教育学校的投入、扩大县中职学校的招生规模等一系列工作，在此不一一详述。具体可见仪陇历年教育扶贫工作计划、实施方案、工作总结等材料。

第三节　多面发展：以脱贫攻坚推动
县域经济社会发展

作为一项历时数年、投入巨大人力物力财力、创新了一系列工作方式方法的全县历史性任务，脱贫攻坚不仅实现了"两不愁、三保障""户脱贫、村退出、县摘帽"等阶段性目标，还创新了基层社会治理体制、改善了基础设施、促进了产业发展和提升了社会服务水平，从多个方面推动了县域经济社会向前发展。

本节将考察脱贫攻坚对县域经济社会发展的关键性影响，着重论述由脱贫攻坚开创的新的基层社会治理体制、奠定的基础设施建设、形成的产业结构和社会服务体系，以及由此开创的社会、经济与生态多面发展格局。

一、创新基层社会治理体制

自 21 世纪初税费改革以来，乡村地区的基层社会治理存在着向上"悬浮"的趋势。[1] 该趋势还被两种力量进一步放大，即一方面农村劳动力大量外出务工加剧了乡村基层组织治理的乏力，甚至导致一些地区的"农村虚空"和"乡村衰败"；[2] 另一方面县级行政部门科层化的发展加大了不同部门之间协调的困难，也钝化了上级政权对乡村基层社会的治理效力。在此背景下，仪陇作为一个劳动力输出大县，在脱贫攻坚开展之前，无疑也面临着乡村基层组织治理乏力、不

---

[1] 周飞舟：《从汲取型政权到"悬浮型"政权——税费改革对国家与农民关系变迁的影响》，《社会学研究》2006 年第 3 期。

[2] 严海蓉：《虚空的农村和虚空的主体》，《读书》2005 年第 7 期。

同部门和不同层级政府之间协调困难等治理问题，许多与贫困群众脱贫致富密切相关的问题长期不能得到有效解决，一部分贫困群众的"等要靠"思想较为严重。

随着脱贫攻坚工作的推进，仪陇在大力整合资源、创新工作方式方法、完成脱贫攻坚任务的过程中，也突破了趋于"悬浮"和日益钝化的传统常规化的基层社会治理模式，创建了一套新的基层社会治理体制。该治理体制包括以脱贫攻坚指挥部为中心统筹各行政部门的上层指挥决策机制、以"五个一"和"三个一"帮扶力量为核心的"分线分层"渗透整合基层社会机制、以激发群众内生动力为内容的基层群众动员机制和以巡查、抽查、奖惩为内容的多维督查考核机制。

首先，随着脱贫攻坚进入加速推进阶段，仪陇突破了传统常规化的行政部门协调模式，在县级层面成立了脱贫攻坚指挥部，负责全县脱贫攻坚工作的决策、协调和指挥。在脱贫攻坚的前期实施阶段，仪陇存在着"个别（行政）部门对上沟通不主动、部分省直部门表态事项未完全落实、部门之间相互沟通不足、个别部门协调意识不够、个别乡镇和部门脱贫攻坚主观能动性不足"等沟通协调和指挥决策问题。① 随着脱贫攻坚任务的加重和考核标准的提高，仪陇在县级层面成立了综合协调各个行政部门和决策指挥各项扶贫事项的脱贫攻坚指挥部，并多次对指挥部的组织架构和运作规则进行调整，确保指挥部处于沟通协调和指挥决策的中枢位置。② 指挥部下设综合协调组等七个工作小组，由分管县级领导任组长，各组按照职能分工，配备若干专职工作人员，负责抓好脱贫攻坚项目推进、信息报送、经验提炼等工作；③ 指挥部执行"重点工作一律主要领导亲自部署，重要决策

---

① 《仪陇县脱贫攻坚指挥部办公室关于全县脱贫攻坚工作 2016 年工作总结和 2017 年工作打算的报告》。

② 《关于调整脱贫攻坚指挥部组成人员及内设机构的通知》。

③ 《仪陇县脱贫攻坚指挥部办公室关于全县脱贫攻坚工作 2016 年工作总结和 2017 年工作打算的报告》。

一律集体会商，重大问题一律当日报告"的"三个一律"工作要求，明确县委统筹整体推进、辖区乡镇作为攻坚主体、农户脱贫村组负责具体落实的工作机制，保证决策科学、协调到位、政令畅通、推进有力。[①] 脱贫攻坚指挥部的成立、调整和持续运行打破了常规化科层体制对脱贫攻坚事项的分割，确保了县级层面指挥决策的权威和效率。

其次，在常规化的上下级政府科层体制之外，脱贫攻坚通过创建"分线分层"的帮扶力量，直接、快速进入乡村基层社会，实现了国家权力对村组和贫困群众的重新渗透和整合。随着脱贫攻坚工作的推进，仪陇形成了县级领导联片包乡、各行政与职能部门对口帮村、党员干部结对帮户的帮扶思路，创立了以"五个一"、"三个一"、驻村工作组为主体并以优秀干部、村级好书记、村级后备干部、三农人才等为辅助的帮扶力量，以"横向到边、纵向到底、层层签订目标责任书"和"脱贫任务分解到年到月、具体到乡到村、落实到户到人"的工作方式，快速、直接地进入乡村村组和贫困群众家庭之中。[②] 截至2018年底，仪陇向285个贫困村、483个20户以上贫困户的非贫困村和其他有贫困户的非贫困村分别选派了"五个一""三个一"和驻村工作组作为帮扶力量，全县32名县级领导、333个部门（含学校、医院、企业）、1.15万名干部职工全覆盖帮扶全部883个有贫困户的行政村以及所有贫困户，[③] 其中285个驻村工作组、855名驻村工作队队员（含第一书记）更是长期扎根在村组一线和贫困户家中。[④]

---

① 中共仪陇县委、仪陇县人民政府：《仪陇县工作汇报》，2019年8月26日。
② "五个一"帮扶力量是指每个贫困村有1名县级领导干部联系、有1个帮扶单位、有1个驻村工作组、有1名第一书记、有1名农技员；"三个一"帮扶力量是指20户以上建档立卡贫困户的非贫困村有1名第一书记、有1个农业技术巡回服务小组联系、每个贫困户有1名帮扶责任人。具体见《仪陇县2018年度党建扶贫工作总结》。
③ 《仪陇县2018年脱贫攻坚工作总结》。
④ 《仪陇县2018年度党建扶贫工作总结》。

再次，在脱贫攻坚过程中，仪陇以上述直接进入村组和贫困户家中的"分线分层"帮扶力量为基础，进行了广泛的群众教育和群众动员，形成了一套激发群众内生动力的社会动员机制。在脱贫攻坚的前期实施阶段，许多贫困户不了解各项脱贫政策，一部分贫困户存在"等要靠"思想，一些贫困户之间、贫困户与非贫困户之间还存在攀比心态，甚至一度出现上访量与日俱增的情况。[1] 为了扭转贫困群众的这一思想状况、激发群众主动参与脱贫攻坚的内生动力，仪陇进行了涵盖宣传、教育、活动等多层面的群众动员工作。具体包括：召开座谈会、广播会、院坝会进行政策宣传，开办农民夜校进行政治引领和技术培训，举办"五学""十评""四好""两创"等包含法律、卫生、孝道、感恩等多方面内容的活动进行激励。[2] 这些宣传、教育和活动对贫困群众进行了充分的动员，改变了他们的思想状况，让绝大多数贫困群众成为脱贫攻坚的主动参与者和积极拥护者，达到了基层社会治理的目标。

最后，仪陇还创建了一套涵盖多个方面、涉及多个时点的督查体系，确保了脱贫攻坚指挥部的决策得到有力执行、"分层线性"帮扶力量和群众动员的工作得到有效推进。脱贫攻坚进入加速推进阶段之后，仪陇随即成立了专门的脱贫攻坚督查工作组，对项目实施、驻村帮扶、贫困户脱贫和贫困村退出评估验收等脱贫攻坚工作进行全程督导[3]，督查方式包括电话抽查、专项督查、定期考核、交叉评估等[4]。在督查工作组定期全程督查之外，仪陇还不定期展开由县级领导负责

---

① 《仪陇县脱贫攻坚指挥部办公室关于全县脱贫攻坚工作 2016 年工作总结和 2017 年工作打算的报告》。

② "五学"是指专家进村辅导学、干部入户帮助学、身边典型激励学、新老媒体带动学、村校互动同步学；"十评"是指评模范守法户、清洁家庭户、星级文明户、致富带头户、饮水思源户，评好公婆、好媳妇、好妯娌、好夫妻、好干部；"四好"是指住上好房子、过上好日子、养成好习惯、形成好风气；"两创"是指创四好星级农户、创四好幸福新村。具体见《仪陇县脱贫攻坚领导小组关于 2017 年度减贫计划完成情况及工作成效的报告》。

③ 《仪陇县脱贫攻坚指挥部办公室关于全县脱贫攻坚工作 2016 年工作总结和 2017 年工作打算的报告》。

④ 《仪陇县 2018 年度党建扶贫工作总结》。

的蹲点式督查、靶向式抽查等突击督查，确保了对一些关键领域、关键项目和关键人员进行定向督查。① 在全方位、全时段督查的基础上，仪陇还对脱贫攻坚干部实行了重奖重用、重罚重惩的奖罚措施。截至 2018 年底，仪陇脱贫攻坚共有 84 名一线干部得到提拔重用，12 名驻村帮扶干部、18 名基层干部因工作不力被问责。②

　　脱贫攻坚创新了仪陇的基层社会治理体制，使传统常规化的科层治理体制向脱贫攻坚时期的动员式治理体制转型。新的基层社会治理体制包括四个要件，即以指挥部为中枢的指挥运行机制、以"分线分层"帮扶力量为核心的下沉机制、以宣传和教育等活动为内容的群众动员机制以及涵盖全程全面监督的督查机制。新的动员式基层社会治理体制解决了科层分化导致的协调困难问题，将以帮扶力量为代表的资源和国家权力直接渗入基层村组和农户家中，彻底扭转了基层社会治理向上"悬浮"的趋势，并且通过密集的群众动员改变了贫困群众的"等要靠"、攀比等消极思想，将基层群众从脱贫的被动承受者转化为主动参与者。新的治理体制还通过全程全面的督查体制解决了基层干部的激励问题，确保了脱贫项目及时有效地推进和保质保量地落实（见图 7-7）。

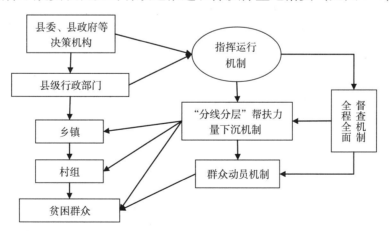

图 7-7　从常规化治理到动员式治理：脱贫攻坚对基层社会治理体制的影响

---

① 《仪陇县 2018 年脱贫攻坚工作总结》。
② 《仪陇县 2018 年脱贫攻坚工作总结》。

二、改善基础设施

脱贫攻坚还彻底改变了仪陇乡村基础设施薄弱的状况，大幅提升了乡村道路、水利、电力、网络、房屋等基础设施建设水平，为后续的乡村振兴工作打下了坚实基础。

基础设施薄弱和历史欠账是制约仪陇经济社会发展和形成"贫困牢笼"的主要因素之一。在脱贫攻坚开展之前，仪陇"境内无港口、无航运码头、无铁路，高速公路里程短，部分乡村道路等级低、路况差，交通网络不够完善，通行能力弱，群众出行、物质运输比较困难"。[①] 其中，截至2013年底，仪陇全县的通村道路里程仅为1661.748公里，[②] 严重制约了农业、农村发展、贫困群众脱贫和致富。

脱贫攻坚期间，仪陇在基础设施建设领域投入巨额资金，力图从交通、水利等方面大幅提升基础设施建设水平。如表7-6所示，从2014年到2019年初，仪陇共整合各项基础设施建设资金高达20.1041亿元，其中交通设施建设10.8066亿元，水利设施建设6.8425亿元，生产便道、生活便民路等其他基础设施建设2.4550亿元。

在上述巨额资金投入和新的动员式治理体制的保障下，仪陇的基础设施建设得到了大幅提升，交通、水利、电力、网络等基础设施得到了根本改善。

---

① 仪陇县脱贫攻坚指挥部：《仪陇县贫困基础数据》（2014年贫困基础数据），2019年8月。

② 仪陇县脱贫攻坚指挥部：《仪陇县贫困基础数据》（2014年贫困基础数据），2019年8月。

表7-6 2014年至2019年初仪陇脱贫攻坚统筹整合
基础设施建设资金情况 （单位：万元）

基础设施投入\年度	交通设施	水利设施	生活、生产便道等其他基础设施
2014	25309	5987	5499
2015	10870	6359	2826
2016	22993	16254	2026
2017	24976	25297	7501
2018	9227	8508	3851
2019	14691	6020	2847
总计	108066	68425	24550

资料来源：《仪陇县2014—2019年脱贫攻坚统筹整合情况按用途情况统计表》。

在交通设施方面，过境高速、国道、省道、县乡公路都得到全面提升，形成了"出境公路高速化、干线公路快速化、农村公路网络化"的交通格局。截至2018年6月，成巴、巴南广等高速建成通车，阆仪营、汉巴南等铁路正紧张筹备，国、省道路实现改造升级，县、乡公路快速增长。[1] 如图7-8所示，从2014年至2019年初，仪陇的通村通组道路里程已从1661.748公里增加到5300公里（包括水泥路4500公里、泥结碎石路800公里），新建通村通组水泥公路2838.252公里，实现了全县"村村通水泥路"的目标，其中75%的村组建成了通组道路。[2]

在水利设施建设方面，仪陇利用上述巨额扶贫资金大力开展水库建设、河道治理、饮水工程施工等水利提升工程，有效解决了用水难

---

[1] 中共仪陇县委、仪陇县人民政府：《仪陇县工作汇报》，2019年8月26日。

[2] 仪陇县脱贫攻坚指挥部：《仪陇县贫困基础数据》（2014年贫困基础数据），2019年8月。

图 7-8　2014 年至 2019 年初仪陇通村通组公路里程数量（单位：公里）①

题，基本形成了大水利格局。脱贫攻坚开展之前，仪陇位处秦巴干旱走廊和嘉陵江、渠江分水岭，降雨时空分布不均，季节性缺水较为突出，骨干水利工程较少，蓄水能力较差，全县人均水资源占有量仅为487 立方米，仅为全国人均占有量的 23.1%，水资源严重缺乏。②2014 年至 2018 年底，仪陇大力推进了一系列水利基础设施建设，先后新建千吨万人以上规模化水厂 5 处、供水总规模达 6.9 万吨/天，实施管网延伸工程 51 条，新建农村分散人饮工程 2.08 万处，解决了54 个场镇、210 个村居、43.15 万人（其中贫困人口 7.33 万人）的饮水不安全问题，③ 大幅提升了全县尤其是贫困人口聚集的农村地区的水利设施水平。

　　此外，脱贫攻坚还完善了乡村电力、网络、农田、生产便道、便民服务中心等其他基础设施建设，为村民生活、产业发展和乡村振兴打下了坚实基础。截至 2018 年底，仪陇接通了 285 个贫困村的光纤

---

① 数据来自《2014—2019 年脱贫攻坚统筹整合情况按用途情况统计表》。
② 仪陇县脱贫攻坚指挥部：《仪陇县贫困基础数据》（2014 年贫困基础数据），2019 年 8 月。
③ 《仪陇县水务局 2018 年脱贫攻坚水利专项扶贫工作总结》。

宽带，完成了新一轮 251 个村的电网改造，建成了高标准农田 18.9 万亩，配套生产便道 353 公里，建成了 89 个乡镇便民服务站和 451 个村级服务中心，极大地提升了乡村群众的生产、生活基础设施水平。[①]

因此，脱贫攻坚跨历史地大幅提升了仪陇的交通、水利、电力、网络、农田等基础设施水平，彻底改善了脱贫攻坚前交通闭塞、水资源短缺、乡村基础设施薄弱等问题，为农业、农村发展和农民增收致富打下了坚实基础。

三、促进产业发展

脱贫攻坚开展之前，仪陇的产业基础薄弱，农业发展缓慢。全县农户主要依靠传统方式进行农业生产，比较效益较低，增收能力不强；农业产业关联度不高，产业链基本没有形成；农业产业龙头企业规模小、实力弱，经营管理粗放，引领产业发展的能力有限，农民增收较为困难。[②]

脱贫攻坚开展之后，仪陇秉持发展产业带动贫困群众就业和增收的脱贫方向，在动员式基层治理体制和基础设施建设大幅提升的基础上，通过投入巨额产业发展基金和金融扶贫基金、加大招商引资力度引进和带动创建新型生产经营主体、提升物流网络等途径，促进了产业发展和经济增长。

首先，脱贫攻坚统筹整合了巨额产业发展基金和金融扶贫基金，奠定了产业发展的资本基础。本章已经指出，从 2014 年到 2019 年初，仪陇统筹整合了规模总量高达 6.94 亿的产业发展资金，用于推动产业发展。与此同时，脱贫攻坚还撬动了大量金融资金，从多方面

---

① 中共仪陇县委、仪陇县人民政府：《仪陇县工作汇报》，2019 年 8 月 26 日。
② 仪陇县脱贫攻坚指挥部：《仪陇县贫困基础数据》（2014 年贫困基础数据），2019 年 8 月。

促进了产业发展，具体包括：以扶贫小额信贷、创业担保贷款等方式支持贫困群众发展养殖业和从事个体经营；通过贷款产品和金融服务优先满足参与脱贫攻坚的各类经营主体的资金需求；加强农村信用体系和支付环境建设促进金融资金流动；等等。① 从 2014 年至 2018 年 6 月，仪陇扶贫小额信贷累计放贷 14560 笔、5.2329 亿元，贷款余额 5724 笔、1.8374 亿元，共扶持种养大户 200 多户，累计帮助贫困户增加收入达 3 亿元。② 仅 2018 年 1 月至 10 月末，仪陇金融机构累计向脱贫奔康产业园、各类专业合作社、家庭农场、龙头企业等新型农业经营主体发放产业精准扶贫贷款 4.96465 亿元，直接带动贫困户 5251 户。③ 巨额产业发展基金和金融扶贫基金注入各类经营主体和农户家中，保障了相关产业的资金来源，无疑为产业发展和经济增长奠定了最坚实的资本基础。

其次，脱贫攻坚加大了招商引资力度，引进和带动创建了一大批新型经营主体，增加了产业的经营规模和经营活力。从 2014 年至 2018 年 6 月，仪陇共引进海升、温氏、中味等 45 家农业龙头企业，组建专业合作社 830 个、家庭农场 705 家，培育种养大户 934 户，建成生猪托养场 302 个，建成水果、蚕桑、蔬菜、中药材和水产等产业园 349 个，新改建种养业基地 56.6 万亩。④ 在同一时期，仪陇还加大了工业园区建设，吸引大山米业等 23 家农副产品深加工企业落户，园区入驻企业 89 家，协议投资 150 亿元，初步形成了农副产品精深加工、服装鞋帽、食品医药、机械电子四大支柱产业，并于 2017 年成功创建省级"农副产品深加工特色产业园"，被四川省命名为"小企业创业基地""第二批农产品加工示范基地"。⑤

---

① 《中国人民银行仪陇县支行 2018 年金融专项扶贫总结》。
② 《仪陇县扶贫小额信贷工作概况》。
③ 《中国人民银行仪陇县支行 2018 年金融专项扶贫总结》。
④ 仪陇县农牧业局：《仪陇县农业产业扶贫工作总结》，2018 年 5 月 30 日。
⑤ 仪陇县脱贫攻坚指挥部：《仪陇县工业产业扶贫总结》，2018 年 5 月 30 日。

新引进和新创建的一大批新型经营主体不仅带动了贫困群众就业和增收，还增加了产业规模，改进了生产和经营方式，成为仪陇经济增长的新引擎。

再次，脱贫攻坚还建立了一个联通县、乡、村三级区域的物流网络体系，加快了农村电商平台的建立和产品流通的速度，在商品流通环节促进了产业发展。自2014—2018年开始至2018年底，仪陇调整和优化了邮运网和投递网，建成了县级冷链物流及分拣配送中心，整合县内10余家托运部入驻，实现了货物集中集散；与此同时，以分拣中心为核心，在全县开通了15条农村物流配送专线，连通了57个乡镇电商物流服务站和300个村级电商物流服务点，发展了快递物流企业19家、配送站点183个，构建了县、乡、村三级电商物流配送体系，解决了农村电商物流"最后一公里"和农产品上行"最初一公里"问题，打通了农产品尤其是贫困户农产品上行快速通道。①

此外，脱贫攻坚还大幅提升了全县与产业发展密切相关的基础设施建设水平（如增加生产便道数量）、引进和向农村派驻了一大批农业技术人才、完善了县城和乡镇的集市设施、扩展了本县产品的销售市场，进一步促进了产业发展和经济增长。②

在脱贫攻坚投入巨额资金、引进和创建大批新型经营主体、打通各级物流运输体系和投入人力、技术等力量的大力推动下，仪陇的产业得到了较快发展，经济快速增长，人民群众的收入持续增加。如图7-9所示，从2013年到2018年，仪陇的地区生产总值从133.7亿元增加到203.8亿元，年平均增速超过8%。其中，农业也得到了较快发展，在脱贫攻坚持续推进的五年期间，农业生产总值接近翻倍，从36.4亿元增加到62.3亿元。在同一时期，仪陇的居民可支配收入以高于地区生产总值的速度增长，农民的可支配收入

---

① 《仪陇县经济商务和信息化局2018年商务扶贫工作总结》。
② 仪陇县农牧业局：《仪陇县农业产业扶贫工作总结》，2018年5月30日。

增幅更大，从 2013 年的 6610 元增加到 2018 年的 11965 元（见表7-7）。

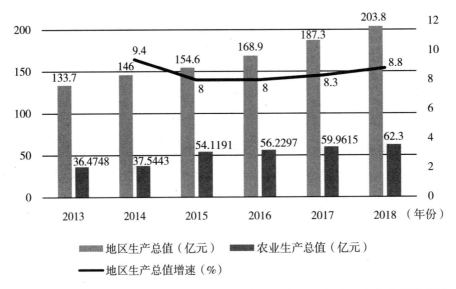

图 7-9 2013—2018 年仪陇地区生产总值、农业生产总值和地区生产总值增速①

表 7-7 2013—2018 年仪陇人均可支配收入及其增长率

（单位：万元）

收入 年度	城镇居民可支配收入（元）	城镇居民可支配收入增长率（％）	农民可支配收入（元）	农民可支配收入增长率（％）
2013	19601	——	6610	——
2014	21724	10.83	7442	12.59
2015	24474	12.66	9051	21.62
2016	26467	8.14	9910	9.49
2017	28779	8.73	10904	10.03
2018	31209	8.44	11965	9.73

资料来源：《仪陇县统计局 2018 年国民经济和社会发展统计公报》，2019 年 4 月 10 日。

———————

① 数据来自《仪陇县统计局 2018 年国民经济和社会发展统计公报（2019 年 4 月 10 日）》《仪陇县统计年鉴（2016）》和《仪陇县统计年鉴（2017）》。

四、提升社会服务水平

脱贫攻坚还提升了基层政府、基本医疗和乡村教育的社会服务水平，大幅完善了仪陇的社会服务体系。

脱贫攻坚期间，仪陇在卫生、教育、民政、乡村文化等方面投入巨额资金，从硬件设施和服务水平两个方面大幅完善了社会服务体系。如表7-8所示，从2014年到2019年初，仪陇投入社会服务的资金高达10.6794亿元。其中，卫生资金0.2964亿元，教育资金2.0963亿元，民政等社保资金8.0468亿元，文化资金0.2399亿元。

表7-8　2014年至2019年初仪陇各项社会服务资金投入

（单位：万元）

年度＼公共资金	卫生资金	教育资金	民政等社会保障	文化	各项小计
2014	——	2821	6063	——	8884
2015	49	4309	7308	——	11666
2016	287	4347	15088	546	20268
2017	1351	5531	35855	797	43534
2018	1277	3300	10356	1056	15989
2019	——	655	5798	——	6453
总计	2964	20963	80468	2399	106794

资料来源：《仪陇县2014—2019年脱贫攻坚统筹整合情况按用途情况统计表》。

在上述巨额资金的支持下，仪陇基本社会服务的硬件设施和服务水平均得到较大提升。

首先，在基层政府的公共服务供给方面，脱贫攻坚完成54个乡镇的便民服务中心的标准化建设和84个村级便民服务代办站的建设，提升硬件配置、推行阳光政务、狠抓作风建设、完善服务功能，实现了政务服务均等化和全覆盖。① 与此同时，脱贫攻坚还完成了 451 个集文化室、卫生室等为一体的村级活动中心的新（改）建，并配备了健身器材、图书资料等设备，丰富了基层群众的文化体育生活。②

其次，在基本医疗服务的提供方面，仪陇大幅提升了县城和基层的医疗硬件设施和服务水平。始至 2014—2018 年，仪陇完成了县人民医院、县中医院、县妇幼保健院的院区新迁，建筑面积达到 15.7 万平方米，床位数达到 2010 张；与此同时，还完成了 57 家乡镇卫生院和 285 个贫困村卫生室的达标建设，其建筑面积、床位等指标全部达标，基层医疗机构的床位数达 1226 张。③ 此外，脱贫攻坚还促使仪陇加大了医疗人才的引进力度、重点专科的建设水平和医疗信息化平台的建设，通过家庭医生服务队将县乡两级医生、护士和公共卫生人员引入贫困村和贫困户家中，同时在每个村配备一名合格村医，从各层面提升医疗服务水平。④

再次，在乡村教育的硬件设施和质量提升方面，脱贫攻坚完成了乡村标准中心校的建设，开展了乡村教师能力提升工程和教育信息化水平建设，极大地提高了乡村义务教育阶段学校的基础设施和师资力量，提升了农民（工）子女的教育质量，扩展了他们的入学机会，缩小了城乡之间的教育差距，促进了教育的均衡发展。

如表 7-9 所示，脱贫攻坚从硬件设施和教师能力两个方面大幅提升了乡村教育质量，达到了"乡乡有标准中心校，农村校校标准化，农民（工）子女就近上好学"，县城教育机会增加，农村义务教育教师的数量、待遇和能力均显著提升的效果。

---

① 中共仪陇县委、仪陇县人民政府：《仪陇县工作汇报》，2018 年 6 月 8 日。
② 中共仪陇县委、仪陇县人民政府：《仪陇县工作汇报》，2018 年 6 月 8 日。
③ 仪陇县卫生健康局：《仪陇县健康扶贫总结》，2018 年 5 月 30 日。
④ 仪陇县卫生健康局：《仪陇县健康扶贫总结》，2018 年 5 月 30 日。

表 7-9 2014—2018 年仪陇教育扶贫质量提升工程和主要成效

质量提升	项 目	完成情况		主要成效
硬件设施提升	乡村标准中心校建设	校舍：95541 平方米		乡乡有标准中心校，农村校校标准化，贫困家庭子女就近上好学。
		运动场：113500 平方米		
		课桌凳：20000 套		
		计算机：3725 台		
		多媒体班班通：558 套		
	城镇学校建设	新建高中/职中：各 1 所		向随迁子女扩展城镇优质教育资源。
		新建小学：1 所		
		新建幼儿园：2 所		
	信息化水平提升	中小学互联网接入率：100%		共享教育资源，提高教育效率。
		生机比：初中 0.08 台/人，小学 0.06 台/人		
师资能力提升	补充师资	公招教师：769 名		义务教育招录教师全部到乡镇、边远学校任教。
		特岗教师：488 名		
	提高待遇	定向培养免费师范生：122 名		提高待遇，稳定农村教师队伍。
		农村义务教育教师生活补助：400 元/月		
		乡镇工作补助：200 元/月		
		薪级工资：高靠一档		
	提升能力	评优评先评职：优先倾斜		提升教师素质，均衡校际师资力量。
		乡村教师培训：3 万人次		
		县城教师支援：骨干教师、名师轮岗与交流		

资料来源：《仪陇县贫困家庭子女义务教育保障工资汇报》。

经过脱贫攻坚在控辍保学、各层次与各层面的学生资助以及在教育硬件和师资能力上的巨大投入，2013—2016 年，仪陇的高中、中职和大学入学率均有显著提升（见图 7-10）。

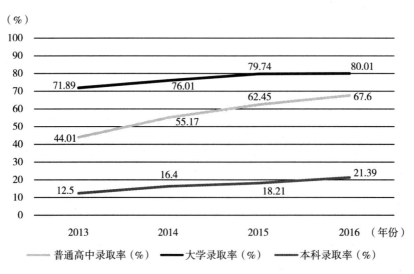

图 7-10　2013—2016 年仪陇普通高中、大学和本科录取率的增长①

五、开创社会、经济、生态多面发展新格局

在基层社会治理体制、基础设施建设、产业发展和社会服务水平大幅提升的基础上，仪陇还以脱贫攻坚为契机和平台，进一步开创了社会、经济、生态多面发展的新格局。

一方面，基层社会治理水平和社会服务水平的提高为经济发展奠定了基础，为仪陇将"绿水青山"转变为"金山银山"开辟了有效路径。脱贫攻坚创新了社会治理体制，优化了政府各部门的分工协作，调动了社会各层面的积极性，为招商引资、人才回流、实现企业与农户对接、让绿色生态产品走出去提供了可靠基础。脱贫攻坚彻底改善了全县范围内的基础设施状况：道路畅通加快了物流发展和产品运转，水、电、网等畅通保障了下乡企业的生产运作，生产便道、厂

① 大学录取率是指仪陇当年所有参加高考的考生中被大学（包括本科和大专）录取的比例，本科录取率则专指本科（包含重点本科）录取的比例。资料来源见《仪陇县统计年鉴（2015）》《仪陇县统计年鉴（2016）》和《仪陇县统计年鉴（2017）》。

房等生产设施的建立提升了企业的生产效率。脱贫攻坚还大幅提高了社会服务水平，乡村教育的发展为地方经济储备了高素质的劳动力，基本医疗、乡村集体文化的发展也为企业员工、家庭农场成员的生产生活提供基本的社会保障。脱贫攻坚通过创新社会治理体制、改善基础设施建设和提升社会服务水平为资本与生产要素对接、绿色生态资源与产品市场对接提供了重要渠道，为仪陇将"绿水青山"转化为"金山银山"奠定了坚实基础。

另一方面，绿色经济发展也为社会治理体系、社会服务水平和基础设施的进一步提高提供了新的动力。绿色经济发展可以为地方政府带来更多税收，并促使地方政府向服务型政府转型；绿色经济发展还对劳动力素质和基础设施提出了更高要求，将促使政府加大教育投入、改善基础设施并提升社会服务水平；绿色经济发展还将吸引更多的劳动力返乡就业和创业，并通过生产规模的扩大实现地方绿色资源禀赋与外在资本和市场的对接与融合，进一步推动经济、社会和生态的良性发展。

因此，脱贫攻坚不仅完成了"两不愁三保障"和"户脱贫、村退出、县摘帽"的减贫脱贫目标，还创新了基层社会治理体制、完善了基础设施建设、促进了产业发展和经济增长、全面提升了社会服务水平，开创了仪陇社会、经济、生态多面发展的新格局，为进一步实现全面小康和开展乡村振兴工作打下了坚实基础。

第八章

从脱贫攻坚到乡村振兴：
稳定脱贫长效机制的探索

实现乡村振兴战略，是党中央从党和国家事业全局出发，着眼实现"两个一百年"奋斗目标，顺应亿万农民对美好生活的向往作出的重大决策。脱贫攻坚是政治责任，落实乡村振兴战略更是政治责任，仪陇县在脱贫攻坚时，也早已将乡村振兴提上日程。仪陇县在实现了全县脱贫摘帽之后，结合县域县情的实际情况，全面落实"摘帽不摘责任、摘帽不摘政策、摘帽不摘帮扶、摘帽不摘监管"的要求，进一步加大政策的扶持力度，改进扶持的方式方法，提升巩固脱贫攻坚成果，确保脱贫退出稳定和可持续性，为迈入小康社会、实现共同富裕打下坚实基础。

第一节　仪陇县巩固提升脱贫攻坚
成果的探索

2014 年，以习近平同志为核心的党中央带领全国人民开启了"脱贫攻坚，全面建成小康社会"的新时期"长征路"。仪陇人民始终牢记"2020 年全面同步小康不落下一户一人"的指示精神，按照"六个精准""五个一批"总体部署，攻坚克难，不断前行。2018 年 6 月，仪陇县以"零漏评、零错退"的成绩顺利通过国家评估验收，贫困村由 285 个减少至 9 个，贫困人口由 10.01 万人减少至 335 人，贫困发生率由 10.6% 降至 0.04%。2018 年 8 月 2 日，四川省人民政府正式批准仪陇县退出国家贫困县序列，自此仪陇成功摘掉千年"穷帽"。在完成脱贫摘帽后，仪陇县始终牢记习近平总书记脱贫攻坚"不获全胜决不收兵"重要指示，在严格执行"四个不摘"具体要求的基础上，再添举措，纵深推进，建立健全稳定长效机制，切实提高贫困群众获得感，巩固提升脱贫成效。

一、坚持遵循党建统领，深入推进组织建设

党的基层组织是党全部工作和战斗力的基础，党员引领示范作用为脱贫攻坚的完成奠定坚实基础，并在提升巩固脱贫攻坚成果工作中继续发挥着关键作用。仪陇县严格按照省委"仪陇脱贫攻坚要走在前列，做全省的示范和标杆"重要指示以及"广大党员要争做脱贫致富的带头人、遵纪守法的老实人、新风正气的引路人"的要求，以全面从严治党为主线，以抓实基层党建为统揽，坚持抓基层打基础夯堡垒，主动服从和服务于全县工作大局，全面提升基层组织力，坚持把脱贫攻坚作为全县党组织和党员最大的政治责任，大力弘扬"两德精神"，扎实推进抓党建促脱贫和脱贫成果巩固工作。

首先，仪陇县积极创新党员工作机制、充分发挥支部引领、党员示范作用，坚持村村设置党员示范岗，开展"张思德标兵"评选，建立村级代办服务站，实施党员"带头富、带领富"工程，培育党员精准脱贫示范项目，带动2.1万余名群众脱贫奔康，着力构建以村党组织为核心的脱贫攻坚基层工作体系。同时纵深推进"放管服"和"最多跑一次"改革，深化"共产党员示范行动"，设立党员攻坚小组，开展"党员改革先锋岗""张思德示范岗"等评比活动，引导党员干部在深化改革中争先锋作示范。为改进机关工作作风，提高工作效率，减少审批环节、精简办事流程，持续深化"不作为、慢作为、乱作为"整治，开办《阳光问政》

栏目，切实解决农民脱贫和发展中的实际问题，获得广大农民群众的好评。

其次，针对基层党的领导弱化淡化虚化的问题，深入开展"党员找组织、组织找党员"活动，新建流动党支部、联合党支部、不断整顿软弱涣散村级党组织，积极推荐青年人才党员作为后备发展人才，努力将基层党组织建成脱贫攻坚一线指挥所。同时，实施"三大计划"，破解村级队伍建设难等问题，积极推行乡镇青年人才党支部工作法，大力实施"百名好书记培养引领计划""千名农村人才回引计划"和"千名后备干部培养计划"，回引返乡创业农民工、退役军人等群体优秀人才，采取"结对帮扶培养、定期教育轮训、顶岗跟班学习"三大举措，遴选培养优秀基层党支部书记、致富带头人、村级后备力量，为村级发展注入源头活水。

最后，围绕县域发展重大项目选精兵调强将，积极建立项目人才储备库，储备项目人才，在项目一线成立临时党支部，将最过硬的干部选在项目一线最吃劲的岗位，建强战斗堡垒，全力推动项目攻坚，确保项目攻坚到哪里、组织就覆盖到哪里、党员骨干的先锋作用就发挥到哪里。比如，积极引导商会党组织围绕脱贫攻坚和乡村振兴，响应县委"百企联百村·党建助振兴"号召，组织商会企业与全县数百个贫困村签订结对帮扶共建协议。同时，按照同一单位帮扶多个村的原则，积极开展城乡结对，所有机关企事业单位与行政村全面结对，结对帮扶单位充分发挥职能优势，形成以城带乡、以乡促城、优势互补、共同提高的基层工作新格局。

二、坚持问题导向不变，持续攻克重点难点

首先，坚持问题导向，坚持问题解决机制。绝对贫困问题基本解决后，如何巩固提高成为首要问题。仪陇县为了提升巩固脱贫成果，严格按照"不回避、不隐瞒、不打折"的原则，继续坚持以问

题为导向，持续推进"432"问题收集解决机制（四个类别汇总、三个层面解决、两个月一周期），对脱贫攻坚问题摸排工作进行再安排、再部署。乡镇领导班子成员实行划片包干，统筹乡镇干部，组织帮扶力量，对贫困对象精准识别、基础设施、住房安全、持续增收、惠民政策落实等方面存在的问题进行摸排，分门别类建好台账。乡镇针对问题认真组织分析研判，凡政策已明确的，由乡镇自行研究解决并及时销号。对个别缺少政策支撑、基层操作困难的问题，乡镇及时上报县脱指办研究。解决办法明确后，县级相关部门和有关乡镇列出问题整改清单，落实专人负责，限时解决问题。巡察组开展不定期抽查，凡问题解决行动迟缓、效果不佳的则严格追责问责。

其次，定期排查，建立动态监测机制。为确保全部贫困户稳定脱贫，做到精准施策，仪陇紧盯"一超两不愁三保障"脱贫标准，以行政村为单位设立动态监测点，将所有农村人口纳入动态监测范围，定期对其家庭人口、收入、就业、生活状态等变化情况进行监测，分类建立"稳定脱贫户、返贫风险户、返贫户、脱贫示范户、脱贫中间户、脱贫困难户"和非贫困户困难户7类台账。其中，对返贫风险户、返贫户、脱贫困难户及非贫困户困难户进行重点监测，对返贫风险户定期跟踪并针对风险点及时落实巩固措施，防止返贫；对脱贫困难户加大帮扶力度，细化帮扶举措，确保如期脱贫；对返贫户及时标注，并进行精准扶持；对非贫困户中的困难户全面落实相关扶持政策，确因重大变故致贫的对象户，则严格按照标准、程序进行识别、上报，及时建档立卡并跟进帮扶措施，真正做到"小康路上一个都不能掉队"。

最后是精准防贫，大力推进返贫保险。仪陇县在精准脱贫的基础上，按照低于或接近上年度国家扶贫标准的1.5倍为标准，设置防贫保障线，主要对两类重点人群进行保险：一是处于贫困边缘的农村低收入户（以下简称"非贫困难户"）；二是收入不稳定、持续增收能力不强的脱贫户（以下简称"非高标准脱贫户"）。在具体工作中，全县成立精准防贫领导小组，下设办公室，负责制定防贫预警线、分解监测任务、开展防控救助等工作。仪陇县在政策制定和方案实施过程中，始终坚持问题导向，瞄准处于贫困边缘的农村低收入户和人均收入不高不稳的脱贫户，抓住因病、因学、因灾等致贫返贫关键因素，设置防贫保障线和预警线，建立"近贫预警、骤贫处置、脱贫保稳"的精准防贫机制，从源头上筑牢发生贫困的"截流闸"和"拦水坝"，为坚决打赢脱贫攻坚战和全面建成小康社会奠定坚实基础。

表 8-1　仪陇县精准防贫工作运转流程

步　骤	负责部门	工作程序或内容
第一步：对象初选	行业部门	由相关部门按因病、因学、因灾起付线，确定监测对象并将其相关信息反馈到承保公司
第二步：调查核实	保险公司	承保公司接到任务后，会同乡镇、村第一时间对监测对象家庭收入、重大开支、重大损失等情况进行调查取证，将结果反馈县防贫办公室
第三步：信息反馈	县防贫办	县防贫办公室每月5日前将承保公司调查结果反馈到相关乡镇
第四步：评议公示	乡镇、村	乡镇收到反馈的人员信息后，分村进行评议、公示，公示期满后将资料报县防贫办公室
第五步：审批备案	保险公司县防贫办	县防贫办公室会同承保公司审批乡镇上报资料，审批后承保公司通过"一卡统"将理赔金兑付到户，承保公司并按季度将装订成册的精准防贫资料报县防贫办备案存档
第六步：审计复核	县防贫办	负责对承保公司兑付的理赔金进行抽查复核

三、坚持开发扶贫不改，持续增加群众收入

首先是创新产业发展方式，加大产业扶持力度。推动实现脱贫奔康长效产业现代化、规模化、标准化发展，是实现稳定脱贫和持续增收的重要保障。在产业发展方面，仪陇制定出台产业发展优惠政策，

全力招引培育龙头企业、业主大户、专合组织等新型经营主体，走合作生产、合作经营、合作发展之路，努力促成企业的规模化、标准化发展。另外，充分利用自身独特的资源禀赋，发挥比较优势，因地制宜培育优势特色产业，进一步发展壮大农村集体经济，努力发展好脱贫奔康产业园，探索创新贫困户土地流转、反租倒包、园区务工、入股分红等利益联结机制，带动贫困人口稳定增收。仪陇不断探索创新产业发展方式，比如大力推广"互联网+电商扶贫""合作社+金融扶贫"和"孵化园+就业扶贫"等扶贫新方式，多渠道拓宽农产品营销渠道，推动批发市场、电商企业、大型超市等市场主体与贫困对象建立长期稳定的产销关系，把服务网点延伸到贫困村，探索开展贫困户农产品定向直供直销学校、医院、机关食堂和交易市场活动，鼓励帮扶干部以购代捐。同时，建立健全贫困户产业发展指导员制度，明确农技员、帮扶责任人承担产业发展指导职责，帮助贫困户协调解决生产经营中的问题。

其次是增加就业扶持力度，全力推进就业扶贫。稳定就业是贫困户实现收入稳定的重要举措。仪陇县在推进就业扶贫过程中，其一是统筹整合各类培训资源，组织有就业培训意愿的贫困家庭劳动力参加劳动预备制培训、岗前培训、订单培训和岗位技能提升培训，按规定全面落实职业培训补贴政策；其二是建立健全帮扶制度，帮扶单位要立足部门特点，发挥资源优势，为有劳动能力的贫困户，主动联系就业岗位，帮扶责任人要担起帮扶"第一责任"，充分运用个人人际关系，全力调动人脉资源，为贫困群众牵线搭桥，寻找适合发展的工作岗位，根据贫困户对就业的不同需求，为贫困户提供就业岗位；其三是县级相关部门要针对贫困户开发多种形式的公益岗位，鼓励乡村自主开发公益性岗位，通过以奖代补、劳务补助等方式，动员更多贫困群众参与小型基础设施、农村人居环境整治等项目建设，吸纳贫困家庭劳动力参与保洁、治安、护路、管水等工作，通过就业扶持，持续增加群众收入。

最后是持续围绕长效脱贫，完善利益联结机制。在脱贫攻坚过程中，针对贫困户既要坚持"输血"，又要着重培育其自身的"造血"能力。仪陇因地制宜，创新利益联结机制，探索形成"三收三分"（劳务收入、租金收入、经营收入，固定分红、效益分成、保底分红）"四个加"（"新型经营主体+贫困户""金融扶贫+贫困户""资产量化+贫困户""技能培训+贫困户"）等利益联结机制，带动贫困群众户均年增收十分显著，确保了贫困群众在产业链上学到技术、增加收入、见到效益。仪陇多措并举，坚持"输血"和"造血"两手抓，不仅有利于贫困户实现短期的脱贫，还有利于培育贫困户的内生动力，为其家庭持续增收和稳定脱贫奠定了基础。

四、坚持投入力度不降，持续夯实脱贫基础

为夯实脱贫基础，仪陇主要的方法举措体现在如下三个方面。

其一是不断统筹资金，进一步健全财政投入稳定增长机制。按照"全县一盘棋、统筹推进"的思路，重点关注基础设施滞后的非贫困村，继续加大村组道路、入户便民路建设，改善群众出行条件；继续大力实施农村饮水安全巩固提升工程，确保农村饮水安全全面巩固；大力实施农村电网升级改造和光纤宽带网络工程，实现所有村完成电网改造、接通光纤宽带，缩小基础设施建设上的差距。

其二是完善巡查制度，加快项目建设和验收。严格执行项目倒排工期督查巡查制度，加快项目建设进度。对实施进度慢的项目，及时采取约谈、通报等方式，督促其及时整改，确保项目按时序进度顺利推进。严格执行工程建设相关管理规定，强化质量安全执法监管，加大材料送检、现场抽检力度，确保工程质量安全。对已完工的项目，主管部门及时组织验收。对已完成验收的项目，完善项目资料，加快

项目结算，简化资金拨付流程，加快项目资金拨付进度，及时发挥扶贫资金效益。

其三是明确管护主体，加强基础项目管护。在注重建设、扩大覆盖、完善网络的基础上，要坚持建管结合、有效利用、健全机制、提高效益。对财政投资形成的村道公路、产业便道、入户便民路、山坪塘、提灌站等资产，根据使用和受益情况，分类建立资产台账，明确管护主体和责任，合理分摊管护费用，确保项目能长期受益；对已建成的村道公路，符合条件的及时规划和安排客运线路，开通农村客运，方便群众出行；对山坪塘、石河堰等可经营性资产，各乡镇、村积极动员群众通过拍卖使用权、对外发包等方式，盘活资产使用，壮大集体经济，增加群众收入。

五、创新扶贫协作方式，持续用力合力攻坚

2016 年东西部扶贫协作结对关系调整之后，仪陇县党委、政府时刻把习近平总书记银川讲话精神牢记在心，切实将扶贫协作作为最重要工作来抓，始终将浙川两省和金华、南充两市各项重要部署付诸行动，坚持"产业共建、人才共融、发展共享"的工作思路，持续用力、合力攻坚，确保脱贫攻坚成果巩固提升、各项工作有序推进。

其一是强化人才交流，突出扶贫扶智。农村贫困的一个重要原因就是人才流失，无论是在脱贫攻坚决胜期，还是在提升巩固阶段，人才始终是农村发展的关键要素。仪陇按照"事先沟通、按需选派、对口安排"的原则，精心组织干部互派，建立基层人才培训机制。如磐安县组织专业技术人员到仪陇挂职指导，为仪陇发展引入浙江经验，提供人才支持和智力支持，同时仪陇县选派干部到磐安挂职锻炼，借智借脑，加强理论学习与实践相结合，学习先进经验带动仪陇发展；按照两地建立的农村人才培训机制，仪陇改变以往向贫困人口

"输血"的做法，更加注重提升贫困人口的"造血"功能，间接帮助399名贫困人口实现就业，实现家庭收入稳定增长。

其二是加强项目协作，助推产业发展。项目精准是精准扶贫的重要手段，项目协作更是促进地方经济发展和提高农户收入的重要途径；仪陇因地制宜发展特色产业既是脱贫攻坚的重要内容，也是提高贫困人口家庭收入的主要来源。仪陇县按照"龙头企业+合作社+村集体+农户（贫困户）"模式，采取"自下而上、逐级上报、分组审查、集体决策"的程序，推动多个年度产业项目建设。坚持"以市场换产业、以项目换投资"的原则，量身定制招商优惠政策和奖励措施，多次组织招商队伍奔赴杭州、金华、磐安等地开展投资推介活动，成功落地铁皮石斛中药材产业园等项目。同时，按照"夯基础、强配套、优布局"的思路，借力磐安县"中国药材之乡"扎实的产业基础，采取"公司+示范基地+合作社（农户）+科技"的模式，瞄准市场优势，强化产销对接，帮助贫困人口实现致富增收。

其三是围绕市场需求，持续强化劳务协作。劳务输入是增加贫困家庭收入的主要手段之一，但部分贫困地区劳动力，没有生产技能和工作经历。仪陇根据劳务产业市场需求，围绕劳务输出开展订单式培训，开设"药乡月嫂"特色服务岗位，由磐安组织本地医生、护士、家政专家通过理论学习和实际操作相结合的培训模式，帮助学员熟练掌握母婴护理、药膳制作、小儿推拿和中医药基础等知识，帮助43人实现转移就业。仪陇药材资源丰富，中药种植历史悠久，有巨大的发展潜力，借助磐安县"中国药材之乡"扎实的产业基础，依托磐安"江南药镇"特色小镇平台，在义路、义门等乡镇创办中药材生产基地，有效带动贫困户实现就业增收。同时，组织专家团到仪陇开展"磐安小吃"技术培训，不仅为贫困户送技术，还主动帮助拓展致富门路。

六、坚持专项治理不松懈，持续加强作风建设

首先是加强扶贫资金管理，规范资金使用。仪陇高度重视四项扶贫基金的监管，在四项扶贫基金运行链条的各个环节建立"安全闸阀"，决不允许任何人乱动这块"奶酪"。强化日常监督，开展四项基金清理整顿工作，对违纪违规使用四项扶贫基金的行为"零容忍"、严处理，在法律法规范围内顶格处罚，切实提高扶贫资金使用效率，充分发挥扶贫基金的作用。进一步规范全县扶贫小额信贷工作，对清理整顿走过场、整改不到位的，严肃追究相关责任人责任；对贫困户合理的信贷需求，及时按规定程序予以审批发放。加强对产业扶持基金的监管，对使用对象不合规、借款超额度、借贫困户名义向合作社借款逾期未归还的、借款用途和实际不一致的，督促相关单位立即回收基金，确保基金规范使用。

其次是严格项目资金审计，加强监督执纪问责。各脱贫攻坚项目主管单位及实施乡镇高度重视，将脱贫攻坚项目分年度、分资金、分类别梳理汇总，建立项目资金台账，明确责任领导和具体责任人。审计部门成立扶贫项目资金审计专班，集中力量、集中时间，对全县扶贫项目资金全覆盖审计，做到"见人、见账、见物"，延伸审计范围，加大现场核查力度，摸清扶贫项目资金的底数、构成和资金的分配使用情况。重点审计扶贫项目资金管理和使用中存在的截留、滞留、挤占、挪用、虚报冒领、挥霍浪费、吃拿卡要及侵占贪污等严重损害群众利益的违法违纪问题。发现的违规问题交县监察委督促落实整改，违纪违法问题线索移交县纪委监委调查处理，形成强大的威慑力，筑牢扶贫资金管理使用的"高压线"。

最后，集中力量解决扶贫领域"四个意识"不强、责任落实不到位、工作措施不精准、资金管理使用不规范、工作作风不扎实、考核评估不严不实等突出问题，明确工作举措，确保取得明显成效。发

挥巡察"利剑"作用，强化扶贫领域监督执纪问责，由县纪委监委牵头，在全县范围内开展扶贫领域专项巡察，同时注重加强与公检法、审计机关和扶贫、财政等职能部门的联动协作，多途径、全方位、深层次受理和挖掘问题线索。对扶贫领域腐败问题优先查办，对胆敢向扶贫项目、资金"动奶酪"的腐败问题坚持严查快办、严惩不贷。始终坚持把纪律和规矩挺在前面，对脱贫攻坚中不作为、慢作为、乱作为及相关职能部门推进不力"零容忍"，确保治理工作有实效、脱贫攻坚见成效。

第二节　仪陇县乡村振兴的基础与提前布局

精准扶贫是乡村振兴的一个重要前提，如果乡村不实现精准脱贫，贫困问题就得不到精准有效的解决，而贫穷凋敝是与乡村振兴的目标相悖的。[1] 脱贫攻坚和乡村振兴都是促进农村发展的复杂性、系统性工程，而初期阶段的脱贫攻坚是基础性工程，强调农村基本设施的完善和农民基本物质需求的满足；乡村振兴则对农村的发展提出了更高的要求，实质是实现农村高质量的发展、提升农村人民群众的满足感、获得感和促进城乡一体化的战略性工程。准确地说，脱贫攻坚为乡村振兴奠定了坚实的物质基础。尽管仪陇在脱贫攻坚过程中取得了巨大成就，但同时也引发了一些新的社会问题，如新的社会不平衡、高返贫风险等，特别是在两大战略的过渡期，如何更好地提升巩固脱贫攻坚发展成果，如何更好地促进农村发展，是乡村振兴战略需要解决的重大问题。

---

[1]　陆益龙：《乡村振兴中精准扶贫的长效机制》，《甘肃社会科学》2018 年第 4 期。

一、仪陇县乡村振兴的必要性

（一）脱贫攻坚引发乡村社会新的不平衡

在脱贫攻坚取得重大成就的过程中，部分农村贫困地区的社会问题随之而来。首先，扶贫资源分配的不均衡导致部分群众和地区产生不满情绪。在脱贫攻坚战役中，建档立卡贫困户和贫困村是这场战役的绝对主角，脱贫攻坚就是为了解决建档立卡贫困户的"两不愁三保障"和稳定增收的问题。在解决这些问题的时候，贫困村基础设施得到完善、公共服务水平得到提高、生态环境得到改善、乡村治理能力得到提升。在开展这些工作的过程中，贫困户和贫困村的"精准识别"是严格依据贫困标准的，但介于贫困标准附近的边缘村庄和农户则难以判断，被界定为非贫困的边缘贫困村或贫困户往往成为政府工作中的"盲点"，他们在这场战役中受到"相对不公正"的待遇，这折射出脱贫攻坚过程中国资源分配不均产生的新的不平衡。

具体来说：一方面是农户之间的不平衡，特别是建档立卡贫困户和边缘贫困户之间的不平衡。精准识别出的建档立卡贫困户享受着政府提供的"绝对资源"，而边缘贫困户无论是在政策扶持，还是在制度支持上，都与贫困户有很大的差距。当他们起点差距不大，而"政策待遇"差距悬殊的时候，以分配不均衡为核心的社会矛盾已经产生，成为贫困地区的新的不稳定因素，甚至导致干群关系紧张。另一方面是村庄之间的不平衡，主要是指贫困村和非贫困村之间的不平衡。在脱贫攻坚过程中，贫困村在获取上级项目支持和财政拨款上有着绝对优势，特别是产业项目、资金支持和人员配置上，这些都为贫困村产业结构调整、集体经济的发展和基础设施的改善起到巨大作用；反观非贫困村，处于边缘的非贫困村本就与贫困村之间实力差距较小，却在政策支持和项目扶持方面远远落后于贫困村，这就造成他们内生动力不足、人才流失严重和发展缓慢，这种分配不均衡导致部分非贫困村发展速度落后于贫困村，进而产生新的社会问题。

脱贫攻坚要先解决贫困村贫困户的绝对贫困问题，通过先富带后富，使广大人民群众达到共同富裕的核心目标；而党的十九大提出实施乡村振兴战略，是继中国新农村建设战略后着眼于农业农村优先发展和着力解决中国"三农"问题的又一重大战略，同时也是着眼于解决发展不平衡和不充分，尤其是解决城乡发展不平衡和农村发展不充分矛盾的重大举措①，所以在脱贫攻坚决胜期，进一步实施和开展乡村振兴战略是解决资源分配不均衡的现实需要，也是发展农村农业的战略需要。

（二）部分脱贫户"造血"能力不强，面临返贫风险

从主要致贫原因看，仪陇县结构性贫困问题突出，其中因病致贫高达 2.15 万户，占总贫困户 68.3%；因残致贫 0.36 万户，占11.4%；加之贫困人口普遍受教育程度较低，自主脱贫致富的积极性和主动性不高，自身"造血"能力不强。从脱贫成效来看，2018 年低保脱贫户和低保贫困户高达 14466 户、43000 人，占全县贫困人口的 44.18%，靠低保等政策兜底的脱贫户较多，加之常年生病、无劳力人口多，自身发展能力弱、造血功能差，存在返贫风险。

另一方面，仪陇县虽然实施很多产业项目来带动贫困户发展，但是从实际成效来看，项目带动作用并不是很明显，贫困户更多的是依赖分红实现家庭增收，部分农户严重依赖"输血"来脱贫；仪陇县部分农村扶贫产业大多采用企业或大户带动模式，农户并没有实质性参与到产业发展中去，更没有在实践工作中获得技能提升，这不利于激发贫困户内生动力，甚至会养成"等靠要"等不良心

---

① 黄祖辉：《准确把握中国乡村振兴战略》，《中国农村经济》2018 年第 4 期。

理；从实际情况来看，部分合作社、农业企业因自身技术、资金以及受市场规律影响而失去扶贫济困的功能，产业与扶贫仍然处于一定的脱嵌状态①，而且部分企业和大户往往由于经营不善而面临着更大的市场风险，严重影响农户增收的稳定性，甚至面临着返贫风险。

（三）产业发展与可持续发展问题

仪陇县经过艰苦奋斗和脱贫攻坚，在整体经济社会发展方面有所提升，但由于发展基础差、底子薄，未能形成完整的产业结构和产业链。仪陇县在农业现代化、标准化建设方面取得一定成果，特别是在产业园建设、龙头企业带动和初级农产品加工方面，但由于现代农业起步晚，规模效应不明显，而且很多农业项目还处于规划阶段，扶贫产业基本都是政府兜底，市场效益不高，未能充分发挥其益贫带贫作用。另外，仪陇县工业和第三产业起步晚、规模小，特别是现代物流、信息技术等新兴服务业发展滞后，导致工业产业链条短，企业生产成本高，这反过来制约了农业产业发展，不利于脱贫攻坚成果提升巩固，产业结构亟待优化。

影响贫困户脱贫可持续性的关键在于产业发展，产业发展是促进农村经济发展和农户增加收入的根本途径。由于历史原因，仪陇整体产业不发达。虽然在脱贫攻坚过程中，产业发展很快，但是仍然面临对贫困人口的辐射带动不均衡不充分的情况。特别是在脱贫攻坚过程中，仪陇县部分乡镇政府在响应上级政府产业发展政策的背景下，开展碎片化、短期化的产业发展，不注重科学规划和长远发展。这种情况不利于农户增收和产业发展，甚至会造成资源浪费，为产业发展和农户增收的可持续性埋下隐患。产业振兴是乡村振兴的内在要求，产

---

① 李博、左停：《精准扶贫视角下农村产业化扶贫政策执行逻辑的探讨——以 Y 村大棚蔬菜产业扶贫为例》，《西南大学学报（社会科学版）》2016 年第 4 期。

业振兴是乡村振兴的物质基础，而乡村产业振兴，就是要形成可持续性、多元化的乡村产业体系，为巩固提升脱贫成果和实现农民持续增收提供坚实的物质支撑。

二、仪陇县乡村振兴的可能

（一）脱贫攻坚与乡村振兴的内容相通性

脱贫攻坚与乡村振兴都是促进农村农业发展的战略性工程，脱贫攻坚以消除绝对贫困为目的，重点是稳定实现贫困人口"两不愁三保障"，目标是到 2020 年，确保中国现行标准下农村贫困人口实现脱贫，贫困县全部摘帽，解决区域性整体贫困，为实现全面建成小康社会提供保障。经过多年的艰苦努力，仪陇的脱贫攻坚取得了决定性的胜利，但同时也引发一些新的乡村问题，特别是分配不均衡的问题。而乡村振兴则是在巩固提升脱贫攻坚成果的基础上，以实现农业农村现代化为总目标，以坚持农业农村优先发展为总方针，以实现"产业兴旺、生态宜居、乡风文明、治理有效、生活富裕"为总要求的系统性战略工程。这一工程进一步丰富、深化了"三农"工作。

脱贫攻坚与乡村振兴两大战略都着眼于解决"三农"问题，无论是从产业发展、基础设施改善、民生保障，还是乡村治理体系以及体制机制构建等方面内容上都有密切关联。比如，发展乡村特色优势产业既是产业扶贫见实效的客观要求，也是实现产业兴旺的必然选择，都致力于通过发展农产品加工业，促进农村一、二、三产业融合发展，让农户享受更多产业链的增值收益。再如分类推进乡村建设，统筹解决村民生计、基础设施建设与生态环保等问题既是脱贫攻坚的重要任务，也是乡村振兴的必然要求。教育、医疗、住房及最低生活保障兜底脱贫，本身就是乡村振兴战略中推进城乡基本公共服务均等化的重要指标。

农村精准脱贫之于乡村振兴来说是一个重要前提，因为如果不实现精准脱贫，贫困问题就得不到精准有效的解决，那么贫穷凋敝则是与乡村振兴的目标相悖的。① 此外，乡村振兴与脱贫攻坚都将目标瞄准乡村，旨在发展农村，从而逐步缩小城乡差距，消除重城市轻乡村的社会偏见和城乡的两极分化，构建城乡一体化融合发展的新局面，最终实现共同富裕，这也是社会主义的本质要求。

（二）脱贫攻坚与乡村振兴的政策连贯性

脱贫攻坚和乡村振兴都是国家为提高农民幸福感、获得感和促进农村农业发展的重要战略，在两者过渡阶段，政策能否衔接是关乎乡村振兴能否稳步推进实施的重要前提。2018 年中央一号文件《中共中央国务院关于实施乡村振兴战略的意见》明确将脱贫攻坚作为乡村振兴战略的重要组成部分。仪陇县深入落实中央和省市《乡村振兴战略规划》以及相关文件精神，依托已有资源禀赋基础条件，联系专家团队编制了《仪陇县乡村振兴战略规划》；根据省市工作部署，结合县域实际，按照"尽力而为、量力而行，实事求是、补齐短板，结合脱贫、协调推进"的原则，编制了乡村振兴"1+3"系列文件，其中《仪陇县乡村振兴三年行动方案（2019—2021 年）》为纲领性文件，明确近三年乡村振兴工作重在实施"五个三"工程；配套编制的《仪陇县现代农业园区建设实施意见（2019—2021 年）》《美丽仪陇·宜居乡村建设实施方案（2019—2021 年）》《仪陇县农村人居环境整治三年行动实施方案》三个具体方案，明确了到 2021 年乡村振兴的具体目标、工作任务和实施路径。

同时，针对先进创建、村庄清洁、现代农业园区等具体工作，先后制定出台了《仪陇县创建乡村振兴先进乡镇和示范村责任分工方案》《仪陇县农村人居环境整治村庄清洁行动实施方案》《仪陇县现

---

① 陆益龙：《乡村振兴中精准扶贫的长效机制》，《甘肃社会科学》2018 年第 4 期。

代农业园区建设考评激励方案》等6个符合县情实际、切合基层实践的文件方案，进一步指明工作方向、细化行动目标，着力体现政策的针对性、操作性、连贯性，确保工作推动有力有效。乡村振兴与脱贫攻坚有机衔接，既不能简单地把脱贫攻坚期内的各项政策制度扩大保障范围直接照搬照抄，也不能忽视脱贫攻坚期各项政策的延续性，以避免导致脱贫攻坚与乡村振兴的政策断层。

脱贫攻坚的各项体制机制、政策措施是在消除绝对贫困、全面建设小康社会背景下提出的，解决的是贫困人口、贫困地区的基础性问题。乡村振兴关注的则是整个"三农"问题，范围和对象明显扩大。脱贫攻坚过程中创造的各类经过实践检验有效的政策有一部分可以为乡村振兴直接借鉴，一部分需要调整改造后借鉴，一部分则需要退出。因此，随着乡村振兴战略的实施，需要充分考虑乡村振兴的实际需求，尊重社会发展的客观规律，逐步对政策目标群体、政策内容和体制机制等作出调整，真正实现从脱贫攻坚到乡村振兴体制、政策的有机衔接和效果的叠加效应。

（三）脱贫攻坚为乡村振兴奠定了经济基础

仪陇县经过长期艰苦奋斗和脱贫攻坚，建档立卡贫困户实现吃穿不愁，安全饮水达标率和医保参保率达到100%，大病医疗保险全覆盖；贫困户住房安全比例为99.9%，贫困家庭学生九年义务教育阶段无人因贫辍学，稳定实现"两不愁三保障"。在人均收入方面，仪陇县农村居民人均可支配收入由2014年的7742元增加到2018年的11965元，保持年均10%以上增长率；贫困人口人均可支配收入由2014年2606.3元增加到2018年的5995.5元，实现人均收入稳定增长。在基础设施方面，贫困村通村公路硬化率达到100%，贫困村综合性文化活动场所（地）覆盖率达到100%，贫困村开通客运班车比例达到84%，贫困村卫生室达标率达到100%，人居环境得到有效改善，村容村貌发生明显变化，有效满足了农村群众的基本需求。这些物质方面的改善都为乡村振兴打下坚实基础。

另一方面，乡村产业在脱贫攻坚中得到较快发展，形成了多元化、多层次的产业发展体系，全县根据交通条件、区位优势、种养习惯，优化调整产业分布，重点发展生猪、水果、粮油、蔬菜、蚕桑"五大基地"，优化产业空间布局，着力打造"一带三线五大基地十个园区"，产业布局的优化为产业振兴打下基础。再者，乡村振兴离不开人才振兴，乡村的发展主要还是人的发展。仪陇县通过实施"千名人才回引工程"和村级后备人才培养计划，226 名致富带头人成为村"两委"负责人，不断壮大了基层组织力量，同时基层治理能力也在这场战役中得到提升，大批优秀人才从中脱颖而出，并继续为乡村振兴发挥重要作用。

总之，脱贫攻坚是实施乡村振兴的重要基础，不解决人的基本需求和绝对贫困问题，乡村振兴也就不可能实现，"三农"问题就不会得到根本解决。乡村振兴是稳定脱贫攻坚成果的有效保障，乡村振兴与脱贫攻坚的内在共通性和目标一致性，既决定了二者有机衔接的必要性，也强调了二者有机结合的可能性。

三、仪陇县乡村振兴的前提布局与成效

仪陇坚持以习近平新时代中国特色社会主义思想为指导，深入贯彻中央农村工作会议及各级乡村振兴大会会议精神，按照产业兴旺、生态宜居、乡风文明、治理有效、生活富裕的总要求，聚焦农村产业"强"、生态环境"美"、乡风文明"淳"、乡村治理"优"、农民生活"好"，大力实施"五个三"工程，统筹推进乡村产业振兴、人才振兴、文化振兴、生态振兴、组织振兴，争创实施乡村振兴战略先进县，奋力建设老区振兴、红色旅游、美丽乡村示范县，实现农业大县向农业强县跨越。

打好脱贫攻坚战是实施乡村振兴战略的优先任务，相关村和所在乡镇在完成好脱贫攻坚任务的同时，立足已有基础和优势，分级编制县域乡村振兴总规、乡镇建设详规和村庄实施方案，确保点面结合，以点带面，用三年时间，初步构建了城乡融合发展的体制机制和政策体系，实现了主导产业更加突出、人居环境明显改善、文明乡风日渐养成、治理体系基本健全、农民生活全面小康。

（一）积极推进多元产业体系，强化产业振兴

发展产业是提高农民收入的重要途径，"产业兴旺"是乡村振兴的经济基础。发展农村产业是实现脱贫攻坚和乡村振兴的内在动力，而实现产业升级和产业振兴是脱贫攻坚和乡村振兴两阶段有机衔接的必然要求。无论是在脱贫攻坚阶段还是成果巩固阶段，千方百计发展产业、发展特色产业与多元产业结合的产业体系势在必行。仪陇县因地制宜积极创新产业发展形式，打造多元产业体系，在如下一些方面为乡村振兴奠定了一定的产业基础。

首先是创新产业发展形式，打造多层级园区建设。碎片化的产业发展可以短期提高农户收入，却面临着收入不稳定和市场风险。仪陇县依托柑橘和生猪等省级特色农产品优势，打破以往碎片化的产业发展形式，采取顶层设计、全域规划，积极促使产业往规模化、标准化产业园方向发展。充分利用自身独特的资源禀赋，发挥比较优势，因地制宜培育了当地的优势特色产业，一些基础设施建设也为未来的特色优势产业发展奠定了基础。比如，依托海升、温氏在铜鼓、五福、赛金、新政、双胜等乡镇发展柑橘、生猪等；完成新政、双胜、柳垭、义路、灯塔等乡镇产业园高效节水灌溉水利项目配套建设，创建国家现代农业产业园；依托众合农业、中帅果业在马鞍、周河等乡镇发展水果、生猪等，依托语山农业、香港利达丰在新政、柴井、铜鼓、灯塔、三河等乡镇发展蚕桑等，创建省级现代农业产业园；依托三溪农业在立山镇发展畜禽、水产，依托中帅果业在石佛、武棚、永

乐发展水果等，依托金港果业在日兴发展柑橘、食用菌，创建市级现代农业产业园；依托农业龙头企业在新政、中坝、先锋、义路、福临等乡镇发展水果、水产、蚕桑、药材、畜禽，创建县级现代农业产业园。从某种意义上来说，通过上述多种渠道和行动，仪陇打开了"绿水青山"向"金山银山"的转化通道，推进了园区变景区、田园变公园、家园变花园、农房变客房、产品变商品的"五变"行动。

其次是注重品牌建设和认证，提升品牌效益。仪陇县为了提升产业效益，积极开展产品品牌建设和认证，增加产品的附加值和营收效益。建立生产档案制度、产地准出制度和产品质量安全追溯制度，深入开展农资、兽药、渔药、添加剂等投入品领域的农业综合执法，巩固省级农产品安全监管示范县成果，积极争创省级食品安全示范县。依托龙头企业、专业合作社、种植大户等组织开展无公害农产品、绿色食品、有机农产品和农产品地理标志认证；加强对仪陇酱瓜、胭脂萝卜和大山香米等多个国家地理标志保护产品和仪陇木瓜、半夏等国家农产品地理标志认证产品的管理，将认证成果转化利用，提升产品市场竞争力。坚持"走出去"战略，利用品牌效应，大力鼓励和引导海升柑橘等农业产品创建在全省乃至全国叫得响的优质品牌，争取将特色优质农产品产值比重提升到45%以上。

再次，特色小镇建设奠定了未来第三产业发展的基础。围绕嘉陵江、柏杨湖等水域发展生态垂钓、亲水娱乐产业，建成新政、马鞍、立山等特色小镇，开发仪陇县柑橘核心示范园、新政镇高堂沟等农旅结合项目。围绕金城山、白塔山、立山寨等景点发展避暑纳凉、康养健身产业。仪陇县不断开展特色旅游镇、特色旅游村试点，围绕朱德故里景区、张思德纪念馆发展红色研学旅游，扶持发展乡村旅游经营主体，为未来第三产业的发展奠定了较好的基础。

最后，"产业党小组"奠定了未来产业发展的组织和人才基础。产业发展需要技术人才、管理人才和专业人员，面对人才缺失的农村现状，仪陇县以脱贫奔康农民产业园为抓手，把党小组建在产业链上，以一个党小组引领一个产业、带动一批贫困群众。同时，在贫困村中也建立产业党小组，实行培训同步、技术共享、产品统销，解决群众种养无技术、销售无市场、增收无门路的问题。打破以地缘、地域结构设置党小组的传统模式，依托产业布局，灵活组建基于各种产业的"产业党小组"。这为未来产业发展奠定了组织基础，同时培养了乡村政治精英和经济精英人才。

（二）首抓农村人居环境整治，落实生态振兴

农村基础设施建设和公共服务配套需要考虑到未来农村人口的城镇化趋势，实行城乡统筹规划和科学布局。① 仪陇县以"清洁村庄助力乡村振兴"为主题，以影响农村人居环境的突出问题为重点，广泛动员农民群众，集中力量、集中整治，扎实开展农村人居环境整治五大行动，着力改善农村人居环境，构建嘉陵江生态屏障：突出"垃圾、污水、厕所"三大革命，着力解决村庄环境"脏乱差"问题，使村庄环境卫生得到有效整治，村容村貌焕然一新，农村人居环境更加舒适，管护长效机制建立健全，农民群众清洁卫生意识普遍提高，健康卫生的生活方式基本形成。

首先是多方联动、共同参与。在县委、县政府的领导下，强化乡镇党委和政府责任担当，乡镇党委书记为"一线总指挥"，做好村庄清洁行动部署动员、组织实施等工作，县级相关部门负责督促指导、检查验收等工作。充分发挥基层党组织、村（居）民自治组织、群团组织和社会力量的作用，形成干部引导、人人参与、上下联动、综合治理的整体氛围。同时坚持相信群众、依靠群众，以村（居）为单位实施，村（居）党组织书记是第一责任人，村、组干部是直接责任人。充分调动群众的积极性、主动性和创造性，使他们主动投身

---

① 魏后凯：《如何走好新时代乡村振兴之路》，《人民论坛·学术前沿》2018 年第 3 期。

村庄清洁行动。坚持环境整改与转变观念相结合，加强宣传教育，积极倡导文明新风，引导农民群众转变观念，改变传统不良生活习惯，培养农民群众生态环境保护意识，倡导健康生活方式。

其次是因地制宜、统筹推进。仪陇县立足本地自然资源禀赋、经济社会发展水平等，合理设定行动目标，科学确定重点任务，以"三清两改一提升"为重点内容，创新探索各具特色又符合农村实际的活动方式。以城乡接合部、旅游景区、大村大镇等为重点区域，突出沿江、沿河、沿路环境整治，活动覆盖农村全域，惠及广大农民。同时学习推广浙江"千村示范、万村整治"工程经验，从农民自己动手能干、易实施、易见效的村庄环境卫生问题入手，实施先行整治，坚持少花钱或花小钱办大事、办好事，达到干净、整洁、有序标准。在此基础上，稳扎稳打，逐步提升村庄环境卫生水平。

（三）抓实人才培育引进工作，实现人才振兴

人才缺失是制约农村农业快速发展的重要因素。从仪陇县的实际情况来看，缺少产业发展、基层治理、公共服务等方面的技术型、管理型、复合型人才，特别是能够长期扎根农村的"土专家"更少，有文化、懂技术、会经营的新型职业农民数量偏少，更是存在着人才难引、人才难留、乡土人才流失等现实问题。为解决这些问题，仪陇县坚持把人才振兴放在乡村振兴的重要位置。

首先，继续抓紧抓实人才培育，大力实施"优秀农民工定向回引培养工程"。纵深推进"最多跑一次"工作改革，按照"五有、五统一"的标准，切实抓好人社基层公共服务平台建设，实现乡镇服务所、社区服务站标准化建设和村级人才服务站等服务平台全覆盖。同时，全面完成县、乡、村三级人社服务网上平台建设，专项开发落实乡镇人社协理员岗位，开通"仪陇人社"微信公众号并联通省市数字人社平台，实现人社政策及个人参保信息查询

全覆盖。通过政策优惠和便捷服务，全县积极回引培育农民工后备力量，并培育致富带头人，培养农民工担任村干部，相关做法获得省委、组织部充分肯定，并被《南充日报》刊载，在全县范围内推广实施。

其次，依托县农广校平台，深入实施"归雁计划"。其一，依托县农广校平台，创新农民培训方式，扎实推进新型职业农民培训，注重教学与实践操作相结合、集中培训与分散指导相结合，设立农业机械化、畜牧养殖、果蔬种植和种养结合等专业，积极联系培训基地开展实地培训，组织学员先后到县内外实践基地进行对口专业的实训实习，举办专题培训班，广泛开展农民工创业和劳务品牌培训，进一步增强乡村振兴中坚力量。

（四）着力提升基层治理能力，突出组织振兴

仪陇县认真践行新时代党的组织路线，以全面从严治党为主线，以抓实基层党建为统揽，坚持抓基层打基础夯堡垒，主动服从和服务于全县工作大局，为建设"三个示范县"提供坚强保障。在脱贫攻坚过程中，广大党员干部的工作能力得到全面提升，基层组织力得到全面提升。

首先，积极创设"三大平台"，破解流动党员管理难。利用智慧党建平台，专人定期推送学习内容、定期点对点汇报思想动态、定期开展"微党课"及党费缴纳等主题活动。搭建党员服务平台，组建治安管理、政策咨询、就业指导等志愿服务队，切实帮助辖区流动党员解决实际困难。同时，通过推行乡镇青年人才党支部工作法，大力实施"百名好书记培养引领计划""千名农村人才回引计划"和"千名后备干部培养计划"，回引返乡创业农民工、退役军人等群体优秀人才，为村级发展注入源头活水。

其次，坚持强基固本，立足基本规范全面发力。一是推动任务标准化，让基层组织干有方向。对标全年组织工作重点，层层签订党建

目标考核责任书，每季度分类别分领域制订党建工作任务清单、问题清单、责任清单，明晰各级党组织工作职能职责、目标任务、标准要求，确保层层知责定责尽责。二是推动考评规范化，让基层组织考有标尺。建立党建工作常态化督导、调研机制，组建常态督查组开展巡回式督查，将日常考核、过程考核与年终考核相结合，合理设置不同区域、领域、行业党建目标考核指标体系。三是充分发挥考核结果的"指挥棒"作用，明晰奖惩标准，对党建业绩突出的，实施"提拔使用、评先评优、职级晋升、经费支持"四个优先，对党建工作不力的，及时约谈问责，督促整改。

深入推进"抓党建促脱贫"，全面强化农村基层党组织领导核心地位，切实提升党组织的组织力。大力整顿贫困村软弱涣散党组织，以县为单位组织摸排，逐村分析研判，坚决撤换不胜任、不合格、不尽职的村党组织书记。围绕深入整顿转化"软弱涣散"党组织，深入实施"致富先锋"工程、"能力提升"工程，夯实基层党建、建强支部堡垒、锻造党员队伍，着力把基层党组织的政治优势、组织优势、密切联系群众优势转化为引领脱贫奔康的强大动力。

第三节 仪陇县乡村振兴对接脱贫攻坚的反思与经验启示

2018 年中央"一号文件"正式提出"做好乡村振兴与脱贫攻坚有机衔接"的要求。仪陇在保障高质量完成脱贫攻坚任务的同时，坚持因地制宜，充分利用脱贫攻坚所奠定的基础，扎实推动乡村振兴规划和部署工作；同时，在开展乡村振兴工作部署中，融入乡村振兴理念，充分利用各种政策和资源优势，进一步提升巩固脱贫攻坚成果。总体来看，仪陇县在巩固脱贫攻坚成果的基础上，积极探索乡村振兴战略的提前布局与试点工作，在推动二者有机衔接方面进行了有益的尝试。

一、乡村振兴对接脱贫攻坚的关系转向

（一）顶层设计：从政府主导到政府引导

中国扶贫减贫的成功之道在于减贫作为国家重要发展目标被列入国家发展规划。[①] 仪陇县在宣布脱贫摘帽以后，按照"守底线、抓重点、补短板、强弱项、促特色"的原则，编制完善县域乡村振兴战略规划，确保规划科学精准，为未来几年乡村振兴工作绘好时间表、制订任务书、确定路线图。其实在脱贫攻坚期间，政府无论是在顶层设计，还是在具体施策阶段，始终发挥着主导作用，主要是从致贫的因素出发，针对不同原因采取不同的扶贫措施，帮助贫困村、贫困户实现脱贫摘帽，既侧重于宏观政策也侧重于微观措施。而乡村振兴战略是一个系统性工程，意在促进农村经济、文化、社会、生态的全面发展和整体提升，更侧重于从顶层设计角度为农村农业发展指明方向。[②]

脱贫攻坚和乡村振兴都是在政府组织下服务于"三农"问题的，只是处于发展农村农业战略的不同阶段。政府在脱贫攻坚过程中侧重于解决实际问题，把解决绝对贫困作为一项政治任务，因此发挥着主导作用；而乡村振兴战略更侧重为农业农村发展指明方向，政府在其中更多的是发挥着指引和引导作用，因此政府在两个不同阶段发挥着不同作用，在不同时期遵循着不同的行动逻辑。

[①] 黄承伟：《中国扶贫开发道路研究：评述与展望》，《中国农业大学学报（社会科学版）》2016年第5期。

[②] 章文光：《精准扶贫与乡村振兴战略如何有效衔接》，《人民论坛》2019年第4期。

（二）政策导向：从特惠定制到全面普惠

精准识别是脱贫攻坚战役中"六个精准"之一，精准识别出的建档立卡贫困户、贫困村是脱贫攻坚的重点对象，这部分人享受着政府提供的"特惠资源"，随着脱贫攻坚不断向前推进，进一步突出问题导向，聚焦在深度贫困地区和特殊贫困群体。所以说，脱贫攻坚的目标群体是既定的、明确的、有严格标准的，也是扶贫政策的定制对象，这就造成贫困户与非贫困户、贫困村与非贫困村之间的资源分配不均衡，也容易引发一系列问题。

而乡村振兴战略则是要打破这种特惠定制政策，制定推行全面普惠政策，面向全国农村和农民，而不只是让小部分地区实现乡村振兴。[①] 具体来看，乡村振兴战略强调通过普惠性支持促进全面乡村振兴，惠及十几亿人口，覆盖城乡，在城乡融合发展中促进经济、政治、社会、文化、生态和党的建设，注重城乡的关联性和整体性，进而实现城乡协同推进，[②] 从而逐步缩小城乡差距，构建城乡一体化融合发展的新局面，最终实现共同富裕。

（三）战略部署：从近期脱贫到统筹发展

从脱贫攻坚与乡村振兴实现的顺序上看，短期总体目标是确保打赢脱贫攻坚战，长期目标是在消除绝对贫困的基础上，实现农业和农村的全面现代化，从根本上缩小城乡在生活水平和质量上的差距。

需要指出的是，脱贫攻坚期内解决的是全面建成小康社会的底线问题，在此基础上仍有一些问题需要长期逐步解决，如贫困户内生发展动力不足，产业发展基础薄弱，易地扶贫搬迁户的后续生计和社会

---

① 贺雪峰：《关于实施乡村振兴战略的几个问题》，《南京农业大学学报（社会科学版）》2018 年第 3 期。
② 高强：《脱贫攻坚与乡村振兴有机衔接的逻辑关系及政策安排》，《南京农业大学学报（社会科学版）》2019 年第 5 期。

融入，基本公共服务的均等化，建立健全稳定长效脱贫机制等问题。针对短期性问题，要尽快解决且必须解决；针对长期性问题，要做好与乡村振兴的衔接，在乡村振兴阶段创造条件逐步解决。防止出现脱贫攻坚目标没有完成或质量不高，而过早追求乡村振兴目标的实现。

脱贫攻坚与乡村振兴的衔接还需要做到脱贫攻坚的政策措施和做法不以牺牲或弱化乡村振兴目标为前提，也就是说脱贫攻坚措施要有利于为乡村振兴目标的实现打下坚实的基础，而乡村振兴则是在此基础上统筹发展，促进乡村的全面振兴。

（四）发展主体：从被动脱贫到主动发展

习近平总书记指出："贫困群众既是脱贫攻坚的对象，更是脱贫致富的主体。"[1] 精准扶贫和乡村振兴是促进乡村发展的不同阶段，在脱贫攻坚战役中，建档立卡贫困户作为主要对象，主要目标是完成其"两不愁三保障"的底线任务，为此国家针对建档立卡户实施了多层次、全方位的帮扶措施。特别是在深度贫困地区，更多是通过"输血帮扶"来帮助贫困户达到脱贫的目的，包括项目分红、公益性岗位和政策兜底等帮扶措施，主要满足贫困户基本需求保障，完成脱贫目标。但这并没有提升贫困户自身发展能力或没有真正做到激发贫困群众的内生动力，一旦这些帮扶措施离场，这部分贫困群众可能面临很大的返贫风险。

所以在接下来的乡村振兴过程中，要改变这种被动的局面，应该在满足贫困群众基本物质需求的基础上，通过技能培训、扩大就业等手段来充分调动他们的积极性和激发他们的内生动力，让他们真正主动参与到生产发展中去，提高生活生产技能，增强持续创收的能力。当然，贫困群众主体地位的实现，并不仅局限于个体基本技能提升和参与发展生产，更要通过培育新型农业经营主体、健全村民自治组织

---

① 习近平：《在打好精准脱贫攻坚战座谈会上的讲话》，《求是》2020年第9期。

和发展壮大村集体经济等形式来实现贫困群众的主体地位。

二、乡村振兴对接脱贫攻坚的经验启示

（一）注重统筹协调，合力攻坚与全面振兴

首先，多级联动统筹协调，构建组织保障。不同层级与不同部门主体之间的协同治理，可以有效防止扶贫治理之中的碎片化与条块化的问题。[1] 在乡村振兴战略制定和实施过程中，仪陇县坚持高位推动、全员参与的思路，成立以县委书记、县长任双组长，县委副书记任执行副组长，县委、县政府相关领导任副组长，县级相关部门主要负责人、各乡镇党委书记和乡镇长为成员的仪陇县乡村振兴工作领导小组，负责研究制定全县乡村振兴战略规划，部署推进重大政策、重大行动和重要工作，协调解决实施乡村振兴战略中出现的重点难点问题。另外，在县农业农村局专门设立乡村振兴领导小组办公室，组建综合协调、督查问效、资金筹措等工作组，对现代农业园区创建、农村人居环境整治、乡村振兴先进创建等具体事项进行研究，全力推动乡村振兴各项工作。

其次，部门协作持续发力，培育动力系统。在脱贫攻坚过程中，政府作为主要推动者，积极组织动员各级政府力量、社会力量、行业企业参与脱贫攻坚战，建立起多元的攻坚作战体系，这为全面打赢脱贫攻坚战奠定了基础，也是打赢脱贫攻坚战的关键。脱贫攻坚主要是解决绝对贫困的问题，它作为一项政治任务，受到社会各界的重视，这也是社会动员成功的重要条件。乡村振兴也是国家发展农村的重要战略，主要是解决农村相对贫困的问题，是为了促进城乡社会的协调发展，是一个需要长期坚持的重要发展战略，同样需要相关部门协同

---

① 许汉泽、李小云：《精准扶贫：理论基础、实践困境与路径选择——基于云南两大贫困县的调研》，《探索与争鸣》2018 年第 2 期。

作战，形成合力。

仪陇在实施过程中明确分解任务、确定责任主体。乡村振兴工作领导小组下设产业振兴组、人才振兴组、文化振兴组、生态振兴组和组织振兴组，形成"五位一体"的发展动力系统，分别由县委副书记或县委常委担任组长，做好专项规划或方案，负责小组工作中相关事宜的统筹协调和工作任务的全面落实工作。同时成立督查问效组，由县委常委、纪委书记、建委主任担任组长，负责制定考核办法，加强推进管理指导，并对组织不力、工作推进不力，造成严重后果或重大影响的责任单位和责任人按有关规定追究责任。各振兴小组由乡村振兴小组统筹协调，相互融合与发展，共同推动乡村全面振兴。

（二）持续发展产业，培育乡村振兴源动力

"产业扶贫"是一个极具中国特色的专业术语，其提出的背景是：进入 21 世纪以来，国家把开发扶贫作为反贫困工作的重要抓手，这一时期反贫困计划的资金主要用于发展投资和产业，因此开发式扶贫常常也被称为"产业扶贫"①。这一概念的提出，实现了国家扶贫政策从"输血"到"造血"的变迁。习近平总书记指出："发展产业是实现脱贫的根本之策。要因地制宜，把培育产业作为推动脱贫攻坚的根本出路。"发展产业是实现脱贫的根本之策，只有把产业发展起来，贫困户和脱贫区才能有持续"造血"的能力，脱贫群众和脱贫地区才能有一个稳定的、可持续的发展前景。

在乡村振兴过程中，仪陇始终围绕群众最关心最直接最现实的利益问题，加快补齐农村发展和民生短板。无论是在脱贫攻坚期，还是在乡村振兴阶段，产业的发展始终是乡村发展的重点，是解决农户增收的重要手段。在乡村振兴阶段，产业发展更加强调标准化、规模化

---

① 王春光：《社会治理视角下的农村开发扶贫问题研究》，《中共福建省委党校学报》2015年第 3 期。

和现代化，产业发展好，才能为乡村发展新格局奠定物质基础，乡村振兴才能成功。

（三）打造宜居乡村，构建乡村发展新格局

2018 年政府工作报告提出：提高保障和改善民生水平。要在发展基础上多办利民实事、多解民生难事，兜牢民生底线，不断提升人民群众的获得感、幸福感、安全感。脱贫攻坚重点解决贫困户和边缘贫困户"两不愁三保障"方面的基本问题，这为决胜全面建成小康社会奠定了基础。而乡村振兴则是关涉决胜全面建成小康社会的重大战略，它不仅强调人民群众的基本物质需求的满足，更要以此为契机，不断提升人民群众的获得感和幸福感。

仪陇县在乡村振兴工作中认识到，农村生态文明建设和人居环境整治也是乡村振兴题中应有之义，必须牢固树立和落实新发展理念，统筹规划，因地制宜；特别是在实施村容村貌提升行动中，要注重筑牢生态屏障，完善基础设施，美化农村环境，让乡村与周围自然环境相互协调；在农村公共服务设施建设方面，要逐步实现农村水、电、气、通讯和公共服务全覆盖，以提升公共服务水平。总之，乡村振兴的一项重要任务就是继续做好基础设施、村容村貌、移风易俗等乡村人居环境的改善工作，初步实现农村环境优美、基础设施健全、服务保障有力和乡村宜居幸福，形成与自然和谐共生的乡村发展格局，让农民有实实在在的获得感、幸福感、安全感。

第九章

总结与展望

1984 年，仪陇县被四川省政府列入全省首批贫困县。1986 年 9 月，仪陇县被国务院确定为重点扶持贫困县。1987 年 2 月，仪陇县成立农村经济开发领导小组并下设办公室，负责全县扶贫开发的组织领导、协调监督工作。从此，仪陇县开始了有计划、有组织和大规模的开发式扶贫。2014 年，全县有贫困村 285 个、贫困户 3.15 万户、贫困人口 10.03 万人，贫困发生率 10.6%，贫困面宽、量大、程度深。2018 年 6 月，仪陇县以"零漏评、零错退"的成绩顺利通过国家评估验收，群众认可度达 98.68%。2018 年 8 月 2 日，四川省人民政府正式批准仪陇县退出国家贫困县序列，成功摘掉了千年"穷帽"，跳出了制约仪陇经济社会发展的"贫困牢笼"。

在长期的扶贫实践中，仪陇县通过不断的探索、实践与总结，形成了系统且富有特色的仪陇脱贫攻坚经验，这些经验不仅使仪陇县顺利摆脱了贫困，也为全国乃至全球减贫事业提供了鲜活的样本。本章结构如下：首先，归纳出仪陇县脱贫攻坚的基本经验；其次，探究仪陇县脱贫攻坚的政策启示；最后，对仪陇县后脱贫攻坚时代的贫困治理予以展望。

第一节　仪陇县脱贫攻坚的基本经验

仪陇县始终把脱贫攻坚作为全县上下的"一号工程"和压倒一

切的中心工作，集全民之智、举全县之力，精心谋划、周密部署。2018 年以来，《人民日报》、中央电视台先后以《实字当先，查问题、补短板、强手段，让脱贫成果经得起历史检验》《一个国家级贫困县的脱贫金点子》《脱贫就是要跟问题对着干》等为题，报道了脱贫攻坚的"仪陇做法"。"4321"问题收集解决等典型做法在全省甚至全国推广学习。国务院扶贫办曾指定仪陇县多次在上海浦东干部学院交流经验。仪陇县之所以能取得如此骄人的脱贫攻坚成绩，与"仪陇做法"背后的理念与经验是分不开的。归结起来，仪陇县脱贫攻坚的基本经验包括如下几个方面：习近平关于扶贫工作的重要论述是指导仪陇打赢脱贫攻坚战的根本思想保证；"两德精神"的红色基因是激活仪陇脱贫攻坚的内生动力；以问题为导向是仪陇推进脱贫攻坚的基本工作方法；组织化是仪陇创新贫困治理体制机制的主要体现。

一、脱贫攻坚的思想保证

2012 年 12 月，习近平总书记在河北省阜平县考察扶贫开发工作时指出："要真真实实把情况摸清楚。做好基层工作，关键是要做到情况明。情况搞清楚了，才能把工作做到家、做到位。大家心里要有一本账，要做明白人。要思考我们这个地方穷在哪里？为什么穷？有哪些优势？哪些自力更生可以完成？哪些需要依靠上面帮助和支持才能完成？要搞好规划，扬长避短，不要眉毛胡子一把抓。帮助困难乡亲脱贫致富要有针对性，要一家一户摸情况，张家长、李家短都要做到心中有数。"[①] 2015 年 6 月，习近平总书记在部分省区市扶贫攻坚与"十三五"时期经济社会发展座谈会上又指出："切实做到精准扶贫。扶贫开发推进到今天这样的程度，贵在精准，

---

① 习近平：《做焦裕禄式的县委书记》，中央文献出版社 2015 年版，第 21 页。

重在精准，成败之举在于精准。搞大水漫灌、走马观花、大而化之、手榴弹炸跳蚤不行。要做到六个精准，即扶持对象精准、项目安排精准、资金使用精准、措施到户精准、因村派人（第一书记）精准、脱贫成效精准。各地都要在这几个精准上想办法、出实招、见真效。"①

对于脱贫攻坚工作，习近平总书记高屋建瓴、总揽全局，作出了一系列论断。习近平总书记关于扶贫工作的重要论述是习近平新时代中国特色社会主义思想的有机组成部分，是习近平新时代中国特色社会主义思想在扶贫领域的具体体现，为夺取脱贫攻坚全面胜利提供了理论武器和行动指引。有鉴于此，仪陇县委、县政府将学习习近平总书记关于扶贫工作的重要论述贯穿脱贫攻坚的全过程，通过"学习—领会—传达—实践"的方式，将理论武器与仪陇县的基本县情、本土思想资源（"两德精神"）、脱贫攻坚实际结合起来，用以指导仪陇县的脱贫攻坚实践。在仪陇脱贫攻坚实践中，仪陇县委、县政府积极贯彻"精准扶贫精准脱贫"的基本方略，紧紧瞄准"10.03 万人脱贫奔小康，285 个贫困村有序退出"这一目标，以"五个一批"与"六个精准"为指针，坚持"重心下移、力量下沉"来开展脱贫攻坚行动。

二、激活内生动力的红色基因

无论是革命，还是建设，都离不开精神力量的支撑。只有在革命与建设事业中始终保持昂扬的斗争精神，才能不断将革命与建设事业推向前进。仪陇县是开国元勋朱德总司令和为人民服务的光辉典范张思德同志的故乡，也是川陕革命根据地的重要组成部分，李先念、徐向前、许世友等老一辈无产阶级革命家曾在这里浴血奋战。为了巩固红色政权，仪陇儿女踊跃参军，5000 多人为此献出了宝贵的生命，

---

① 《习近平扶贫论述摘编》，中央文献出版社 2018 年版，第 58 页。

创造出众多可歌可泣的英雄事迹。

仪陇人民在中国共产党领导下开展的不懈斗争已经沉淀为仪陇的宝贵财富——以"两德精神"为代表的红色基因。这一红色基因主要包括：（1）革命理想高于天的坚定信念；（2）永远听党话跟党走的不变军魂；（3）一不怕苦二不怕死的战斗精神；（4）高度自觉严格的革命纪律；（5）独立自主创新的思想品质；（6）全心全意为人民服务的根本宗旨。为了使"两德精神"的红色基因代代相传，1977年张思德纪念馆开馆，1991年朱德铜像纪念园揭幕，它们都是仪陇广大干部群众在脱贫攻坚的伟大事业中接受革命精神洗礼的红色革命教育基地。此外，仪陇还以川陕苏区红色文化资源为基础，以"两德精神"为依托，创办了张思德干部学院。该学院成为党员干部和各类人才培训的综合性党性教育机构。

在脱贫攻坚实践中，张思德干部学院成为将红色基因转译到脱贫攻坚全过程的重要阵地。应当说，仪陇广大干部群众已经将"两德精神"的红色基因内化为"第二天性"，作为推动脱贫攻坚不断走向胜利的内生动力，内隐于脱贫攻坚的具体实践中。在"两德精神"的作用下，仪陇县委县政府"咬定青山不放松"，直面脱贫攻坚道路上的艰难险阻，最终带领全县人民夺取了脱贫攻坚的胜利。

三、以问题为导向的基本工作方法

仪陇县从发现问题入手，按照"不回避、不隐瞒、不打折"的原则，聚焦国标，基于"发现问题、研究问题、解决问题"的路径，全县动员，对脱贫攻坚各领域工作进行了拉网式大摸排。在解决问题之前，有三个方面的工作显得尤为重要。一是消除顾虑，敢于亮丑。对摸排问题多、问题实的乡镇不追责不问责，消除乡镇不敢暴露问题、不愿上报问题的顾虑。对摸排问题少、效果差的乡镇则通过暗访进行详细解剖，给予红牌和黄牌警告。这保证了问题摸排的全面性和准确性。二是万人进村，深入摸排。聚焦摘帽目标，逐项细化摸排要求，明确摸排重点。1.1万名帮扶责任人与3.1万户贫困户户户见面，通过看、问、查、算等方式，重点摸清安全住房、持续增收、惠民政策落实等方面存在的问题。各乡镇根据帮扶责任人反馈的信息进行进一步核实，做到了问题搜集无死角。三是对照国标，全面梳理。对照国标要求，将摸排的问题按照实事求是的原则，逐条梳理、逐级上报，并将问题与贫困户一一对应，村村建立问题台账，绘制"问题地图"。通过摸排，全县57个乡镇共梳理出产业发展、安全住房等21个方面1948个具体问题。

总之，仪陇县以"绣花"的功夫去发现、解决贫困户脱贫的每一道难题，以"钉钉子"的毅力补齐脱贫攻坚中的每一项短板，以"工匠"的精神完善脱贫摘帽的每一个细节。四个类别汇总、三个层面解决、两个月一个周期的问题收集解决机制（详见附录），形成了"坚持问题导向助推脱贫摘帽"工作方法。

四、基于组织化的贫困治理体制机制创新

在大扶贫格局中，如何处理政府、市场与社会之间的关系是脱贫攻坚必须面对的一个核心问题。如果处理不当，易导致"1+1<2"的不利局面，从而影响贫困治理效能。仪陇县基于组织化途径实现了贫困治理的体制机制创新，其基本做法是：在"精准扶贫精准脱贫"的理念指导下，编织脱贫攻坚的组织之网，打造全身心投入脱贫攻坚的脱贫共同体。

一是政府内部的再组织化。仪陇县以脱贫攻坚为目标，实行了政府内部的再组织化。成立脱贫攻坚指挥部，由县委书记、县长负总责；乡镇党委书记、乡镇长为辖区内脱贫攻坚第一、第二责任人，负责组织领导和统筹协调等工作；村"两委"负责宣传

发动、组织实施、监督管理、教育引导等工作。县设立脱贫攻坚指挥部办公室，下设综合协调组、基础设施建设组、产业培育推进组、社会事业发展组、住房安全保障组、村集体经济推进组、宜居乡村创建组、资金整合组、暗访工作组、问责问效组、问题收集处理组、软件资料规范组。实现五个全覆盖：其一是联系领导全覆盖，即32名县级领导对全县57个乡镇和285个贫困村全覆盖帮扶；其二是帮扶部门全覆盖，即按照"1+1"或"1+N"的方式，全县所有县级部门联系285个贫困村；其三是驻村帮扶全覆盖，即下派由县级部门副职担任队长的驻村工作队285个，选派766名优秀干部担任贫困村和脱贫任务重的非贫困村第一书记；其四是农技人员全覆盖，即选派288名农业科技人员到贫困村驻村帮扶，指导产业扶贫；其五是帮扶责任人全覆盖，即按照县级领导帮扶6户、科级领导帮扶5户、一般干部帮扶4户、教师医生帮扶2户的结对原则，全县1.15万名干部与10.03万贫困人口结对帮扶全覆盖。

二是注重将市场力量纳入脱贫攻坚共同体。脱贫攻坚期间，仪陇县狠抓载体培育，筑巢引凤，引进涉农龙头企业45家，大力发展业主大户、专业合作组织等新型经营主体，建成脱贫奔康产业园371个、专业合作社830个、家庭农场705家，培育种养大户934户。通过完善利益联结机制将贫困户与新型经营主体、龙头企业和地方部门"捆绑"在一起，形成利益共同体。在利益联结上，仪陇县探索形成了"三收三分"（劳务收入、租金收入、经营收入，固定分红、效益分成、保底分红）和"四个加"（"新型经营主体+贫困户""金融扶贫+贫困户""资产量化+贫困户""技能培训+贫困户"）等利益联结机制。上述举措让仪陇的贫困群众得以在脱贫攻坚共同体中挖掘、发挥并提升了自身的经济资本、人力资本和社会资本，收入的可持续增加得到较为可靠的保障。

第二节　仪陇县脱贫攻坚的启示

　　仪陇县脱贫攻坚的做法不仅指导当地夺取了脱贫攻坚的伟大胜利，而且对南充市、四川省乃至全国的脱贫攻坚实践，甚至对全球减贫事业提供中国智慧、中国方案具有重要启示。仪陇做法既是仪陇特色（特殊性）的体现，又具有一定的普遍性。归结起来，仪陇县脱贫攻坚主要有三大启示：坚持党的集中统一领导是打赢脱贫攻坚战的根本保证；组织化是打赢脱贫攻坚战的法宝；贫困地区只有充分挖掘本土资源才能走上内生性发展的道路。

一、坚持党的集中统一领导是打赢脱贫攻坚战的根本保证

　　党的十九届四中全会系统总结了我国国家制度和国家治理体系13个方面的显著优势，位居首位的便是"坚持党的集中统一领导"。这也是打赢脱贫攻坚战的根本保证。党的十八大以来，习近平总书记站在全面建成小康社会、实现中华民族伟大复兴中国梦的战略高度，把脱贫攻坚摆到治国理政突出位置，提出一系列新思想、新观点，作出一系列新决策新部署。习近平总书记关于扶贫工作的重要论述体现出我国坚持党的集中统一领导、集中力量办大事的制度优势。这具体体现在：一是高位推动。[①] 习近平总书记高瞻远瞩，坚持以人民为中心的发展理念，把脱贫攻坚摆在治国理政的突出位置，并作为全面建成小康社会的底线任务纳入"五位一

───────────────

① 贺东航、孔繁斌：《公共政策执行的中国经验》，《中国社会科学》2011年第5期。

体"总体布局和"四个全面"战略布局，全面实施精准扶贫精准脱贫方略。习近平总书记亲自挂帅、亲自谋划、亲自推动、亲自督战，就脱贫攻坚各个方面指明方向、作出部署、提出要求，推动形成五级书记一起抓扶贫的良好局面。[1] 二是资源聚焦。脱贫攻坚紧扣"两不愁三保障"基本目标，聚焦全社会力量、动员全社会资源，建构起国家、市场和社会齐心协力促脱贫的大扶贫发展格局。贫困地区整合各方面资源，以脱贫攻坚统揽经济社会发展全局。三是精心部署。在"六个精准"（扶贫对象精准、项目安排精准、资金使用精准、措施到户精准、因村派人精准、脱贫成效精准）"五个一批"（发展生产脱贫一批、易地扶贫搬迁脱贫一批、生态补偿脱贫一批、发展教育脱贫一批、社会保障兜底一批）指引下，脱贫攻坚不断向纵深推进。

由此，中国特色的中国贫困治理体系建立起来，并在实践中不断完善。中国特色的社会主义精准扶贫体系成为我国治理体系与治理能力现代化的有机组成部分。[2] 这一治理体系既不同于西方社会的社会保障式扶贫模式，也不同于其他发展中国家的碎片化（局部性）扶贫模式，而是一种基于全局性、整体性与前瞻性的开发式扶贫模式。[3] 我国的脱贫攻坚能够做到"全国一盘棋"，全社会形成合力攻坚的良好氛围，是以坚持党的集中统一领导为前提的。经过几年的脱贫攻坚，我国社会主义制度优势转化成巨大的治理效能，创造了人类减贫史上的奇迹。正如联合国秘书长古特雷斯发给"2017减贫与发展高层论坛"的贺信中所说："精准减贫方略是帮助最贫困人口、实现2030年可持续发展议程宏伟目标的唯一途径。

---

[1] 黄承伟：《习近平扶贫思想论纲》，《福建论坛（人文社会科学版）》2018年第1期。
[2] 黄承伟、覃志敏：《论精准扶贫与国家扶贫治理体系建构》，《中国延安干部学院学报》2015年第1期。
[3] 班纳吉、迪弗洛：《贫穷的本质——我们为什么摆脱不了贫穷》，中信出版集团2018年版，第19—114页。

中国已实现数亿人脱贫，中国的经验可以为其他发展中国家提供有益借鉴"。

二、组织化是打赢脱贫攻坚战的法宝

近代以来，如何把农民"组织起来"，打破其"一盘散沙"的局面，一直是无数仁人志士努力的方向。新中国成立初期，为了把农民组织起来，建立了人民公社制度，但这种只讲公平不求效率的组织模式最终被取消。随着家庭联产承包责任制的推行，农民的生产积极性得到空前激发（"交足国家的，留够集体的，剩下的都是自己的"），但其原子化与碎片化的弊端也逐步暴露出来，尤其是面对贫困这一复杂现象时更是如此。[①] 如何在新时代将贫困群众组织起来成为我国脱贫攻坚面临的共识性问题，也成为我国贫困治理能力创新的突破口。我国贫困治理能力创新突出体现在编织出贫困治理的组织之网，通过组织化锻造出贫困户的自生能力方面。而贫困治理的组织之网的核心与要义在于正确处理脱贫攻坚中国家、市场和社会之间的关系，构筑出互动式治理的新型治理格局，打造脱贫共同体。[②]

在这一脱贫共同体中，政府、市场与社会既各自发挥自身的优势，同时又相互配合，共同致力于贫困地区与贫困户的脱贫解困。在这一共同体中，政府的有形之手、市场的无形之手和贫困户的能动之手都得到了最大限度的发挥。其中，政府居于领导地位。政府既承担了脱贫攻坚目标与脱贫步骤的设定，又投入大量资源（包括人力、物力和财力等）在基础设施（包括水、电、路等）、住房、

---

① 田毅鹏、吕方：《社会原子化：理论谱系及其表达问题》，《天津社会科学》2010 年第 5 期。

② 顾昕：《走向互动式治理：国家治理体系创新中"国家—市场—社会关系"的变革》，《社会科学》2019 年第 1 期。

教育、医疗等公共服务和社会保障方面。同时，又引导市场力量和社会力量投入脱贫攻坚之中。[①] 例如，在政府与市场关系方面，地方政府筑巢引凤，引导、挖掘和发挥当地自然资源和禀赋优势的特色产业带动当地经济发展。在利益联结机制上，政府也出台一系列激励与约束机制，最大限度地帮助贫困户稳定脱贫。在政府与社会关系上，引导社会资源向贫困地区和贫困人口倾斜，有效提升了脱贫攻坚的社会参与度和脱贫效能。应该说，我国在脱贫攻坚期间对政府的分配机制、市场的效率机制和社会的公平机制之间平衡关系的探索创新，是我国向世界减贫事业贡献中国智慧与中国方案的重要方面。

三、贫困地区只有充分激活本土资源才能走上内生性发展的道路

当今中国国家治理体系是在"历史传承、文化传统、经济社会发展的基础上长期发展、渐进改进、内生性演化的结果"[②]。众所周知，我国的贫困地区多位于革命老区、少数民族地区、边境地区。在一定的社会结构下，这类地区在资源禀赋结构上处于弱势地位，例如交通不便、自然资源约束，等等。因而，贫困地区的发展需要借助外力的助推，这也正是国家投入巨大的人力、物力与财力强力推进脱贫攻坚的原因所在。但仅有外力的推动是不够的，贫困地区只有充分挖掘本土资源才能走上内生性发展的道路。[③]

以革命老区为例，在革命战争年代，广大人民群众在党的领导

---

① 曹东勃：《扶贫任务体系中的国家治理经验》，《文化纵横》2019 年第 2 期。
② 习近平：《不断提高运用中国特色社会主义制度有效治理国家的能力》，《习近平谈治国理政》，外文出版社 2014 年版，第 105 页。
③ 这里的"本土资源"既包括物质资源，也包括文化资源。在一定条件下，物质资源可以转换成经济资本；文化资源可以转换成文化资本，再转换成经济资本。

下，浴血奋战，涌现出一系列的英雄人物和可歌可泣的英雄事迹。应当说，革命老区为新中国的成立作出了特殊贡献，长期的革命实践使其积累了丰厚的红色文化资本。中华人民共和国成立后相当长时期内，革命老区在交通不便、信息闭塞等因素的影响下，物质资源相对落后，但经过岁月的沉淀，这一红色文化资本已转换成红色基因，并蛰伏于革命老区的生产与生活实践中。正如著名中国问题研究学者韩博天所言，"中国治理方式的最初源头乃根植于毛泽东时代丰沃的土壤里"①。在脱贫攻坚的伟大事业中，革命老区的红色基因被激活，转化成强大的文化动力，推动贫困地区走上内生发展的道路。在这方面，仪陇通过激活"两德精神"的文化基因来推动内生性发展的经验无疑值得全国其他革命老区借鉴与吸收。对于贫困地区来说，红色基因只是本土资源中的一类，其他资源的激活也遵循大致相同的逻辑。因而，从一定程度上来讲，仪陇经验便超越其自身，具有了普遍意义。

第三节　后脱贫时代的贫困治理

仪陇县退出贫困县序列之后，一方面致力于脱贫攻坚与乡村振兴之间的衔接，以期为乡村振兴打下良好的基础；另一方面致力于巩固提升脱贫攻坚成果，防止返贫现象的发生。

退出贫困县序列之后，仪陇县始终坚持"摘帽不摘责任、脱贫不脱政策、摘帽不摘帮扶、摘帽不摘监管"和"扶上马、送一程"的基本理念，适时出台了《仪陇县持续巩固农业产能（农能）脱贫成效三年行动实施意见》（仪农牧发〔2018〕286号）。《意见》提出

---

① ［德］韩博天：《红天鹅：中国独特的治理和制度创新》，石磊译，中信出版集团2018年版，第17页。

的具体工作举措包括：（1）抓好现代农业产业园区建设；（2）突出农业产业绿色发展；（3）推进质量兴农；（4）完善利益联结机制；（5）强化产业风险防控；（6）完善农业经营体系；（7）落实相关配套政策；（8）创新科技服务机制；（9）加强农村能源建设管理；（10）抓好农村结对帮扶工作；（11）持续加强扶贫领域问题治理。在推进质量兴农方面，《意见》要求：一是大力推进农业标准化；二是健全农产品质量追溯体系；三是强化农产品质量安全监测；四是加快农业品牌创建。

与此同时，仪陇县要求脱贫攻坚之后"四个不摘"，确保脱贫攻坚经得起历史的检验。一是摘帽不摘责任。盯紧"三类人"继续攻坚，盯紧2019年未退出的9个贫困村和335名贫困人口、单靠低保政策兜底的无劳力或弱劳力脱贫对象、家庭突发重大变故存在致贫风险的临界对象，细化标准、叠加政策，落实救助措施，确保不发生规模性返贫致贫。办好"三件事"持续提升，扭住乡村振兴等政策机遇，持续夯实农村基础设施及公共服务配套建设，全面做好补短工作；扭住住房饮水两个关键，动态监测、全力保障，消除群众生产生活后顾之忧；扭住脱贫内生动力激发这条主线，办好扶贫车间、抓实技能培训，鼓励发展"四小工程"，实现"一人就业，全家脱贫"。绷紧"三根弦"全面奔康，绷紧问题解决弦，针对各级反馈问题，分类梳理、全力整改；绷紧整体提升弦，力促贫困村与非贫困村、贫困户与非贫困户均衡发展，强基础、缩差距；绷紧全面小康弦，动态监测、个性补短，确保小康路上不落下一户一人。

二是摘帽不摘政策。用好用足上级政策，落实住房饮水、教育医疗、低保兜底、小额信贷等惠民政策，确保贫困群众吃穿不愁、生活无忧。探索创新本土政策，抓住因病、因学、因灾等致贫返贫关键因素，推出精准防贫保险，建立"近贫预警、骤贫处置、脱贫保稳"的精准防贫机制，从源头上筑牢发生贫困的"截流闸"和"拦水坝"。从严管控特殊政策，设立义务劳动岗位，明确享受低保兜底等政策且有劳动力的农户积极参与道路管护、河道保洁、森林防火等公益事业，让其明白"一分耕耘一分收获"的道理。

三是摘帽不摘帮扶。坚持"扶贫先扶志、助穷不助懒"帮扶底线，对感恩奋进、勤劳致富的帮扶对象通过政策奖补、表彰评比给予激励表扬，对不思进取、胡搅蛮缠的帮扶对象通过批评教育、媒体曝光、司法干预等进行教育引导，弘扬正能量，惩治歪风气。抓实"两股力量"，全县1.15万名帮扶责任人做到帮扶不撤、频次不减；继续发动社会帮扶力量，引导在外乡友、成功人士，通过返乡创业、爱心捐赠等方式参与家乡建设。严格"三项要求"，坚持实行县级领导联片包乡，帮扶单位倾情帮扶，第一书记扎根村组，做到帮扶队伍不散；按照"遍访"要求，分类明确进村入户频次，抓实脱贫减贫等"十大行动"，确保帮扶劲头不松；统筹整合资金精准投向政策兜底、产业提升等重点领域，实现帮扶力度不减。

四是摘帽不摘监管。精准实施对象监管，全面贯彻落实中央和省委解决"两不愁三保障"突出问题部署，深入开展回头看大排查，对全县所有贫困户和非建档立卡特殊困难户进行拉网式排查，全面摸清"两不愁三保障"突出问题，找准薄弱环节，制定整改措施，拿出过硬举措，巩固提升脱贫成效。全面压实责任监管，紧盯"重点领域、关键环节、特殊节点"，每月确定一个暗访主题，采取专题暗访、蹲点督导、综合暗访方式，对乡镇、村组、部门工作落实情况，实行"四不两直"式跟踪暗访，对发现的问题及时反馈、限期整改、定期回访。持续跟踪成效监管，对已建成的村组道路、小微水利等基础设施，落实管护资金，确定管护人员，确保管护实效；对已建成的脱贫奔康产业园，提档升级、做强支柱，未建的理性发展，不盲目跟风。

概言之，脱贫攻坚之后，仪陇一手抓巩固提升，一手抓乡村振兴，谱写出仪陇经济社会发展史上的新篇章。仪陇的脱贫攻坚不仅是仪陇经济社会发展的写照，更成为中国脱贫攻坚成就的一个缩影。随着党的十九届四中全会提出"建立解决相对贫困的长效机制"这一要求，随着相关政策的逐步细化，仪陇这一革命老区在解决县域相对贫困问题上展开了新的探索。

附　　录

仪陇县坚持问题导向助推脱贫摘帽

一、发现问题，形成问题清单(20 天)

1. 召开会议部署。组织全县乡镇党委书记、行业扶贫部门主要负责人召开问题摸排梳理专题会，县委主要领导对全县脱贫攻坚问题摸排工作进行全面部署，要求按照"不回避、不隐瞒、不打折"的原则，如实上报问题。对摸排问题多、问题实的不追责不问责；对问题摸排少、效果差的纳入督查范畴进行重点督查。

2. 开展入户摸排。乡镇班子成员实行划片包干，统筹乡镇干部，组织帮扶力量，按照户户见面的要求，对照国家和四川省脱贫摘帽标准，细化摸排要求，通过看、问、查、算等方式重点摸清基础设施、住房安全、持续增收、惠民政策落实等方面存在的问题；摸排出来的每个问题至少列举 1 户贫困户的具体情况作为佐证。对贫困户反映的不合理的问题不纳入上报范围，并及时做好思想教育和疏导工作。

3. 对标分类汇总。各村将摸排的问题按照原汁原味的要求上报乡镇，乡镇将各村上报的问题按"户脱贫、村退出、乡达标、县摘帽"四个类别进行分类汇总，形成问题清单，由乡镇党委书记、乡镇长同时把关签字后，报送县脱贫攻坚指挥部办公室。

4. 督查摸排效果。县脱贫攻坚指挥部督查组对问题摸排情况进行督查，把摸排问题少、无具体意见建议的乡镇列为督查重点，开展暗访督查，进行"麻雀"解剖。凡问题摸排不深入不细致，工作流于形式的乡镇给予黄牌、红牌警告。

二、研究问题，形成措施清单（10 天）

5. 分层分线梳理。指挥部办公室将乡镇上报的问题按照"乡镇村自行研究、县级层面研究、向上汇报请示"三个层级进行分类汇总。凡政策已经明了，主要因乡镇村推进不力而出现的问题，由乡镇村自行研究解决；凡全县带有共性，需进一步明确政策、明晰流程、厘清职责的问题，由县级层面研究解决；对个别缺少政策支撑或虽有政策但彼此之间存在冲突、基层操作困难的问题，通过向上汇报争取解决。

6. 专题审议定责。县委主要领导组织召开脱贫攻坚指挥长办公会议审议《县委主要领导主持研究、县委政府分管领导提出意见的问题清单》和《县委政府分管领导研究，县乡共同解决的问题清单》，分条分线明确县级领导、责任单位。

7. 分项研究举措。对乡镇村自行研究解决的问题，及时反馈到乡镇，督促乡镇及时组织研究并及时解决；对县级层面解决的问题，根据指挥长会议，及时将相关问题清单送达县委主要领导、分管领导和县级相关部门；对没有政策支持、县级权限无法解决的实际问题，反馈至县级行业主管部门及县级分管领导，及时形成专报，报送省市相关部门，县委政府专报省市脱贫攻坚领导小组办公室，恳请帮助指导并给予解决。

8. 形成解决办法。对县级层面解决的问题，采取分类研究、集体审定的方式进行，由县级分管领导分别召集部门及部分乡镇党委书记进行研究，形成处理意见。凡涉及重大事项，需集体会商的由县委政府主要领导亲自召集研究。问题解决措施在充分听取部门、乡镇意见和建议的基础上，形成"傻瓜式"、条款式清单并以脱贫攻坚指挥部及办公室名义下发文件至各乡镇和县级部门。

9. 大会逐一解读。及时召开县级领导、乡镇部门主要负责人和村第一书记会议，对问题整改清单逐条进行详细解读，讲明支持解决办法的具体政策和依据，对有疑问的当场提问、当场解答。

三、解决问题，形成成果清单（30 天）

10. 明确整改时限。结合问题措施清单，县级各部门根据行业特点，制定整改任务分配表，明确责任和时限，对本部门任务跟踪落实，对乡镇任务督促指导；乡镇根据存在的问题，结合措施清单及县级部门的任务分配表，将措施与问题一一对应，将整改内容与党委成员一一挂钩，以周为阶段、以月为期限制定整改时间表。

11. 定期反馈进度。乡镇及县级部门每周向指挥部进行问题整改专项报告，报告内容包括上一周整改落实情况、在整改中发现的新问题及意见建议。对乡镇反映的新问题，在县级部门层面不能解决的，并入下一轮问题摸排整改进行解决。

12. 严格跟踪问效。把乡镇自行解决的问题和已有明确解决措施问题的整改落实情况作为督查重点，督查暗访组按照不少于摸排问题总数30%的比例开展问题复查抽验，对问题整改不合格的发回乡镇（部门）重新整改；对个别整改难度大的问题，单列清单，限定时限，持续追踪。凡问题整改行动迟缓、效果不佳的，严格追究乡镇和县级部门主要责任人责任。

后　记

脱贫攻坚是实现我们党第一个百年奋斗目标的标志性指标，是全面建成小康社会必须完成的硬任务。党的十八大以来，以习近平同志为核心的党中央把脱贫攻坚纳入"五位一体"总体布局和"四个全面"战略布局，摆到治国理政的突出位置，采取一系列具有原创性、独特性的重大举措，组织实施了人类历史上规模空前、力度最大、惠及人口最多的脱贫攻坚战。经过 8 年持续奋斗，现行标准下 9899 万农村贫困人口全部脱贫，832 个贫困县全部摘帽，12.8 万个贫困村全部出列，区域性整体贫困得到解决，完成了消除绝对贫困的艰巨任务，脱贫攻坚目标任务如期完成，困扰中华民族几千年的绝对贫困问题得到历史性解决，取得了令全世界刮目相看的重大胜利。

根据国务院扶贫办的安排，全国扶贫宣传教育中心从中西部 22 个省（区、市）和新疆生产建设兵团中选择河北省魏县、山西省岢岚县、内蒙古自治区科尔沁左翼后旗、吉林省镇赉县、黑龙江省望奎县、安徽省泗县、江西省石城县、河南省光山县、湖北省丹江口市、湖南省宜章县、广西壮族自治区百色市田阳区、海南省保亭县、重庆市石柱县、四川省仪陇县、四川省丹巴县、贵州省赤水市、贵州省黔西县、云南省西盟佤族自治县、云南省双江拉祜族佤族布朗族傣族自治县、西藏自治区朗县、陕西省镇安县、甘肃省成县、甘肃省平凉市崆峒区、青海省西宁市湟中区、青海省互助土族自治县、宁夏回族自治区隆德县、新疆维吾尔自治区尼勒克县、新疆维吾尔自治区泽普县、新疆生产建设兵团图木舒克市等 29 个县（市、区、旗），组织中国农业大学、华中科技大学、华中师范大学等高校开展贫困县脱贫摘帽研究，旨在深入总结习近平总书记关于扶贫工作的重要论述在贫困县的实践创新，全面评估脱贫攻坚对县域发展与县域治理产生的综合效应，为巩固拓展脱贫攻坚成果同乡村振兴有效衔接提供决策参考，具有重大的理论和实践意义。

脱贫摘帽不是终点，而是新生活、新奋斗的起点。脱贫攻坚目标任务完成后，"三农"工作重心实现向全面推进乡村振兴的历史性转移。我们要高举习近平新时代中国特色社会主义思想伟大旗帜，紧密团结在以习近平同志为核心的党中央周围，开拓创新，奋发进取，真抓实干，巩固拓展脱贫攻坚成果，全面推进乡村振兴，以优异成绩迎接党的二十大胜利召开。

由于时间仓促，加之编写水平有限，本书难免有不少疏漏之处，敬请广大读者批评指正！

本书编写组

责任编辑：卓　然
封面设计：姚　菲
版式设计：王欢欢
责任校对：胡　佳

图书在版编目（CIP）数据

仪陇:问题导向型贫困治理样本/全国扶贫宣传教育中心 组织编写. —北京：
　人民出版社,2022.10

（新时代中国县域脱贫攻坚案例研究丛书）

ISBN 978－7－01－023246－1

Ⅰ.①仪…　Ⅱ.①全…　Ⅲ.①扶贫-工作概况-仪陇县　Ⅳ.①F127.714

中国版本图书馆 CIP 数据核字（2021）第 045811 号

仪陇:问题导向型贫困治理样本

YILONG WENTI DAOXIANGXING PINKUN ZHILI YANGBEN

全国扶贫宣传教育中心　　组织编写

人民出版社 出版发行

（100706　北京市东城区隆福寺街 99 号）

北京盛通印刷股份有限公司印刷　新华书店经销

2022 年 10 月第 1 版　2022 年 10 月北京第 1 次印刷

开本:787 毫米×1092 毫米 1/16　印张:18.25

字数:260 千字

ISBN 978－7－01－023246－1　定价:54.00 元

邮购地址 100706　北京市东城区隆福寺街 99 号

人民东方图书销售中心　电话 (010)65250042　65289539